名人
谈家教

吴颖惠 王 瑞 陈 尧 庞 奕
王凤英 赵宏玉 王 侠 王沐石 　编 著

中国言实出版社

图书在版编目（CIP）数据

名人谈家教 / 吴颖惠等编著. -- 北京：中国言实
出版社，2024.12. -- ISBN 978-7-5171-4994-1

Ⅰ. G78

中国国家版本馆CIP数据核字第2024T50Q99号

名人谈家教

责任编辑：王君宁
责任校对：王建玲

出版发行：中国言实出版社

地　　址：北京市朝阳区北苑路180号加利大厦5号楼105室
邮　　编：100101
编辑部：北京市海淀区花园北路35号院9号楼302室
邮　　编：100083
电　　话：010-64924853（总编室）　010-64924716（发行部）
网　　址：www.zgyscbs.cn　电子邮箱：zgyscbs@263.net

经　　销：新华书店
印　　刷：北京温林源印刷有限公司
版　　次：2024年12月第1版　2024年12月第1次印刷
规　　格：710毫米×1000毫米　1/16　18.25印张
字　　数：260千字

定　　价：68.00元
书　　号：ISBN 978-7-5171-4994-1

丛书编委会

主　编：吴颖惠

副主编：王　强　宋官雅　燕海霞

编　委：吴颖惠　王　强　宋官雅　燕海霞

　　　　毕全胜　尹　涛　严星林　宋世云

　　　　白　雪　王　瑞　孔　伟　马京明

　　　　冯　浩　刘建琦　赵方军　宋永健

　　　　杨　柳

前　言

天下之本在国，国之本在家。党的十八大以来，以习近平同志为核心的党中央高度重视家庭教育，习近平总书记提出，"注重家庭，注重家教，注重家风"，为新时代家庭教育指明了发展方向和目标任务。

家庭是人生的第一所学校，是一个人成长的起点，在很大程度上影响着孩子未来的格局和发展。家庭教育工作开展得如何，关系到孩子的终身发展，关系到千家万户的切身利益，关系到国家和民族的未来。近年来，随着我国社会转型速度加快，家庭教育暴露出一系列突出问题，家长对家庭教育指导服务的需求愈发强烈。2022年1月1日，《中华人民共和国家庭教育促进法》正式实施，在中国家庭教育发展史上具有里程碑意义。该法明确了新时代中国家庭教育的目标任务和实施路径，为家庭教育目标任务的落实和实施提供了法律保障，使家庭教育真正成为国民教育的重要组成部分，为构建新时代家庭教育指导体系奠定了法律基础。

海淀区一直以来都非常重视家庭教育在儿童青少年成长过程中不可替代的作用，持续推进家庭教育指导工作。依据海淀区教育委员会印发的《北京市海淀区教育委员会关于建立"海淀家长学校"的工作方案》（海教发〔2021〕27号），海淀家长学校于2021年12月2日正式成立。"海淀家长学校·家庭教育大讲堂"是面向海淀区家长，针对家庭教育痛点、难点，根据家长和儿童的需求，开展的高质量家庭教育指导课程，课程内容丰富多样，开展形式线上线下相结合。以优质课程建设推进科学家庭教育理念传播，普及家庭教育科学理念和方法。自海淀家长学校成立以来，海淀家庭教育大讲堂已累计播出 80 余讲，学习总量超过 320 万人次，受到区内家长的广泛欢迎，形成了良好的社会效益。为了充分发挥海淀家长学校职能，在海淀家庭教育大讲堂策划播出的过程中，我们始终坚持以下三个原则：

一、坚持正确的课程内容

习近平总书记在论述家庭家教家风时，把"注重家庭"放在"三个注重"之首，并鲜明指出，"不论时代发生多大变化，不论生活格局发生多大变化，我们都要重视家庭建设"。这一重要论断彰显了我们党一贯重视家庭建设的优良传统，清晰指明了新时代推进家庭建设的重大意义与实践要求。海淀家庭教育大讲堂聚焦家风、家训的培育与传承，设计家国情怀教育、社会关爱教育和人格修养教育系列课程，使中华优秀传统文化更好地走进家庭，形成有利于学生成长的家庭环境。引导家长树立新的家庭观念，顺应时代潮流变化，深化文明家庭创建，维护家庭的和谐稳定，建立融洽的家庭关系，建设更高质量的家庭生活。宣传正确的教育理念和科学的教育方法，增强家庭教育责任意识，传授培养新型家长素养、亲子沟通的方法和技巧、家校沟通与融合等相关内容，以课程引领实践创新，提升家庭教育质量。引导家长重视孩子心理健康，关注学生身心发展特点，系统开展学生身心特征、心理指导、生活指导、学业指导、生涯指导等课程培训，帮助家长提升促进孩子健康和全面发展的指导能力。

二、坚持生动的科普方式

家庭教育与学校教育最大的不同，在于家庭教育的灵活性与生活性。学校教育主要依据教材与大纲进行教学活动的组织，而家庭教育的灵活性体现在主要依据孩子的成长需求来进行。海淀家庭教育大讲堂邀请社会各界人士，讲述成功的家庭教育故事，将深刻、晦涩的家庭教育理论转化为社会公众易于理解、便于传播的家庭教育故事，以解决当前家庭教育指导工作中面临的现实困境——家长读了很多家庭教育的书籍，听了很多家庭教育的讲座，但还是做不好家庭教育。这些家庭教育故事，在讲清楚家庭教育应该怎么做的基础上，更详细地展现了家庭教育可以怎么做的生动细节。再好的教育理论，也只有落实到孩子的生活中才能真正发挥作用。我们希望通过生动的家庭教育故事，直接影响千千万万孩子的家庭生活，创设积极的家庭生活氛围，这既是做好家庭教育的过程，更是良好家庭教育的目标。

三、坚持系统的推进方式

海淀区作为全国知名教育大区和教育强区，2021年就建立起区级、学区、学校三位一体的家长学校体系。区级家长学校建立在海淀教育科学研究院，成为各级家长学校的统领力量，发挥理论研究、组织管理、教师培训、监督评级和家庭教育指导等功能，初步形成区级家庭教育指导工作网络体系。区级家长学校面向家长开设家长大讲堂，透过一个个具有亲和力的家庭教育故事，给家长带来鲜活生动的教育理念和思想，感染家长、影响家长，引导家长逐步更新教育观念，形成科学育儿思想与方法。海淀区还在17个学区建立了学区家长学校，服务于学区内的家庭。学区家长学校负责培养家庭教育骨干教师，推动社区辅导站的建设和运行。区级家长大讲堂每两周开设一次课程，目的是引进门，搭台子，具体的家庭教育指导工作要在学校中完成，学校需要做家校沟通，依据实际工作需要开展多种形式的家庭教育指导，真正实现学校与家庭建立起协同共育的关系。

经过80余讲的课程建设，海淀家庭教育大讲堂已经初步形成了面向社会公众的家庭教育科普平台，成为区内家庭教育指导工作的重要阵地。课程内容涵盖了家庭教育总体定位、优秀家风家训建设、儿童青少年积极品格培养、家庭助力孩子学业发展、孩子的科学素养培育等内容，相当一部分课程在直播结束后，回看点击量仍在持续上升，深受广大家长欢迎。依据后台播放数据和家长学习体会的反馈，我们精选 24 讲家庭教育故事进行编著，针对家长普遍关心的教育热点问题，提炼家教思想，总结家教策略，以期将成功的家庭教育智慧惠及更多家庭。

家庭是个人幸福生活的港湾。家庭不只是人们身体的住处，更是人们心灵的归宿。无论过去、现在还是将来，绝大多数人都生活在家庭之中；无论人们身处何方、境况如何，其内心始终为亲情所牵、为家庭所绊，家庭在人们心中的地位无可动摇。愿每一个家庭，都能成为孩子成长路上的避风港，成为孩子梦想出发的起锚地。

目　录

主讲人：孙云晓

中国青少年研究中心家庭教育首席专家

中国家庭教育学会副会长

教育部家庭教育指导专委会副主任委员

海淀家长学校特聘专家顾问

引言

　　我深刻地体会到这 9 个习惯对孩子发展的重要性，如阅读、写作、负责任、运动、自我管理、乐观、使用媒介等。这 9 个习惯不一定都做到，做到其中几个就很了不起。

孙云晓：父母要承担家庭教育主体责任

　　2022 年 1 月 1 日《中华人民共和国家庭教育促进法》（以下简称《家庭教育促进法》）开始生效实施，这是一部跟千家万户关系极为密切的国家法律，这部法律可以简单地概括为：父母要承担起家庭教育的主体责任，国家的各级政府和全社会都要来支持、帮助家庭教育。

一、父母的主体责任不可代替

《中华人民共和国家庭教育促进法》的一个焦点问题就是确立了父母或者其他监护人要承担起家庭教育的主体责任。相信大家都有所了解，中国存在留守儿童现象，有很多留守儿童，全社会都很关心，各种支援、帮助，甚至开展一些活动，万名大学生做留守儿童的代理父母，这些关爱是好的，但作用不是很大。一个深刻的启示就是，如果父母不尽责任，别人再怎么帮助都是不够的。所以说，父母的责任是不能代替的。

1. 生命的责任

孩子成长过程中有一个特点，跟谁长大跟谁亲，如果父母生而不养、不管，孩子就会和父母没有感情，没有亲子依恋。没有亲子依恋，将来父母对孩子进行教育的时候，就会发现孩子跟父母是疏远的、对立的。可以说，孩

子生下来最需要的人是母亲。他靠在母亲身边吃奶，哪怕只是闻到母亲的气息，就会感到很安全很满足。自然界中很多动物，比如马、牛，生下来打一个滚就能跑，就能自己吃东西，但是人不行，人非常的独特。孩子刚生下来不行，一岁两岁也不行，父母要不喂他绝对能饿死，但是人又是一个智力发展很迅速的个体，所以说孩子非常需要陪伴，需要养育。没有养就没有育，养育是不可分的。如果孩子在小的时候和父母建立了亲密的依恋关系，就会听父母的教诲，家长教育就会有效。所以说父母有陪伴生命的责任，这个责任主体没有人比父母更合适。

2. 社会的责任

孩子长大的过程是一个由自然人变成社会人，逐渐走向社会的过程。孩子能不能成为一个合格的公民，能不能成为一个身心健康、善于合作、富有责任感的人，家庭的影响，或者说家风的影响至关重要。父母确立什么样的价值观，有什么样的情感、人格水平、合作水平，一定程度上影响着孩子。

中国青少年研究中心曾做过一个研究，把148名杰出青年的童年和115名死刑犯的童年做了一个对比，发现最大的差异就是家庭教育。那些犯罪青年的童年家庭往往是是非不分、荣辱颠倒的。比如，孩子偷东西，家里还以此为荣，孩子进了监狱，出来之后家里大摆宴席接风。而这些杰出青年的童年，他们的父母学历未必都很高，但是非分明、爱憎分明、诚信、善良、有正义感等。我们一代一代人成长起来，最重要的就是家庭的影响、生活的影响。所以，父母承担起家庭教育的主体责任，既是孩子生命、健康发展的需要，是家庭幸福的需要，又是国家民族发展的需要。

二、家庭教育的本质特点是生活教育

长期以来，我们的家庭有一个变化，家庭不再像家庭，而是像个学校，家长很像老师的助教，脑子里想的最多的是学习、补课、考试，这几乎成了我们家庭的焦点。不写作业父慈子孝，一写作业鸡飞狗跳。

家庭教育的本质特点是生活教育。学校教育是知识教育，家庭教育是生活教育，社会教育是以体验教育为主的实践教育，这三种教育结合起来称为家校社合作育人。要把教育的优势发挥出来，相互协调，相辅相成。家庭教育是生活教育，绝不只是吃饭、睡觉这样简单。《中华人民共和国家庭教育促进法》一个很重要的贡献就是让家庭教育回归正道。家庭教育是道德品质、身体素质，以及生活技能、文化修养、行为习惯的教育。这五个方面相结合才是一种完整的、真正的家庭教育。当我们回首往事的时候最难忘的是什么？最难忘的可能不是你考多少分，也不是你排第几名，而是同伴的友谊、亲子关系、师生关系，这些生活化的东西让人印象最深刻、最难忘。

美国心理协会的前主席斯滕伯格提出：一个人的成功需要三大智力，第一是分析性智力，跟学习创新思维有关系；第二是生活性智力，或者叫实践智力，人在生活中离不开直接经验；第三是创造性智力。

斯滕伯格有一次被请到美国某个陌生的地方去讲演，结果一下飞机突然感到身体极不舒服，担心不能坚持把论文读完，他坐在出租车上看出租车司机，也是西装革履，他说先生我和你商量个事儿，我现在要去一个会场宣读论文，但身体不舒服，你能不能代我宣读？这个司机一听，说，你是教授，我是司机，我怎么替你宣读论文呢？斯滕伯格说你肯定也有文化，我都写好了，你照着读就行，我给你50美金作为酬金。司机说这还可以考虑，但是要我帮你这个忙，有一个条件，我在读论文的时候你要坐在第一排。斯滕伯格说这可以，我一定坐在第一排。主持人说请斯滕伯格宣读他的论文，这个司机就上台了，读得很流畅。但没有想到的事情发生了，他的论文一读完，有一个女生说，斯滕伯格教授，我有问题和你讨论。司机说这个问题很简单，我请我的助手回答，斯滕伯格就站起来解答。事后，斯滕伯格很感慨，这个司机就是有实践智力，他知道读论文没问题，但是回答不了问题，只要斯滕伯格在现场，万一有人提问便可以帮他回答问题。

家庭的影响最深刻的是什么？是生活教育。我们的中小学生的父母，包

括幼儿的父母，非常关心孩子能不能养成好习惯。《中华人民共和国家庭教育促进法》也多次提到了习惯培养。我在中国青少年研究中心连续十年主持教育部的课题，专门研究少年儿童的行为习惯与人格的关系。我们十年的研究有很多发现，比如习惯的培养。什么是习惯呢？中国的教育家叶圣陶说，儿童教育往简单地说就是培养好习惯。家庭是培养习惯的学校，父母是培养习惯的老师。大家可能更关心一个问题，怎样培养习惯？我一直在关注国际上的关于习惯培养的研究，我发现麻省理工学院科学家经过反复的试验，揭示了习惯养成的秘密。

麻省理工学院的研究发现，习惯的形成有一个神经逻辑回路，包括三个要点。第一个是暗示，孩子得到了一种要求，或者看到了一个榜样、一种吸引，这是一个暗示，这个作用是第一个——启动。启动之后他就会尝试，出现一个惯常行为。接着是很关键的第三步——奖赏。一个人如果获得美好的成功体验，就会坚持下去，甚至会养成新的习惯，如果失败了，就会放弃。这是个规律，家长要掌握这个奥妙，给孩子好的暗示，或者明示给他一种启发，然后鼓励他去坚持，并且能够获得成功的体验，这是很关键的。

我和大家分享一下我自己的成长体会。

我出生在山东青岛的一个工人家庭，父母没有多少文化，所以家里面在我 11 岁之前一本文学名著都没有，能吃饱饭就很不容易了。一次，哥哥从他就读的学校背回家几本书，他没日没夜地读着那些书。我们住在一个房间，他的阅读行为对我构成强烈的诱惑或者说暗示。看什么呢？好看吗？你看我也看。我这一看，不得了，沉浸其中，无法自拔，眼界大开。文学这么迷人，作家这么伟大，我也要成为一个作家，11 岁的痴心妄想，一直持续了 50 多年。我后来真的成了作家，我是中国作家协会第五届到第九届全国委员会委员，我写了 5 部小说，我的小说改编成电视剧，在央视播出。就是因为童年的一个梦想，一个习惯，我从 15 岁开始写日记，到今天为止我的日记写了 51 年。一次山东电视台的记者采访我时提出要看看日记，我从库房里搬出来一大箱。

要按照一般的发展我是不可能讲课的，因为我小时候严重口吃。口吃给童年的我带来很大很折磨，越急的事儿越说不出，越重要的事儿越说不出。有个小伙伴说大家要轮流讲故事，谁不讲故事不和谁玩儿，这把我难住了，我话都讲不利落，还能讲好故事吗？但我舍不得这些伙伴，那我就讲吧，讲我看的《三国演义》《水浒传》，没想到结结巴巴讲出来的故事很吸引人，伙伴们全都跟着着急，快快快，后来怎么样了？明天继续讲，继续讲。我长到十几岁，从来没有过这种成功的体验，大家很喜欢听我讲话，听我讲故事，我讲了一个月。

所以，我给大家分享一个体会，你要让你的孩子能在同伴面前讲故事。那是什么？刻骨铭心的体验。让我自己都不敢相信的是，我这三个习惯——阅读、写作、讲演，居然改变了我的一生，成就了我的梦想。我发现我就是受到了暗示，阅读写作成功的体验带给我内心的满足，所以我才能坚持这么多年。

我们这么爱我们的孩子，那么能不能用一年时间培养孩子一个习惯？当孩子养成三到五个好习惯，那他就很了不起了。我在喜马拉雅有48集的音频课程《9个好习惯成就孩子一生》，也出了同名的书，我深刻地体会到这9个习惯对孩子发展的重要性，如阅读、写作、负责任、运动、自我管理、乐观、使用媒介等。这9个习惯不一定都做到，做到其中几个就很了不起。现在很多父母关心孩子学习，父母关心孩子学习是非常重要的，但父母关心的不应该是孩子每天的作业，而是应关心孩子的兴趣与习惯，因为没有兴趣就没有动力，没有习惯就没有保障。这也是我和很多人的体会。我这一辈子是很幸运的，与文学结缘与教育结缘，我11岁就开始文学梦，17岁开始教育梦，这让我感觉一辈子过得很快，心中充满了幸福感。

三、强大的父母才能承担好主体责任

新时代需要强大的父母，强大的父母不是蛮横不讲理的父母，也不是"鸡娃"的父母，而是理性的父母。教育之所以伟大，源于它是一种理性的爱。理性爱的父母是强大的，那么怎么做呢？关键在于以下6点：第一是陪伴；第二是榜样；第三是发现；第四是尊重；第五是支持；第六是成长。

1. 陪伴

很多家长想教育好孩子，但是根本没有时间，工作披星戴月和孩子打不上照面。现在的父母工作压力大，白天上班，让老人帮着照料或者请阿姨是可以理解的，但是晚上或者双休日，陪伴还是需要的。如果你和孩子是心和心的交流，孩子便很关心你。出差前给孩子找个地球仪或者找张地图看，告诉孩子你要去的地方，出差回来时不忘给孩子带一个纪念品，这也是一种好的陪伴。

2. 榜样

让孩子做的事情家长首先得做到，不让孩子做的事情家长首先不能做。

父母不看书，想让孩子养成阅读习惯很难。研究发现，有50本藏书的孩子比只有10本以下藏书的孩子更容易养成阅读习惯。孩子上小学中学之后，应该有一个自己的书架或者书柜。我小外孙1岁就有书架了，他会找一本书跟我一起看，也会在书架前翻书玩儿，他知道那是他的书架，所以说熏陶是很重要的。

3. 发现

父母的一个神圣的职责就是发现孩子的潜能优势。依据多元智能理论，教育孩子一定要发现他的潜能优势，要用他的强项去引导。有的父母说，很不好意思，我的孩子对什么都不感兴趣，没有什么潜能。我可以很负责任地告诉你，世界上没有这样的孩子，父母看不到孩子的潜能优势是因为孩子体验得太少，经历得太少。想要发掘孩子的潜能，一定要让孩子多尝试，多体验。一个人有8种以上的智能，有的人是语言智能强，有的人是数学逻辑智能强，有的人是社交智能强。所以家长要有一双善于发现的眼睛。

4. 尊重

有的孩子在中学时代写小说，父母给他一把火烧了，并对孩子说，你写什么小说，哪个大学因为你写小说能进去？你的数理化那么差，还写小说！我觉得这是无知的父母，也是很残忍的父母。这样的父母虽然也是为了孩子好，但他不知道中学时代能写出小说的孩子那是天才。韩寒就是一个小说写得好，但严重偏科的孩子，他发展得不好吗？所以，家长一定要发现孩子的潜能，发现不了孩子的潜能，你就对不起这个孩子。人这一生最怕的就是等到年纪很大了却还不知道自己适合什么。讲到尊重，我想到一个很现实的问题，当你的孩子将来考大学的时候，谁来决定他的职业选择？这个一定要尊重孩子。

5.支持

我们的父母都会说,谁不支持自己的孩子,谁不希望自己的孩子好?不一定,很爱孩子、很为孩子好的父母,其做法可能并没有真正达到支持的效果。我有一个发现,我们做父母的面对孩子的时候,每天做的最多的事情就是解释。父母的解释风格将严重影响孩子的人格,这种影响甚至可能持续一辈子。解释基本上可以分为两种,一类是积极的解释,一类是消极的解释。积极的解释可使人自信和乐观,消极的解释会导致悲观和绝望。

比方说一个孩子数学没考好,回家就说我最讨厌数学了,数学怎么学都学不会,我不想学数学,反正我也考不好。有的父母就说,真笨,天底下就没有比你更笨的孩子了,你什么都学不好,你要学好太阳就从西边出来了,将来你扫大街吧。这就叫消极的解释。还有一种消极解释比较温柔,但是更可怕。有的父母说,孩子别难过,你为什么学不好数学,因为你爸爸妈妈都没有数学细胞,你也没有,咱家人都没有,咱家人学不好数学是正常的。孩子一听这个原因,再学好就非常难了。那么什么是积极的解释呢?可以这样说,孩子,别灰心,你一定能学好数学,你过去的题做得都很好,你去买东西账算得很清楚。这一次没考好是你没好好准备,有几个概念你没掌握,再努力一下你一定能学好。你这么对孩子说,孩子会怎么想?我考得这么差父母还这么相信我,看来是我努力不够,我要再努力一下就学好了。实际上很多孩子的不足经过努力就能够弥补,所以说,不要以为爱孩子就怎么说都可以,孩子太需要积极的解释,需要这种真正的支持。

6.成长

没有任何一个时代的父母像今天这样需要学习,需要成长,因为现在的孩子信息来源丰富。中学生的父母面对的是青春期的孩子,面对的是可能会叛逆的孩子,那么就需要父母对叛逆有个理性的认识。叛逆是很多孩子成长的必经之路,你要看到他的合理性。所以最好的办法是什么呢?第一要共情,让孩子在情绪激烈的时候知道父母理解他的愤怒，理解他的郁闷，理解他的情绪，理解他的不满意。第二要化解，不管有多少愤怒，当孩子把心里话跟你说出来，问题就解决了一半。这个时候家长要化解，要和孩子分析刚才说的问题有几点是对的，为什么是对的，但是还有几点不对，为什么不对。或者跟孩子讨论这个问题，这样跟孩子对话，孩子就愿意跟你交流。

家长收获

家庭教育在子女的成长过程中，是不可或缺、不可替代的部分。孙老师的讲座里，列举很多现实的例子、科学的研究结果，翔实地说明了家庭教育的重要性。讲座贴合生活，脚踏实地，又有科学依据，令人信服。给家长们及时地上了这样一堂课，对孩子的教育意义非凡。子女的教育，是门学问。不能太过依靠老习惯、老办法。家长们也得与时俱进，不断学习，才能适应现代的教育模式，才能更好地为家庭培养有为子女，为国家培养合格人才。

——西苑小学　王鑫宇家长

听了孙老师的讲座，我受益匪浅，同时也感慨万千，家庭是培养孩子习惯的学校，要学会正确沟通，接纳孩子的优缺点，以信任、鼓励的态度帮助孩子改正缺点，发扬优点，尊重孩子的决定，更要言传身教，以身作则，与孩子共同进步。

——六郎庄小学　于淼家长

九个好习惯：阅读、写作、表达、负责任、运动、自我管理、乐观、勇于质疑以及使用媒介。孙教授强调如果孩子们能做到9个好习惯的其中几点，就会非常优秀！好习惯来自生活中的点点滴滴！

我们家长需要做到：陪伴，榜样，发现，尊重，支持，成长！十二字真经，需要我们家长时时刻刻谨记在心！

聆听孙云晓专家的讲座后我深知：教育不是一味地追求学习成绩，还应在生活中养成良好的习惯。只要我们家长正确地引导孩子们朝着正确的方向努力，每一个孩子都将是优秀的。

——交大附中　袁薪然家长

主讲人：蒙曼

中央民族大学历史文化学院教授

全国妇联副主席（兼）

引言

对于普通的劳动者家庭，最切实的建议是买看得进去，但是稍稍踮起脚尖才能真正看下来的书。家庭应该一年一年获得成长，从而营造一个真正的场域风尚氛围的教育。

蒙曼：家庭教育中的"小学"与"大道"

宋代学者朱熹认为人受教育分两步走，先上小学，再上大学。他在《大学章句序》里写道："人生八岁，则自王公以下，至于庶人之子弟，皆入小学，而教之以洒扫、应对、进退之节，礼乐、射御、书数之文；及其十有五年，则自天子之元子、众子，以至公、卿、大夫、元士之适子，与凡民之俊秀，皆入大学，而教之以穷理、正心、修己、治人之道。此又学校之教、大小之节所以分也。"

一、"小学"学什么？

朱熹认为，人受教育分成两个阶段，小学和大学，8 到 15 岁上小学。小学和大学的区分不仅仅在于年龄，还在于学的内容不一样。小学学什么？

1.学做人的规矩

如朱熹在《大学章句序》里所言，小学要学"洒扫、应对、进退之节"，这是学什么？学做人。学"洒扫"，就是人可以参加的基本劳动；学"应对"，也就是言谈，要学会怎么和别人说话；学"进退"，进退是行、举止。小学学的言谈、举止、基本劳作，就是学做人的基本规矩。

我跟大家分享一个个人的感受。有句话叫"半部红楼懂中国"，以贾宝玉这个人物为例，贾母说他是混世魔王，有好多耍赖的地方、任性的地方、不合规范的地方，家长总是在批评他。但是贾母也表扬过他，在红楼梦第 56 回，贾母说："凭他们有什么刁钻古怪的毛病，见了外人，必是要还出正经礼数来的，若他不还正经礼数，也断不容他刁钻去了。就是大人溺爱的，是他一则生的得人意，二则见人礼数竟比大人行出来的还周到，使人见了可爱可怜，所以背地里才纵他一点子。若一味他只管没里没外，不与大人争光，凭他生得怎样，也是该打死的。"贾母说的原则是一点错都没有的，不分里外，不分场合，甚至根本不知道规矩、礼数何在，就有问题了。小学所学的这些规矩，就是朱熹所说的"应对、进退之节"。

2.学基础的知识

学基础知识，就是朱熹所说"礼乐、射御、书数之文"，是"文"不是"礼"，什么意思？背下来就好，跟我们现在思考的道理是一样的。同样以贾宝玉为例，贾政评价贾宝玉"精致的淘气"，他能写诗、写词、写对联。元妃省亲建的大观园需要的对联都让宝玉写，因为这样自家风味亲切，"贾妃乃长姊，宝玉为弱弟，贾妃念母年将迈，始得此弟，是以独爱怜之，且同侍贾母，刻不相离。那宝玉未入学之先，三四岁时，已得贾妃手引口传教授了几本书，识了数千字在腹中"。《红楼梦》本来也是一个小说，它不完全反映人间真实，但是置换到小学这个范畴，总得有几本书、认识几千字的底子，才能够有新的进一步的发展。

在今天这个时代，从幼儿园一直到高中这样一个大的阶段，除了学规矩、学知识之外，非常重要的是唤醒。孩子是一个种子，你让他醒来了他才能成长，从一颗种子长成参天大树，从一个小孩儿长成一个德智体美劳全面发展的人，这个过程中一定要有唤醒的力量。

二、"小学"唤醒什么？

"小学"唤醒什么？唤醒三件事最重要。

1. 唤醒心灵

就是知美丑、识善恶、辨是非。唤醒心灵非常重要，要让孩子有判别能力，有对于美的、善的事的追求，有一颗仁心。童年在多大程度上影响人心？我觉得可能会超出我们的想象，从我个人的角度，我们现在的是非、美丑、善恶的概念，并没有超越我童年建立的那样的一个范围，基本的想法从来没有变过。唤醒美的心灵，要倡导大语文，要读书，通过文学作品，先掌握了美，美的文字背后的美的人物、美的灵魂，然后人才会起善念，进而培养人格。

举一个最简单的例子，有一位老师偶然问我：有没有一本书，深深地影响你，让你觉得你被它深深地震撼，震撼到你看到这本书就有想要流出眼泪的这样的一种程度？我想了想，我在七八岁时读过的《安徒生童话》，是我人

生中读的第一部可以称之为文学作品的书，这本书深深地影响我，到什么程度呢？叶君健先生翻译的那个文本，我能背诵很多内容，"在海的远处，水是那么蓝，像最美丽的矢车菊的花瓣，同时又是那么清，像最明亮的玻璃。然而它又是那么深，深得任何锚链都达不到底。要想从海底一直达到水面，必须有许多许多教堂尖塔，一个接一个地连起来才成"。我现在可以很熟练地背出的这段，就是《海的女儿》的开篇。

在我七八岁的时候，我不知道什么是矢车菊，他提到的这些元素里我只见过玻璃，那么小的时候我没有见过海，不知道什么叫锚链，更不知道什么叫教堂，这个教堂是什么样的，我不知道，但是我知道它是美的。那些文字我可以一遍一遍地看下去，那种美哪怕我不理解，也深深地打动了我，不仅仅是生活环境的美，还有她长相的美、她的道德的美，追求的美。海的女儿为了一个不灭的灵魂可以牺牲掉自己的声音，牺牲掉自己的身体，乃至于最后牺牲掉自己的生命！这对于小孩是有深深的震撼感的，传递出一种观念——人是要有追求的。

2.唤醒身体

就是辨强弱，并且向强、慕强。当前，我国青少年四大体能问题——近视、肥胖、脊柱侧弯、心理问题都比较突出，既有身体的问题，也有心灵的问题，虽然问题很复杂，但可以通过加强身体锻炼来得到解决。体育运动对于人的唤醒特别重要，最大的好处在于能够唤醒人的身体机能，不断挑战自我，不断超越自我，产生超越自身的一种热情，培养团队协作的能力，培养分享和担当的能力。所以，在人生的未成年阶段，要学习把自己的身体唤醒，身体被唤醒的同时，内在的精神也被激活。

3.唤醒头脑

头脑解决的是贤愚的问题。贤愚也就是我们现在所说的聪明还是不聪明、有逻辑还是没有逻辑、能创造还是不能创造的问题。唤醒头脑就是要唤醒孩子对未知事物的渴望，唤醒孩子对事情的真实热情，即人的内生动力。没有内生动力，自己不认可、不同意，不愿意去做，没有热情，不管外在如何推动，都不会有效果。

以《红楼梦》里最励志的故事——香菱学诗为例，她被薛宝钗带进大观园之后，马上表现出了对学习的真实兴趣。香菱是怎样学写诗的呢？"香菱拿了诗，回至蘅芜苑中，诸事不顾，只向灯下一首一首地读起来。宝钗连催她数次睡觉，她也不睡。宝钗见她这般苦心，只得随她去了"。她把黛玉推荐的三四百首诗一首一首念起来，然后开始学着写，第一首没写好，写第二首，第二首又没写好，写第三首，第三首白天已经写不出来了，至夜晚做梦梦出了一首诗，"精华欲掩料应难，影自娟娟魄自寒"，不仅写出了诗，自身的那种精神追求也写出来了，香菱被接纳入大观园的诗社之中。

这就是内生动力，所谓唤醒头脑其实就是唤醒对未知事物的渴望，这个未知事物可以是任何东西，可以是一首诗，可以是数学题，可以是生命科学，也可以是5G，等等。唤醒孩子对某个事物的真实热情后你会发现，人的内生动力是高于一切的。唤醒头脑，还要尊重孩子的个性、兴趣，因为人天生就不一样，每个人的兴之所至的方向点也不一样，我们在讲全面发展的同时要注意个性，家长要在这方面弥补学校教育可能存在的不足。

三、家长能做什么？

唤醒孩子的心灵、身体和头脑，教育工作者在做，学校在做，社会在做，家庭也在做，家庭教育有其非常独特的优势，跟学校配合好了力量就大了。家庭教育的独特优势表现在四个方面。

1. 人皆可教

对于家长而言，孩子是你的唯一，所以家长应贯彻人皆可教的原则，所有的孩子都是可以教育的。教育是保证向好的，保证孩子在自身原有的基础上有所提高，这是家长最应该做的事情。那么，家长要怎么教育呢？

以《论语》新言"述而"之二十八为例来阐述这个问题。"互乡难与言，童子见，门人惑。子曰：与其进也，不与其退也，唯何甚？人洁己以进，与其洁也，不保其往也。"互乡这个地方民风不好，有个当地的童子想求见孔子，孔子接见了，孔子的弟子很困惑，问孔子为什么要接收这个地方的人做学生呢？孔子说，"与其进也，不与其退也，唯何甚？人洁己以进，与其洁也，不保其往也"，我现在赞赏的是他的进步，而不是他过去做的那些不好的事情。他来了我就赞赏要来学的这个态度，我不管他过去做过什么事情。家长对孩子就应该是这个态度，从现在起步，肯定他的每一点进步，这是家长能够全面去做的。

2. 因材施教

家长要接受自己的孩子和别的小朋友不一样，包括资质不一样，年龄不一样，兴趣爱好不一样，等等，家庭教育要量体裁衣。因材施教的"材"包

含性格、发展方向等诸多因素，任何一种教育方法都不具有普遍性，不是对每个人都有效的，那么对于"材"的判断，用什么方式会有效，家长最清楚，这个时候就显示出家庭教育的优势。

孔子是如何因材施教的呢？两个学生问孔子同一个问题，子路问："闻斯行诸？"子曰："有父兄在，如之何其闻斯行之？"冉有问："闻斯行诸？"子曰："闻斯行之。"公西华曰："由也问闻斯行诸，子曰，'有父兄在'；求也问闻斯行诸，子曰，'闻斯行之'。赤也惑，敢问。"子曰："求也退，故进之；由也兼人，故退之。"

子路问："我听说一件事儿我要不要就去实行呢？"孔子说："有父兄在，怎么能听到就行动起来呢？"冉有问："我听说一件事儿我要不要就去实行呢？"孔子说："听到了就行动起来。"公西华就问了："老师你为什么同一个问题回答的不一样？我被弄糊涂了，敢再问个明白。"孔子说："冉求总是退缩，所以我鼓励他；仲由好勇过人，所以我约束他。"

3.即事施教

即事施教就是遇到一件事情就可以实施一次教育，这是家庭教育独有的优势。比如，过年之前大扫除的施教，可以教育孩子：收拾房间和清理自己的思想是内和外的关系，打扫屋子是由外而内，心灵尘埃的净化是由内而外，这是古人重视洒扫的一个很根本的道理。过年贴春联儿，家长可以告诉孩子关于春联儿音韵的道理、平仄的关系，分析春联儿的内在含义。当遇到生活中各种各样的话题或问题，还可以促成一种共同学习的氛围，一种亲子学习的能力。

4.言传身教

孩子看着家长的背影长大，家长典范性、榜样性的言行能够形成一种场域、一种风尚，当家长在家里形成这样一种风尚之后，每个人自我教育的能力就会提高。

海淀家庭是以奋斗为主体的家庭，海淀区的家长或者说家庭的风尚应该是这样两句话的结合，"一只球、一个场、一群人"和"一盏灯、一架书、一个人"，该动的时候能动起来，球类运动，需要一个场地，这是一个协作的运动，能够跟很多人团结协作；回到家里要收住，沉静下来，进入一种沉得住气、静得下心、走得出去、想得出来的状态。走得出去是指人的身体，想得出来是指人的头脑，人的创造性。家长如果能在这样的场域实现自如切换，对孩子来说，就会变成习得的常态，这叫潜移默化，言传身教。

对于普通的劳动者家庭，最切实的建议是买看得进去，但是稍稍踮起脚尖才能真正看下来的书。家庭应该一年一年获得成长，从而营造一个真正的场域风尚氛围的教育。

四、什么叫"大道"？

教育的出发点是让人变得更美，更自由，更知道审美。三才天地人，"人"就是大道。有这样的有自尊，又自在的一群人、一个民族的人、一个世界的人的存在，才是教育最根本的出发点。

我和大家分享一首元朝著名女书画家管道昇的诗——《题画》，管道昇是著名的书画家、元朝宰相赵孟頫的夫人，这对夫妻在中国文化史上的地位非常高。《题画》一诗，分享了赵孟頫、管道昇夫妻何以成为教子有方、一家三代文化传承的成功典范。

题画

春晴今日又逢晴，

闲与儿曹竹下行。

春意近来浓几许？

森森稚子石边生。

我个人觉得这是讲育儿讲得最好的一首诗。"春晴今日又逢晴"，今天春意漫漫，心情开朗。"闲与儿曹竹下行"，这涉及一个教育的主题——陪伴。我们今天经常讲陪伴是最重要的一种教育方式，但是陪伴有"有效陪伴"和"无效陪伴"。无效陪伴是什么？或者是人在这，但是心没在这；或者是仅仅盯着特别琐碎的事。无效陪伴会增加焦虑感。那什么叫有效陪伴？人在这，心也在这，而且心不是紧绷绷的，是舒展开来的，如"闲与儿曹竹下行"。

管道昇很闲吗？管道昇不闲，她有六个女儿、三个儿子，她管理着赵家一大处庄园，而且丈夫官至宰相，她的应酬特别多。但是忙里偷闲，"闲与儿曹竹下行"，在竹林之中和儿女们一起遛遛弯。

中国人对竹子的感情很特别，你在竹林里走一走，"未出土时先有节，纵凌云处亦虚心"，那是一种风骨的教育，可以自然地渗透。"竹喧归浣女，莲动下渔舟"，这种审美的教育，也可以一边遛弯一边说出来。"闲与儿曹竹下行"，选择这个地方，这种忙里偷闲的心情，本身就是一种非常好的教育方式。

她后来的感慨是什么？"春意近来浓几许？森森稚子石边生。"春色最近显得更加的浓厚了，春天已经从初春、早春到了仲春以至于暮春了，怎么样表现这种时序的变换，这种越来越蓬勃的气质呢？"森森稚子"是谁？是竹子的笋。好多竹笋从石头缝里蹦出来了。同时指谁？她的孩子们，她的儿曹，她的子侄辈。子女们就像是这些小竹笋，总有一天要长成参天竹林，这是一种什么心情？一种隐隐的期待，不露声色的喜悦。

我认为看孩子成长应该有这样一种相对淡定的心情，孩子总会长成大人，竹笋总会长成竹子，过程本身就令人欣喜，在这个过程中能够相互陪伴，一起成长，又是欣喜之上更大的欣喜。

管夫人以这样一种方式表达了对于家庭建设、孩子成长的发自内心的喜悦、陶醉与满足。同时，教育孩子的事情其实已经灌注到这样的过程之中了。

管道昇的教育结果是什么？管家的例子振奋人心，管夫人和赵孟頫是他们家的第一代文化人，都是当时元朝的顶级人物。到第二代，儿子那辈儿出现了两个大书画家，一个叫赵雍，一个叫赵奕，九个子女在历史上留下名字的主要是这两个。到第三代，她的孙子赵麟和外孙王蒙又是顶级的大书画家。书香门第传承到第三代仍然维持"顶流"的水准，这相当不容易。

这是一个成功的案例，而且是被载入史册的。元仁宗的时候，皇帝钦点，把管道昇、赵孟頫和赵雍的字做成集子收入秘府之中。元仁宗说："使后世知我朝有一家夫妇父子皆善书，亦奇事也。"那时候还没有孙子，元仁宗把他们一家书法作品收成合集，让后世知道大元有这么一户人家，夫妇父子都擅长书法，这难道不是天地之间一大奇事吗？奇事奇在哪里？奇在共同成长。家庭教育最好的境界是什么？不是说教出了一个好儿子，而是所有的家人共同成长。只有共同成长才能教出一双好儿女，也只有共同成长，每个人才不觉得只有自己在付出和牺牲，每个人都能得到满满的收获。

家长收获

今天听了蒙曼老师的"小学"与"大道"，我深感家庭教育对孩子的重要性。我们小学的孩子正处于学习规矩礼数和基础知识的重要阶段，一个孩子要有良好的品格，首先要爱国、爱家、爱集体，要学会和人交往以及学会力所能及的劳动技能。同时要唤醒孩子的心灵、身体和头脑。最后，作为家长最重要的就是给孩子高质量的陪伴，所有家庭成员共同成长，做孩子的好榜样。

——北京市海淀区上地实验小学　王若瑶家长

今天参加了海淀家长学校家庭教育大讲堂活动，蒙曼老师引经据典、深入浅出地向我们讲解了"小学"与"大道"的内在联结。父母是孩子的第一任老师，我们要帮助孩子系好人生第一粒纽扣，努力将他培养成为德智体美劳全面发展的好少年。

——北京市海淀区万泉小学　姜童家长

能够听到著名历史学教授蒙曼老师的家庭教育分享，我感到非常荣幸。蒙教授是我们家长非常喜欢的有文学底蕴的专家。海淀家庭教育大讲堂给我们带来了这么好的资源，作为家长，我们也一定要不断学习成长，做好家校协同，努力培育出更健康的孩子！

——北京市海淀区育鹰小学　王暄家长

"腹有诗书气自华，最是书香能致远。"蒙曼教授妙语连珠，用独到的视角融汇现代精神与家庭文化理念，将中华民族传统家庭美德和家庭教育理念娓娓道来。她引经据典，以讲故事的形式使得内容深入浅出，易于接受，提出的建议切实可行。家庭与学校教育有各自的特点和优势，因材施教在家庭教育中具有先天优势，应充分借助教育契机进行审美教育，蒙教授在说到形容冬雪的诗时，引用了谢道韫的"未若柳絮因风起"，不仅具有形态美，更饱含春天的希望之感，鼓励家长趁着春光明媚，也和孩子一起去探索美好，一起成长。建立一个充满阅读趣味的家庭图书角也是非常有必要的，家庭作为学生成长的第一所学校，浸润优秀的家风家教使孩子的成长有坚实的保障，达到润物细无声的效果。

——北京市八一学校　翟欣然家长

通过听蒙曼教授讲"小学"与"大道"的课程，我从中国传统的家风家教故事中，学会了如何与孩子沟通，让孩子向善向美，拥有"美"的言谈举止和善良的心理。从家庭教育的角度，家长在陪伴中潜移默化地向孩子传达的修养是学校所不能提供的，所以家庭陪伴和教育是尤为重要的。有一句话我记忆尤为深刻，言传身教，若能放下浮躁读一本书营造一种和谐好读书的家庭氛围，孩子学习的动力比棍棒底下出英雄更有效。育人也是自我成长的一部分，陪伴孩子也是在陪伴自己成长。

——中国人民大学附属中学　程迪思家长

主讲人：尚秀云

北京市海淀区人民法院法官

电影《法官妈妈》的生活原型

全国先进工作者

引言

⋯⋯⋯⋯⋯⋯⋯⋯⋯⋯⋯⋯⋯⋯⋯⋯⋯⋯⋯⋯⋯⋯⋯⋯⋯⋯⋯⋯⋯⋯⋯⋯⋯⋯⋯⋯

孩子性格和行为的曲线，总是围绕着父母性格和行为的轴线上下波动。所以我们常常说，为了孩子健康成长，家长也要提高自己。

⋯⋯⋯⋯⋯⋯⋯⋯⋯⋯⋯⋯⋯⋯⋯⋯⋯⋯⋯⋯⋯⋯⋯⋯⋯⋯⋯⋯⋯⋯⋯⋯⋯⋯⋯⋯

尚秀云：让"依法带娃"成为父母的必修课

《中华人民共和国家庭教育促进法》自2022年1月1日起实施，家庭教育从"家事"上升到"国事"，家长们走进了"依法带娃"的时代。家庭是人生的第一所学校，家长是孩子的第一任老师，应当承担起对未成年人实施家庭教育的主体责任。

一、认识孩子成长的规律：依恋期和青春期

依法带娃是父母的必修课，父母或者其他监护人应当依法承担起对未成年子女的抚养教育义务，肩负起对未成年子女实施家庭教育的责任。要依法教育孩子，首先要了解孩子的成长阶段。

一个人的成长，从出生到老年，一共经历 9 个阶段，其中，孩子从出生到 18 岁，要经过 6 个阶段：0—1 岁为乳儿期，1—3 岁为婴儿期，3—6 岁为幼儿园阶段的幼儿期，6—12 岁是小学阶段的学龄初期，12—15 岁为初中阶段的少年期，15—18 岁为高中阶段的青年初期。6—18 岁为中小学时期，就是属于学校教育阶段，要经历小学的依恋期和初高中的青春期。

1. 依恋期及家庭教育关注点

婴儿 6 个月左右开始出现明显的依恋表现，如果这种依恋的情感得到满足，孩子就会出现安静、快乐的心理行为。对于抚养人的依恋，一般会保持到 12 周岁，若没有这一抚养过程和依恋现象，母亲就很难支配和控制孩子的心理，就无法让孩子心甘情愿地接受抚养者的要求。从出生到小学阶段的依恋期是孩子性格形成的关键期。

依恋期也是人格形成的奠基期，是父母与子女心灵沟通的重要阶段，是培养父母与子女之间亲情的黄金期。很多到城市打工的父母，在孩子最需要父母关爱并与其建立感情的时候离开了家，在孩子最需要爱的这个阶段缺席。在孩子进入青春期后接到身边，由于和父母没有感情基础，加上青春期逆反，不听父母话，父母的教育方法还有这样那样的问题，孩子与父母矛盾冲突不断。海淀法院少年法庭处理的少年犯罪案件中，来到城市的留守儿童犯罪案件占比较大。因此，孩子要健康成长，父母的亲自抚养非常关键。

另外，依恋期在人的一生中不可逆转，不可复制，一旦错过依恋期的沟通，父母与子女之间的亲情很难深度构建，从而产生心理隔阂。有学者将一

个人的成长形象地比喻为树木，树根为幼儿教育，树干为中小学教育，茂密的枝叶为高等教育，培育好根苗，根深才能叶茂。要想让孩子长大成才，必须从小精心培养和教育，从小长弯了的树，长大以后很难直起来。根据我们长期从事少年司法工作的经验，我们认为个人的成长是消长型的，年龄越小，父母对孩子的影响越大，到 12 岁，是依恋期的结束，进入青春期，孩子又会有另外的表现。凡是家庭教育中父母亲没有尽到职责的，就很容易出现问题，孩子越小，父母对孩子的教育越重要。

2. 青春期及家庭教育关注点

心理学家将青春期定义为，能生育后代的生理变化及完成。当孩子进入青春期，就开始出现与依恋期相反的心理表现，即逆反心态。这一时期，家庭教育的功能明显减弱，同伴对他的影响比较深。青春期的第一个信号是身高明显变化，体重的增长慢于身高；第二个信号是"第二性"特征的出现；第三个信号是独立意识增强，突出表现为亲子关系下降，伙伴关系上升。为回避父母的干预，为了争取更多的自主权，他们开始回避向父母谈个人的事情，尤其是一些敏感问题，比如考试的分数，和异性朋友交往等，从这时起，父母对孩子的控制能力明显减弱。

独立意识的增强还表现在对权威的否定，这时一般父母会感觉到一向非常听话、非常乖的孩子突然变得难以管教。我们认为，这并不是孩子对父母的态度发生改变，而是孩子成长的需要，他们对父母，对老师不再言听计从，对身边的问题也希望自己思考得出结论，对于自己的行为取向，他们往往希望自己选择，不愿意父母或老师干预。青春期的孩子由于其成长要有一段离经叛道的心理过程，作为老师和家长，一定要注意孩子的情感变化和成长的情况，如果父母忽视了孩子的身心变化和身心特点，老师忽视了孩子行为规律和心理需求，孩子就容易出现偏离行为，我们叫危险13岁，在这一年里，孩子逆反是比较突出的。当孩子进入中学，特别是进入初二，同学老师都比较熟悉，功课更难了，孩子的学习成绩如果出现这样那样的问题，再加上不遵守纪律，在学校发展得不是很顺利的话，他再接收一些社会不良信息，或者接触不良朋友，就很容易出现问题，甚至触犯法律。有位学者将青春期的孩子比作一辆马力很足的汽车，但是方向盘不灵，特别容易出现越轨行为。

二、家庭和睦是孩子健康成长的重要条件

问题少年是问题父母的展露，时间证明，家庭环境的不良和父母教育的失当，是导致孩子出现罪和错的重要原因。什么样的家庭孩子容易犯罪呢？经过北京市未成年人管教所长期的审判实践，我们发现有四种家庭的孩子容易出现罪和错。

1. 第一类是失和型家庭

美国心理学家索克曾这样说，对孩子而言，父母离异给孩子带来的创伤仅次于死亡。据对某市未成年犯管教所中北京少年犯进行的抽样调查发现，

有一半的孩子的家庭存在父母婚姻问题或关系不和睦的情况，可见，家庭和睦有多么重要。单亲、继亲和婚姻动荡家庭子女的教育问题，应该是社会突出问题，令人担忧。

有人把家庭比作爱的港湾，在孩子幼小的心里，家就是他们的全部依靠，因为家里有父亲母亲能为他们遮风挡雨，使他们得到衣食温饱，能够健康快乐地成长。如果父母不和，彼此缺乏应有的尊重甚至离异，对孩子来说就好比天塌地陷。实践证明，完整和睦的家庭环境、恩爱的夫妻关系是孩子健康成长的重要条件。

通过长期从事少年审判工作的经验，我觉得父母亲在家里一定不要当着孩子面总是吵架，这样会影响到孩子对父母的尊重，延伸到学校可以不尊重老师，不尊重同学。所以我发现特别优秀的孩子，如果追溯他们的童年，家庭和睦的占很大的比例。而问题孩子的背后往往是问题家庭、问题家长，他们的健康成长，特别是情感的发展，都受到了很大的影响。

2.第二类是溺爱型家庭

溺爱就是宠爱过度、失去理智的爱。我国大多数家庭只有一两个孩子，有的孩子不仅被父母溺爱，同时也备受祖父母、外祖父母娇宠，一家人对孩子娇生惯养，百依百顺，而对孩子身上的小毛病、坏习惯听之任之。过分溺爱往往使孩子以自我为中心，缺乏基本的规则意识、道德水准和社会责任感，形成潜在的违法犯罪的诱因。

我曾审理过这样一个案子，有一对姓钱的夫妇，30多岁生了一个乖巧可爱的胖儿子，夫妻俩如获至宝，他们给孩子起了一个名字，叫钱龙。他们也真的把孩子当作皇帝来养育，孩子穿的衣服，在家里叫御袍，吃的饭称为御膳，用的笔称为御笔，给孩子看病的大夫称为御医，称孩子的老师为师爷，要5块就给10块，要50块给100块，要什么给什么，百依百顺，孩子在娇惯中成长。钱龙初中毕业辍学在家，从此经常出入网吧，16岁养成肆意挥霍的习惯。交上了女朋友后，需要更多的金钱供其挥霍，父母再也无法满足他的非分需求，他便结伙抢劫，违法犯罪，最后因为犯抢劫罪被起诉到法院。

3. 第三类是打骂型家庭

有的父母望子成龙、望女成凤心切，采用打骂方式教育孩子，对孩子健康人格的形成极为不利，孩子的问题往往会在进入青春期以后爆发出来。据我们调查，海淀区涉及孩子故意伤害的刑事犯罪中有一个明显的特点，15 名持械斗殴的少年中，就有 14 位孩子的家长性格粗暴，爱与人争斗，对孩子动辄拳脚相加。孩子长大以后，就会用父母教育他的方式打骂、对待他人。

有这样一个孩子，13 岁，贪玩不好好学习，成绩经常不及格，其父经常对他打骂，孩子心灵受到创伤，学习成绩愈加退步。有一次，期中考试功课全都不及格，被父亲暴打一顿后离家出走，在外结伙盗窃，犯了罪。说是这位父亲把自己儿子逼上犯罪道路的，也不足为过。

还有一个孩子的案例，他专门在他父亲所在单位实施盗窃，偷他父亲单位办公室的物品。后来我问他，你怎么总是到你父亲单位去作案呢？他说，我父亲在家里总打我，他个子特别高大，我也打不过他，那我就在他的单位作案，给他制造点麻烦，让他单位的领导来教育他，批评他。小孩有小孩的心理，你打他，他打不过你，就用另外一种方式对待、报复你。

可见，孩子性格和行为的曲线，总是围绕着父母性格和行为的轴线上下波动。所以我们常常说，为了孩子健康成长，家长也要提高自己。《中华人民共和国家庭教育促进法》特别强调，父母实施家庭教育要潜移默化与言传身教相结合。

4. 第四类是放任型家庭

这类家庭存在生而不养，养而不教的问题。尤其是一些离异的家庭，对孩子缺乏应有的亲情关爱和责任心，只顾自己享乐而不顾孩子，在这样监护不力的环境中长大的孩子，往往会出现这样那样的行为问题。

我曾经接触过这样一个孩子，14 岁的少年小川（化名）因为涉嫌犯抢劫罪被起诉到法院，开庭后我问他，你为什么跟他们一块儿去实施抢劫呢？小川就哭着向我诉说了他的一段经历：我爸爸妈妈离异了，法院把我判给我父亲抚养，我父亲再婚以后，我跟着奶奶生活。一天深夜，我感冒发高烧39度多，奶奶年纪大了，没法送我去医院，我就给爸爸打电话，希望爸爸陪我去医院。爸爸和继母商量后让我向奶奶要点钱自己先去医院。我听我爸这么一说，心一下子就凉了半截。后来，我就给网吧里认识的小伙伴打电话，几个小伙伴一块儿来到我家，帮我打车，送我去医院，还帮我交了挂号费、医药费，陪我打点滴，照顾我一夜，第二天还帮我买早点。我很感动，出院的时候就跟这些小伙伴说，以后我就是你们的人了，你们干什么事只管叫我。所以这起抢劫也是那些网吧里的小伙伴一叫就去了。抢劫罪是重罪，属于八种刑事犯罪之一，起刑点就是3年，小川满14岁就要负刑事责任，这样一段人生经历，将对他的一生产生影响。

作为父母，在孩子最需要您的关键时刻，一定要给孩子以亲情的温暖，不要对孩子冷漠，否则他会自己去找温暖。一定要做孩子喜欢的父母，这一点对孩子的健康成长是至关重要的。我们常常接触一些非常优秀的父母，他们常跟孩子进行交流，回家以后第一件事不是做饭，洗衣服，看报纸，看电视，而是要关心自己的孩子，搂搂孩子，谈谈有什么高兴事、烦心事，及时沟通和化解一些心理上的困惑和问题，建立亲密的亲子关系，如此，孩子有什么心里话都愿意跟父母说。

三、以德育人是家庭教育的重要内容

家庭教育的根本任务是立德树人。《中华人民共和国家庭教育促进法》第三条特别强调了家庭教育应当以立德树人为根本任务，培育和践行社会主义核心价值观，促进孩子健康成长。第十四条规定了父母或其他监护人应当树立家庭是第一个课堂、家长是第一任老师的责任意识，承担对未成年人实施家庭教育的主体责任，用正确的思想、方法和行为教育未成年人养成良好的思想、品行和习惯。

父母应该将重点放在培养孩子的学习兴趣、学习态度和学习习惯上，这也是德育的重要内容。一位家庭教育专家说，德是照亮一个人全面发展的灯塔，小胜在智，大胜在德。我们常说家长是孩子第一任老师，第一任老师是教孩子知识、帮孩子写作业的老师吗？

有一次，我参加家庭教育咨询活动，遇见了这样一位母亲，她向我诉说了她教育儿子的一段经历，她说从孩子上小学一年级起，她就开始担任教孩子学习功课的老师，怎么当的？她每天陪孩子写作业，给孩子辅导功课，不管孩子问什么问题，她都告诉孩子应当怎么做，不应当怎么做。她本身是一名职高毕业生，孩子上了初中功课难了，她干脆就买了一套初中的辅导教材，一有工夫就在家里备课，孩子放学写作业，有了问题立刻问妈妈。孩子初中毕业后考上一所普通高中，功课更难了，这时妈妈再也辅导不了了，但孩子遇到不会写的作业，仍习惯性地问妈妈，一定让妈妈来陪他完成作业。妈妈为难地说，儿子，高中的功课太难了，妈妈实在不行了。儿子也非常失望地说，妈妈，你不行，我也完了。这位母亲，投入全部精力成了孩子的拐杖，却养成了孩子的依赖性，导致孩子不仅学业受影响，不会独立学习，人格也形成了缺陷。

1. 家庭教育为什么要重视以德育人

父母对孩子的教育无时不在，无处不有，一言一行都会影响到孩子，具有别人不可代替的作用。当前许多父母都很重视孩子的品格教育，但是有一些父母也存在重智育轻德育的问题。孩子进入青春期以后，虽然有逆反心理，家庭教育的影响减弱了，但是对孩子的教育和监护却不能放松。孩子需要的不单是物质上的满足，更需要心理和精神上的满足，需要心理和精神上的呵护和引导。通过对一些青少年犯罪案例进行研究发现，有的孩子家庭条件非常好，但还会发生违法犯罪行为。这是为什么呢？我们认为是他的性格出现了问题，性格是后天形成的社会行为方式，孩子性格的培养发生于6周岁以前，主要是由父母来实施。家庭教育的最佳时期就是孩子的依恋期，12周岁以前，特别是1至6岁最为关键。所以，如果父母忽视了对孩子的道德法治教育，导致孩子缺少规则意识，自我约束的观念和对法律的敬畏，那么进入青春期以后，他就敢于突破道德底线，实施违法犯罪的行为。很多青少年案例证实，满足孩子的成长需求，适当的物质抚养固然重要，但是心理抚养更重要。

2. 合理运用家庭教育九种方法

家长应依法履行家庭教育的主体责任。家庭是教育孩子的第一责任单位，家长是家庭教育的第一责任人，《中华人民共和国家庭教育促进法》规定家长必须"教育未成年人爱党、爱国、爱人民、爱集体、爱社会主义，树立维护国家统一的观念，铸牢中华民族共同体意识，培养家国情怀"。明确家长的主体责任和根本任务是促进下一代全面健康地成长。还规定了家长教育子女的行为准则，提出家长当合理运用如下家庭教育的方式方法：

（1）亲自养育，加强亲子陪伴；

（2）共同参与，发挥父母双方的作用；

（3）相机而教，寓教于日常生活之中；

（4）潜移默化，言传与身教相结合；

（5）严慈相济，关心爱护与严格要求并重；

（6）尊重差异，根据年龄和个性特点进行科学引导；

（7）平等交流，予以尊重、理解和鼓励；

（8）相互促进，父母与子女共同成长；

（9）其他有益于未成年人全面发展、健康成长的方式方法。

3. 家庭育德的三个重要内容

一是对孩子进行挫折教育。在长期的审判案例中，我们发现有很多孩子遇见自己不顺心的事就心灰意冷，破罐子破摔，原因在于缺少挫折教育。孩子6岁以前就要进行挫折教育，要给孩子传达一个信息：一个人的愿望是要受到约束的，很多事情不能随心所欲。要有意识地告诉孩子，家庭有家规，学校有校纪，社会有法律，个人行为要受到约束。如果自己为所欲为，到了社会上就会出问题。二是对孩子进行延迟满足教育。延迟满足教育可以采用一定方法，如有意带孩子去商店，看完玩具不要当天买回，买东西的时候，一定要大声问价钱，通过这个方法告诉孩子，要懂得生活开支，学会忍耐和珍惜。三是要对孩子进行诱惑训练。比如，给孩子买几天的零食，由他自己具体分配，在他克制以后给予奖励。让孩子知道面对诱惑时要权衡利弊，为了明天的利益，必须克制今天的欲望。

家庭教育的辩证法告诉孩子在成长中要自律、自尊、自强。法律是最低限度的道德，道德是法律的哨兵。要让孩子知道，人的一生如果要做到不违反法律，就不能突破道德的底线，道德品行好的人不会触犯法律。明代著名的思想家袁了凡在《了凡四训》里说：为人善，福虽未到，祸已远离。为人恶，祸虽未到，福已远离。教育孩子一定要做好事，助人为乐，做一个善良的人。你关心别人，别人也会关心你，你才会健康快乐地成长。

四、给家长的三个有关家庭育德的建议

1. 以身垂范

父母要给孩子做出好榜样。父母的一言一行都给孩子以深刻的影响，要培养孩子优良的人格和品行，父母应当以人格育人格，以德育德。在一个家庭里，父母应当注意自己的言行，夫妻之间应该互敬互爱，让孩子从小受到爱和敬畏的熏陶，孩子长大后才能成为尊敬、尊重他人的人。有研究表明，父母不和，经常吵闹，会给孩子带来负面的情感影响。孩子是在模仿中学习做人的，父母是孩子模仿的主要目标，如果做父母的平时敬老爱幼、关心帮助有困难的人，这种善良的性格和行为就会影响到孩子，孩子在生活中也会

更有爱心。

2. 给孩子创造道德体验的机会

体验是道德教育的应有之意。现在有些父母对孩子过度呵护，衣来伸手，饭来张口，不给孩子为长辈尽义务的机会，孩子自然不知道如何尽孝心。要培养孩子的责任心、责任能力，就应当给孩子负责任的机会，让孩子在体验中明白什么叫负责任、应该怎样负责任，知道什么是道德、什么是不道德，有助于让孩子更新观念，提升道德实践能力，改变过于强调认知而遮蔽道德体验的倾向。

3. 对孩子进行生命教育

家长要对孩子进行生命教育，告诉孩子生命的珍贵。父母是给予子女生命的人，把子女看作生命的一部分，关心子女胜过关心自己，子女也应当孝敬自己的父母、体贴父母、关爱父母。

某初中二年级学生，他的妈妈是妇产科医生，经医院同意他做了一段微视频，名字叫《剖腹产》。一个 16 岁、身高一米八的男孩看了这段录像之后说，我妈生我的时候我 9 斤多，我个头这么大，我妈生我肯定很痛苦，但她还是挺过来了，妈妈真伟大！可是我回想，自己还是这么不懂事，老让妈妈操心，让妈妈生气，我很惭愧，妈妈是我一生中最值得尊敬的人，我要通过自己的努力，让妈妈为我而骄傲！也希望所有的同学让妈妈为你而骄傲！

四、关注孩子的安全，让孩子学会用法律保护自己

有些青少年被伤害的刑事案件，孩子之所以被伤害，一个原因就是露富。家长要提醒孩子增强自我保护意识，放学外出应当结伴而行，财不可外露，太过招摇容易成为被侵害的目标。孩子过生日或者逢年过节的时候，得到数额较大的现金、贵重物品，父母应当提醒孩子不要向别人炫耀，帮助孩子存

入银行或交给父母保管。当孩子遇到不法侵害时，父母要及时报警，反映孩子遭受侵害的具体情况。总之，父母要教会孩子用法律保护自己，要记得，勤俭节约好习惯，切记露富惹麻烦。

不了解孩子的教育是盲目的教育，不尊重孩子的教育是专制的教育，不信任孩子的教育是错误的教育。明确家庭教育中父母的根本任务是立德树人，在与孩子的日常相处中，应当树立家庭是第一个课堂、家长是第一任老师的责任意识，承担对未成年人实施家庭教育的主体责任，用正确的思想、方法和行为教育未成年人养成良好思想、品行和习惯。

家长收获

尚法官用鲜活的成长案例，阐述了"家庭是人生的第一个课堂，父母是孩子的第一任老师"的重要意义，在孩子成长路上，家庭教育不可缺席，教育孩子是家事也是国事，是伦理日常也是法律规定。生而养之、养而教之，教其向善，这是父母送给孩子最好的礼物。育儿依法，带娃得法，让全社会共同培养好下一代。

——育英中学　赵子初家长

今天全家安排时间，一起听了尚秀云法官讲的"依法带娃"直播课程，让我们对新颁布的《中华人民共和国家庭教育促进法》有了一定的了解，理解了家庭教育不仅是家事，更是国事。一个孩子是家庭的一分子，家长是孩子的第一任老师，他们从小深受家庭影响。三岁看老，由微知著，小小的家庭真的影响到社会和谐，家长教育孩子不仅是道德使然，更应该负起自己的社会责任。家庭教育中家长陪伴孩子成长的同时，更需要自我成长。

——十一学校　郭清博家长

尚法官的家庭教育讲座让我深有感触，受益匪浅。父母是孩子的第一任老师，我们应承担起教育孩子的首要责任，并用正确的家庭教育理念影响孩子的一生。在尚法官深入浅出的讲解中，我也发现了自己以前管教孩子的不当做法，学到了如"挫折教育""延迟满足"等教育孩子的干货，收获良多。非常感谢具有爱心的尚法官，感谢海淀家庭教育大讲堂。

——石油二小　龚弘轶家长

通过学习，我深知家庭教育是教育的开端，关乎孩子的健康成长和家庭的幸福安宁，也关乎国家发展、民族进步、社会稳定。家庭教育要以立德树人为根本，孩子品行出现问题，往往是父母教育不当的结果。"依法带娃"，是一名合格家长为人父母的必修课。

——五一小学　王梓涵家长

尚秀云法官通过对影响孩子成长的各个方面的重要因素的分析来呼吁每个家庭应对孩子有正确、良好的教育。现今社会的家庭基本都是双职工，都忙于工作，以至于对孩子的教育有所忽略。孩子从出生到牙牙学语，再到蹒跚学步慢慢长大，这个过程中家庭教育是非常重要的。家庭教育包含很多方面，培养孩子的好习惯首先要做到很好的陪伴，依法管教孩子也是家长的必修课，孩子身上出现的问题大多是家长教育不当的结果。在"依法带娃"的过程中，家庭和睦和家庭教育对孩子向上发展进步都起到非常重要的作用。所以，每位家长都要有责任心，注重学习，将自己的孩子培养成才，为社会作贡献。

——军事科学院幼儿园　郭婉怡家长

主讲人：庞涛

北京市人民检察院第一分院第七检察部副主任、检察官，北京人民广播电台新闻广播《警法在线》节目评论员

2016 年度荣获首都劳动奖章

2017—2020 年度北京市检察机关先进个人

引言

我觉得孩子屏蔽父母其实是一个正常的现象，特别是对于一个青春期的孩子来说，暂时出现这种现象是比较正常的，是符合他的心理发展规律的。应当说每一个孩子进入青春期、叛逆期都有自己的小秘密，都会开始需要属于自己的空间，家长们要正确地对待这样一个情况。

庞涛："关键词"里的《中华人民共和国家庭教育促进法》

让家长依科学之法带幸福之娃，《中华人民共和国家庭教育促进法》的颁布实施，让家庭教育不只是家事，而上升为重要国事。面对家庭教育的新问题、新挑战，这部法律的精髓在于，它既强调了家庭教育的责任约束，更为家长、家庭赋能，让科学的家庭教育滋养孩子的一生。

一、《中华人民共和国家庭教育促进法》的立法背景

新时代的家庭教育不再单纯是一个家庭的私事，已上升为事关国家发展和民族未来的国事，这是《中华人民共和国家庭教育促进法》传递的一个非常重要的理念。那么，时代背景到底发生了怎样的变化？

第一，家庭结构的变化是《中华人民共和国家庭教育促进法》立法的重要时代背景。随着生育政策的放开，二胎、三胎家庭越来越多，家庭成员结构发生了很大的变化，与之前的独生子女家庭有了明显的不同。新的家庭结构下，家长应该如何开展科学的家庭教育呢？这是《中华人民共和国家庭教育促进法》立法的一个重要时代背景。

第二，与"双减"政策密切相关。国家在减轻学生课业负担的情况下，很多家长产生了新的焦虑，如在这样一个大的背景下，我们如何做好家校共育，以及我们的家庭教育在这样的一个宏观背景下应该做出哪些必要的微观调整，才能让孩子健康成长，逐渐成才？这是第二个立法的背景。

第三个立法背景是从法律的角度来看，2024年，修改后的《中华人民共和国未成年人保护法》开始实施，规定了未成年人六大保护的新格局：家庭保护、学校保护、政府保护、社会保护、网络保护和司法保护。在这样的一个新的六大保护的大的格局当中，家庭保护又应当如何有效地开展？许多问题都迫切需要一部专门的法律来加以明确和调整，正是在这一系列的背景下，事关千家万户也事关民族未来和国家发展的这样一部《中华人民共和国家庭教育促进法》应运而生。

二、《中华人民共和国家庭教育促进法》的四个关键词

1. 尊重

"尊重"这个词是《中华人民共和国家庭教育促进法》的高频词汇，共有五处提到。其中，第五条提到，尊重未成年人身心发展规律和个体差异；尊重未成年人人格尊严。第十七条，尊重其参与相关家庭事务和发表意见的权利；尊重差异，根据年龄和个性特点进行科学引导；平等交流，予以尊重、理解和鼓励。概括而言，可以细分成两类：一是尊重特点，即尊重孩子的个性和特点；二是尊重权利，就是要尊重孩子作为一个未成年人所享有的法律规定的权利。

第一，尊重特点。

尊重每个孩子的特点和差异，根据年龄和个性的特点，进行科学的引导，也就是常说的因材施教。尊重孩子年龄特点非常重要，有时我们对待孩子多一些耐心，静待花开，会更有利于孩子科学地成长。尊重孩子性别的差异也

很重要，比如说表达能力，男孩儿表达能力普遍比女孩儿发育得晚一些，专家研究发现，一个5岁男孩儿的表达能力可能只相当于一个3岁半女孩儿的表达能力，所以千万不要把别人家的孩子跟自己的孩子进行简单的对比，这样既达不到自己的目的，反而可能会伤害孩子的自尊心和亲子关系。

第二，尊重权利。

尊重权利包括尊重孩子的隐私权、选择权等。

尊重孩子的隐私权很重要，有不少家长认为，家长看孩子的日记是想了解他平时的所思所想，特别是对一些处于青春期的孩子，平时跟他沟通交流比较困难，所以就采取了翻看日记、翻看手机等一些方式。这里家长要注意一个问题，就是我们要注意平衡家长的教育责任和尊重孩子隐私权的关系，这需要每一位家长结合自己家庭情况，特别是孩子的性格特点，拿捏好一个度，既要对孩子有关注，有家庭教育责任，又要尊重他的隐私。

一档节目当中一名女嘉宾谈到自己大受打击，因她发现儿子的朋友圈居然屏蔽了自己。我觉得孩子屏蔽父母其实是一个正常的现象，特别是对于一个青春期的孩子来说，暂时出现这种现象是比较正常的，是符合他的心理发展规律的。应当说每一个孩子进入青春期、叛逆期都有自己的小秘密，都会开始需要属于自己的空间，家长们要正确地对待这一情况。对于孩子来说他们自己就是一个独立的个体，当家长一味地想要超过孩子心理上的这种所谓的安全距离的时候，孩子会很容易感到不适应。

美国心理学家朱迪斯·哈里斯曾经说过一段话，父母的教养方式与孩子的人格特质之间几乎没有任何的关联度，孩子叛不叛逆是他自我成长的一个必经阶段，跟父母好不好是无关的。就像案例当中男嘉宾对女嘉宾说，你儿子在你给他过完生日以后发朋友圈表示感谢，虽然他专门屏蔽了你，但是这并不代表你不是一个好母亲，此时你能做的就是等待、包容、忍耐和坚持。但是，是不是这个时候我们家长就应完全是躺平的状态呢？他屏蔽了我，我就什么都不做，只能是等待、包容、忍耐、坚持吗？其实也不完全是这样，在这个时候，除了要有爱和尊重以外，也需要家长适度地关心和引导。至于

怎么去适度地关心和引导，也需要结合孩子的性格、特点和每个家庭的特点，探索一套属于自己的方式和方法。

要尊重孩子的选择权。每一位家长千万不要把自己的愿望强加给孩子，更不能拿别人家的孩子与自己的孩子进行一个简单的对比，这些都是错误的家教方式。应当多倾听孩子的心声，多尊重孩子的意愿与选择，说到底就是要把孩子摆在一个平等的地位上，而不是我们居高临下地说教。同时要注意，这不仅仅是家庭教育的方式方法问题，也是每一个家长都必须要尽到的法律义务，即要把家庭教育放到未成年人权益保护的大格局当中去审视。《中华人民共和国未成年人保护法》第四条规定保护未成年人的一个最根本原则——最有利于未成年人的原则，其中谈到，在处理涉及未成年人事项的时候，必须要听取未成年人的意见，因为这是保障未成年人参与权的一个基本要求。

未成年人作为一个独立的个体，作为法律上的自然人，他也有独立的权利，《中华人民共和国未成年人保护法》规定未成年人具有生存权、发展权、受保护权、参与权等权力。所以无论是关乎孩子未来发展的重要决定，还是日常生活当中培养兴趣爱好等事项，都要注意听取未成年人的意见，这是法律规定的保障未成年人参与权的一个重要方面。

2.立德

立德这个关键词跟"双减"政策密切相关。我们应该以一种什么样的心态去面对"双减"以及其带来的变化？在全国两会上，许多教育界的全国人大代表纷纷去探讨这个热点话题，他们普遍认为，"双减"政策是让教育回归本源，除了要教授给孩子必要的知识外，更重要的是引导孩子如何立德做人。家长一定要牢记，家长的家庭教育责任很重，承担了很多的任务，比如平时要养育孩子，要教给他文化科学知识，假期要带他出去旅游，等等。这么多的任务中，最根本的是什么？《中华人民共和国家庭教育促进法》的第三条说得非常明确，立德树人是家庭教育的根本任务。

"我爸爸穿最脏的衣服，干最苦的活，但是他挣最干净的钱给我们用。我爸爸虽然只是一个做门窗的，但是他是我心中的那个超人。"这是小暖男邓涛说过的一句话。我觉得各位家长和我一样，听到孩子说出这些温暖的话语的时候，内心收获的是满满的感动，因为我也是一名父亲，我觉得在一个家庭当中，如果在孩子的眼中，你是超人，那么说明你一定让孩子感受到了温暖和爱的力量。作为家长，应该不断通过言传身教让孩子学会尊重他人，明白生活的艰辛和不易，逐渐懂得做人做事的道理。

对孩子来说，我觉得这也是一种学习。我们经常认为学习是学校的事情，是课外培训班的事情，其实不然，学习是一个广义的概念，学校和课外的学习只是其中一小部分，更多的学习是在生活当中，所以家长要寓教于生活，这是非常重要的。作为家长应怎么帮助和引导孩子在日常生活中学习呢？《中华人民共和国家庭教育促进法》第十七条提供了思路——亲自养育，共同参与，相机而教，潜移默化，特别是潜移默化、言传身教，在家庭教育当中非常重要。有些家长可能会问，孩子很小的时候对他进行品德方面的教育有必要吗？会有什么效果吗？据研究表明，0到6岁的低龄阶段，在一个人品德的养成中起到奠基作用，家长一定不能忽视，要给孩子打好立德树人的底色，这样他才能在今后的人生当中不断地创造亮色。

3. 陪伴

陪伴，特别是高质量的陪伴，对孩子积极正向成长具有重要的影响。什么是高质量的陪伴？对孩子健康成长有哪些作用呢？《中华人民共和国家庭教育促进法》第十七条的第一项和第二项规定亲自养育，加强亲子陪伴；共同参与，发挥父母双方的作用。不仅如此，《中华人民共和国家庭教育促进法》的第一章总则和第二章家庭责任，都是在给家长赋能，告诉家长如何通过科学的家庭教育实现对孩子高质量的陪伴，从而促进孩子的健康成长和家庭的和睦团结。

为什么要进行高质量的陪伴呢？因为它对孩子的健康成长、人格的养成，乃至一生的幸福都是非常重要的，具体来说除了可以实现最基本的养育功能以及学习功能以外，更为重要的是它可以传递爱和情感，另外也是建立孩子安全感、信任感以及促进其社会化的重要途径。虽然陪伴很重要，但在现实生活中，家长往往因为工作忙或其他原因而缺席，或者即便在家也是忙于自己的事情，而将孩子推给老人。这种陪伴缺席或者"人在咫尺，心在天涯"的低质量陪伴，不利于良好亲子关系的建立和家庭教育开展。研究表明，亲子依恋、良好的亲子关系是家长教育孩子的资本，好的亲子关系胜过一堆口头说教。

4. 守护

尊重、立德、陪伴三个关键词都是在给家长赋能，指导家长如何科学育儿。《中华人民共和国家庭教育促进法》还从法律的角度对家长提出"守护"的责任要求。当家长的教育行为不符合法律规定的时候，就要承担相应的法律责任，第五章第四十八条和四十九条就有相关规定。第四十八条提出：未成年人住所地的居民委员会、村民委员会、妇女联合会、未成年人的父母或者其他监护人所在的单位，以及中小学校、幼儿园等有关密切接触未成年人的单位，如果发现父母或者其他监护人拒绝、怠于履行家庭教育责任，或者非法阻碍其他监护人实施家庭教育的，应当予以批评教育、劝诫制止，必要时督促其接受家庭教育指导。第四十九条提出：公安机关、人民检察院、人民法院在办理案件的过程中，发现未成年人存在严重不良行为或者实施犯罪行为，或者未成年人的父母或其他监护人不正确实施家庭教育侵害未成年人合法权益的，根据情况对父母或者其他监护人予以训诫，并可以责令其接受家庭教育指导。

当家长的行为不符合法律规定时，就应承担相应的法律责任。当一个家庭出现了下述问题，达到一定程度，特别是侵害了孩子的合法权益时，社会、政府、司法机关等就要进行适度、必要的监护干预：一是养而不教（监护缺失），即家长不负责任，怠于履行家庭教育责任；二是教而不当（监护不当），即教育方式方法出现了问题，如家长存在重智轻德、重知轻能等错误观念。实践中，司法机关通过"督促监护令"或"家庭教育指导令"的方式对问题家庭进行监护干预，目的是纠偏归正，促进解决涉未成年人案件背后的深层次问题，从源头上预防未成年人违法犯罪行为或未成年人遭受侵害现象的发生。

"督促监护令"是从2021年的6月1日起在全国检察机关中开始推广的，具体来说检察机关给家长发出的"督促监护令"适用于四种情况：监护人不依法履行监护职责导致未成年人违法犯罪或者受到刑事伤害；对未成年人不良行为和违法犯罪行为没有及时预防、管教和制止；不积极协助、配合做好对涉罪未成年人矫治教育；其他未依法履行抚养、教育、保护职责，严重影响未成年人健康成长或者合法权益保障等。

当监护人存在监护缺失或者监护不当等问题的时候，除了要通过"督促监护令"，督促履行监护职责以外，还要通过"家庭教育指导令"的方式，让涉案家长接受必要的家庭教育指导，补上科学家教这一课，更好地履行监护职责。在这个过程中，检察机关会积极联系妇联、关工委、社工组织对涉案家长提供家庭教育指导的专业服务。2022年5月31日印发的《关于在办理涉未成年人案件中全面开展家庭教育指导工作的意见》，就明确了三种需要开展家庭教育指导的情形：

第一，涉案未成年人家庭教育指导。涉案未成年人，就是指违法犯罪，或者受到了犯罪行为侵害的未成年人，这样的家庭往往存在家庭监护方面的问题，要么监护缺失，要么监护不当，我们都会通过联系妇联、关工委，对这些问题家庭的家长开展家庭教育指导。

第二，失管未成年人家庭教育指导。所谓失管未成年人家庭，主要指几类重点要关注的家庭，如离异和重组家庭、父母长期分离家庭、收养家庭、服刑人员家庭等，特别是服刑人员家庭，在我们办案当中经常遇到，父母可能都因为刑事犯罪被羁押了，造成孩子的监护缺失，在这种情况下，就要对这些家庭开展必要的监护干预。

第三，预防性家庭教育指导。如果一段时期以内，在这一个地区未成年人犯罪多发，我们就要对这一地区开展预防性的家庭教育指导。

有这样一则案例，未成年犯罪嫌疑人小帅，16岁，父母离异，随母亲在海淀生活，他的父亲长期在河北生活，父子俩见面比较少，对小帅的关心教育就更少了。一次，小帅的父亲请小帅吃饭唱歌，联络一下父子感情，结果在这个过程当中，父亲让小帅喝了半斤白酒，6瓶啤酒，后来小帅在独自回家的途中，无故殴打他人，致他人轻伤。

检察机关认为，未成年人的父母或者其他监护人，违反了《中华人民共和国家庭教育促进法》《中华人民共和国未成年人保护法》和《中华人民共和国预防未成年人犯罪法》的规定，应当依法对其进行训诫并责令其接受家庭教育指导。针对这个案例，北京市海淀区人民检察院委托社会工作事务所和中国儿童中心发挥他们各自的专长，他们探索了家庭教育的双指导模式，即一方面社工要发挥前期对这个孩子进行社会调查的作用，在调查基础上形成包含家庭基本情况、家庭监护情况、家庭关系三部分内容的家庭教育指导评估报告，并在报告中从社工的角度给出评估和建议，发挥司法社工的作用；

另一方面要发挥中国儿童中心专业的家庭教育指导师的作用，由这些教师向家长发放家庭测评表，家长填写以后，家庭教育指导师再撰写包含具体家庭教育指导方案的家庭教育指导建议书，最后由检察院召开督促接受"家庭教育指导令"的宣告仪式，社工和指导师在仪式上分别宣读这些文书，社工重点负责孩子的帮扶，指导师重点负责家长的教育。

三、大格局下的《中华人民共和国家庭教育促进法》

对于《中华人民共和国家庭教育促进法》的理解，不应局限于就家教说家教，而是要跳出法律看法律，也就是说要把这部法律放到《中华人民共和国未成年人保护法》以及《中华人民共和国预防未成年人犯罪法》这两部法律构建的未成年人六大权益保护的大格局当中去审视，从而放宽视野和思路。

国家陆续出台了一系列围绕《中华人民共和国未成年人保护法》《中华人民共和国预防未成年人犯罪法》等涉及未成年人权益保护的各种新规定，通过家长学校为各位家长梳理介绍这些新规定、新要求，是十分必要的，可以让大家更好地依法带娃。对于这类新规定，家长应做到应知应会，明确在家庭教育中，父母或者其他监护人要认真履行家庭责任，树立家庭是第一个课堂、家长是第一任老师的责任意识，承担对未成年人实施家庭教育的主体责任，用正确的思想、方法和行为教育未成年人养成良好思想、品行和习惯。

家长收获

家长都望子成龙，但没有一个孩子不被国家惦记，他们不仅是我们的孩子，也是祖国未来的希望，是中华民族伟大复兴的栋梁。《中华人民共和国家庭教育促进法》在保护未成年人合法权益的同时，更对家长赋能，指导家长如何科学地进行家庭教育。新时代的家长依科学之法，带幸福之娃，用科学的家庭教育方法滋养孩子的一生。让我们一起努力吧。

——首师大附属玉泉学校　李明哲家长

一是父母要做孩子的朋友。要用心倾听，用爱陪伴，与孩子之间进行平等的对话与沟通，做孩子无话不谈的好朋友。

二是父母要做孩子的榜样。父母的一言一行潜移默化地影响着孩子，父母的价值观是孩子思想萌发的土壤。父母在思想上要充满正能量，在行动上做好孩子的表率。

三是父母要做孩子的后盾。后盾不是物质上的满足，不是语言上的说教，而是做孩子强大的心理支撑，父母给予孩子强大的精神力量，助力孩子去拼搏、去创造、去实现自我。

——首师大附小　王润萱家长

通过学习，我深切感受到了家庭教育的重要，作为家长肩上的责任重大，必须不断学习，完善自己的教育经验和理念。我们要保证孩子在轻松、健康、愉悦的环境中成长，永远让孩子看到希望，看到自己的进步；要倾听孩子的声音，给他们发言权，引导孩子主动和自己沟通、交流，第一时间掌握孩子的思想动态；更要以身作则，教育孩子时先约束自己，规范好自己的行为，用良好的环境和榜样去影响和熏陶孩子；要真心陪伴孩子，不做"影子父母"，关注孩子的需求和学习。

——海淀区香山小学　李湫源家长

幸福的童年能治愈一生，不幸的童年，则需要用一生去治愈！给家长们赋能，提高我们的科学育儿水平，做到依科学之法，带幸福之娃，极其重要！

我不仅是一位母亲，还是一位教师。我们要尊重每个孩子的特点和差异，根据年龄和个性特点进行科学引导，真正做到"因材施教"。我们要尊重孩子的隐私权、自我选择权，尊重孩子的人格尊严及个性差异，尊重孩子成长的规律及特点等。科学育儿，科学引导，科学地进行因材施教，这才是尊重的核心。我认为，它不仅适用于家庭教育，更适合教育教学。

——尚丽外国语学校　刘垚均家长

如何教育、培养孩子，是我们一生最重要的课题。在学习了《中华人民共和国家庭教育促进法》后，对照自己的家庭教育模式，我进行了反思与总结：

1.为人父母，当做榜样。为人父母，我们说的话、做的事，都会潜移默化地影响孩子，要想改变孩子，还得从改变我们自己开始。

2.相信孩子！无论自己的孩子是什么样，我们都应该全力鼓励孩子，让他们保持学习的热情。因为决定孩子未来的不是他的学习成绩，而是坚持学习的信念。

3.陪伴才是最高质量的教育。优秀的孩子，都是"陪"出来的。孩子的成长只有一次，只有充分的陪伴，才能增进亲子之间的交流、互动，建立良好的亲子关系。家长应该给予孩子心理上的安宁与安全感，让孩子积极快乐地做自己和探索这个世界。

——美华彩苑外国语幼儿园　桑雨桐家长

作为两个未成年孩子的家长，我深刻懂得家长以及家庭教育对孩子的成长具有决定性意义。因此，不光孩子需要成长，家长也需要成长，家长要学习先进的家庭教育理念，依科学之法，带幸福之娃。尊重未成年人人格尊严，尊重其参与相关家庭事务和发表意见的权利，尊重未成年人身心发展规律和个体差异，根据年龄和个性特点进行科学引导，平等交流，运用良好的家庭教育方法，为孩子的成长营造好的家庭环境。

——南平庄幼儿园　翟炘艺家长

主讲人：卢勤

中国少年儿童新闻出版总社首席教育专家

团中央中国少年儿童新闻出版总社原总编辑

中国教育学会家庭教育专业委员会副理事长

中国关心下一代工作委员会专家委员会委员

引言

　　什么叫教育？教育不是把一个大缸装满，教育是点亮孩子的火把，教育是一个灵魂对另一个灵魂的唤醒，教育是让每个孩子都精彩，每个，不是一个。

卢勤：让每个孩子都精彩

　　从 2022 年 1 月 1 日开始，《中华人民共和国家庭教育促进法》正式实施，这个促进法中有对家长的要求，有对学校的要求，也有对社会的要求。其中对家长的要求我总结为"三个一"。第一，家庭是孩子的第一个学堂；第二，家长是孩子的第一任老师；第三，我们的责任是帮助孩子扣好人生第一粒纽扣。什么叫教育？教育不是把一个大缸装满，教育是点亮孩子的火把，教育是一个灵魂对另一个灵魂的唤醒，教育是让每个孩子都精彩。每个，不是一个，包括你家的，我家的，他家的；精彩不是优秀，优秀是比较出来的，而精彩是每个生命的绽放。每个孩子都值得珍惜，不管他是健康的还是残疾的，是聪明的还是愚昧的，都是我们国家的孩子，我们都要让他们精彩。所以我跟老师们说，你不是蜡烛，点燃自己照亮别人，那多可怜啊，你是火炬，你要把自己燃烧得更加光明，然后交给下一代。

一、不要让错爱伤害孩子

1. 溺爱

我知道所有的爸爸妈妈都特别爱孩子，但是我今天跟你讲的第一个问题是，五种爱对孩子是害。由于我们不会爱，我们就无意中伤害了我们的孩子。第一种就是溺爱。我们过多的溺爱、过分的关心、无止境的满足，让孩子变得无情无义。一位单亲妈妈，从8岁就开始跟着孩子，为了上名校经常搬家，陪着孩子，什么都替孩子干，说你给我考上重点学校就行了。最终，孩子考上了美国一所名牌大学。毕业以后结婚了，她的丈夫也是名牌大学毕业的，两人生了儿子后把公婆请去照顾了。公公是上海退休的局级干部，婆婆是复旦大学退休教授，没待几个月就不干了，老头一生气带着老伴儿回上海了，婆婆跟她妈说受不了你女儿的气。女儿又把妈妈请了过去，妈妈本来有一份工作，辞去了，专职帮她照顾孩子，她去了美国才发现，自己哪里是妈妈，就是一个保姆，家里所有的活她干，所有的剩菜剩饭她吃，他们买吃的从来不问妈你吃什么。过节出去旅游，不让她一块儿去，而让她在家看狗。这位妈妈也是一个非常有能力的女性，写了一篇文章《我那么爱她，她爱过我吗》，结果这篇文章在网上引起强烈反响，很多老人说我们把房子都卖了，让孩子出国留学，而现今孩子对我们不闻不问，这是我们想要的吗？不是，我们倾其所有为了孩子，而孩子却变得无情无义。所以这要引起我们的关注了，今天如果你不是将立德树人作为根本任务，不把育人放在首位，只把考学作为第一的话，你将得到一个悲惨的后果。

2.替爱

第二种爱是替爱，让孩子失去生存的能力，什么都替孩子干，背书包、收拾书包、收拾床铺、检查孩子的作业，甚至是大学考哪个专业、毕业后找什么工作、娶哪个媳妇，等等，全都管。而当我们的孩子习惯这些，他就变得非常无能，变得没有判断的能力。于是今天巨婴越来越多，研究生毕业在家待着、躺平的孩子越来越多，因为他们没有能力应付这些事情。家庭教育不是学科教育，家庭教育是生活教育，生活能力的教育，而这些你都干了，你家保姆都干了，没孩子什么事了，导致孩子变得非常无能。这种无能的孩子将很难适应社会，当他有一天要离开你的时候他会非常恐慌，甚至做出让人非常意外的行为。

3.骂爱

第三种爱叫骂爱，骂爱让孩子失去了自信。很多家长为什么爱打骂孩子呢？蒙台梭利有一句话，很多人到了成人之后无缘故的恐惧常常来自童年的暴力，这种行为不仅影响孩子的今天，也会影响孩子的明天。我做过一个调查，很多爱打骂孩子的父母曾经都挨过打、挨过骂，有的在打骂中长大。有一位女博士跟我说一直忘不了小时候爸爸妈妈打她的情景，她爸爸让她把裤子脱了，她妈妈不但不劝阻，反而还按着她，用皮鞭打她，她说我今天想起来都哆嗦。上次有一个大学教授在台上分享，讲到有个人说自己从小被打到大，他妈说了打死没关系，因为你是我生的。真的没关系吗？2000年发生了一起震惊全国的事件，17岁的中学生小徐用榔头打死了自己的母亲，7周之后我就到了金华，和这孩子面对面谈了100分钟。那孩子看到我是知心姐姐，很感动，就把所有的话都跟我说了。他妈要求他考清华大学、北京大学，至少考浙江大学，考不上就打断他的腿，扬言反正你是我生的，打死也没关系。最后一次爆发是因为他回家看见他妈正看电视，他妈从来不让他看电视，说

影响考大学，他就拿个梨在那儿吃，偷偷看电视，他妈发现了，大声吼着你别在这儿看电视，你考不上大学我就打断你的腿。他当时特别气愤，心想我已经很努力了，为什么老跟我过不去，便拎起书包朝家门口走，到家门口时看到鞋柜上有一个榔头，当时他很冲动，拎起榔头冲到屋子里，朝妈妈后脑勺打了几下，妈妈倒下了，他冲出了家门，在大街上疯跑了两个小时，脑子一片空白。他说后来想起那是我妈，我得去救她，但已经晚了，妈妈已经死了。惊慌之中他看到家里有个装衣服的箱子，就把尸体装到了箱子中，把地面收拾干净就去上自习了，当天晚上住到同学家，后来跑到义乌去住了。爸爸在铁路工作一直没回来，后来发现了报警，他被抓了起来。

4.霸爱

第四种伤害是霸爱。什么叫霸爱？你是我生的，一切得听我指挥，不给孩子生存的自由，让孩子很无奈。我看过一篇文章，讲的是一个学霸的控诉，那个学霸从小被他爸妈控制所有的行为，小男孩胆特别小，有一天不小心把妈妈的花盆摔到地上，妈妈特别生气，打了他俩嘴巴，让他把所有花盆都摔碎。这时候奶奶说别吓着孩子，妈妈就又把奶奶骂了一顿。结果孩子从那时开始胆就更小了，唯唯诺诺，一切听他妈的，心却越来越硬。上了中学，班上新转来一个女同学，因为生活环境差不多俩人的交流就特别多，结果被认为是早恋，女孩的妈妈让女孩写了一万句我不要脸，男孩的妈妈让男孩写了一万遍我是个坏男人。他说妈妈不知道，就在我写那个检讨的同时写了遗书，遗书上写着"在你膝下的日子里我生不如死，我将永远不跟你见面"，后来这孩子大学考到了北京，7年没与其妈妈见面。

5. 乞爱

最后一种伤害是乞爱，乞爱让孩子没有自尊。有这样一则案例，一对夫妇是国家科技人才，却被儿子杀死。儿子过生日，妈妈给他做了一顿美餐之后，一下被儿子用皮带套住了脖子。他妈妈当时说了两句话，第一句话是，儿子我是你妈呀，他手就软了。接着妈妈又说了一句话，你要什么妈可以给你，他一下将他妈勒死了。他又用同样的办法勒死了爸爸，然后去投案。他跟法院的人说我从小像狗一样乞求着生活，什么都要"给点这个吧""给点那个吧"，时间控制都在我妈那儿，我觉得我活得一点价值都没有。这种乞爱现在也特别多，孩子虽然生在你家，但你没有权利这样管制他，他有自己的自由，而今天我们就这么渴求孩子，你好好写作业，写完了给你这个，你要能这样就给你多少钱，这都是一种乞爱的方法，像养小动物那样，这个东西让孩子一点没有尊严。

二、六种爱对孩子是福

1. 爱的目光注视孩子

第一用爱的目光注视孩子。目光是有能量的，可以养人也可以杀人，孩子在父母的目光中长大，喂奶的时候，如果妈妈的目光是慈祥的、平和的、温和的，孩子安全感就很强；如果妈妈的目光是焦虑的、不满的，孩子就感到很恐慌。目光能形成一定气场，你走进一个会场会感到这个气场好不好，如果走进会场所有人都用挑剔的眼光看着你，你会觉得紧张，不想说什么；如果大家都是一种渴望的、欣喜的目光，你便会觉得可以交流。同样的，倘若我们的父母很累很焦虑，工作负担很重，期望值很高，回到家带着的就是焦虑的眼光。犯罪的孩子大多是安全系数不高、安全感不强的孩子，而安全感首先来自父母的目光，爱的目光。

2. 爱的微笑面对孩子

第二用爱的微笑面对孩子。微笑是爱的符号，你冲我笑说明你喜欢我，孩子对微笑格外在乎。上次我去长春一所学校，3000名学生，校长让我跟孩子面对面，让我上二楼阳台和孩子交流问题，老师让我回答的这几个问题我觉得不合理，我就说下面的孩子谁有问题可以上来。上来一个女生问了一个很大胆的问题：老师老不笑怎么办？就为这个问题我跑到学校专门给280名老师做了一个题为"老师的笑脸哪去了？"的报告。我说老师，孩子是看着你的脸在学习，如果你整天绷着脸，没有一点笑容，他怎么亲其师信其道？老师你不是蜡烛，点燃自己照亮别人，然后越想越委屈，你是一个火炬，在孩子面前把自己点燃，然后让孩子受到影响而传播下去。另外老师上课要穿得整齐一点，孩子跟我说，上课时，他们能闻见男老师身上的葱花味。一天来外宾了，这位男老师穿着西装可帅气了，难道只有外宾才值得老师尊敬吗？我第一次走进蛇口育才学校时，一个女老师穿着一身浅蓝色的连衣裙，我感觉那个老师漂亮，一进门我就问学生，喜欢这个老师吗？喜欢。为什么喜欢她？她长得漂亮，她爱微笑。

3. 爱的语言激励孩子

第三用爱的语言激励孩子。爱的语言是正能量，恨的语言是负能量，我们每个人都要给孩子一个正能量的能量场。我们今天让孩子上这个班那个班，你考虑过那个班的老师吗？那个班的老师对孩子是什么样的影响呢？兴趣是最好的老师，我小时候很爱画画，5岁时我妈养了大公鸡，我画了个彩色大公鸡，在北京幼儿园得奖了，得了五张彩纸，我妈当时脸上笑得像一朵花，眯着眼睛说太好了，我早就说过你画的公鸡比我养的公鸡还漂亮。我从此爱上了画画，便天天画。上小学第一天老师问谁会画画？没人举手，我傻乎乎地就举手了，老师说那好了，黑板报就交给你。我画黑板报一直从一年级画到六年级，从初一画到高三，下乡插队给农民办报，最后办了《中国少年报》。

4. 爱的细节感染孩子

第四用爱的细节感染孩子。爱是藏在细节里的，当你人生走过了多少年之后，你回忆起你的童年、青年最感染你的是细节。我下乡去东北插队10年，发生过很多事情，但有一件事我是刻骨铭心的。我们那里贫穷，地不平，有一天坐一辆破公交车出去开会，我上车睡着了，脑袋撞到玻璃上，之后又眯眯瞪瞪撞了几次，但之后却睡得很香，等我醒来发现，后边有人伸只手垫在我的脑袋和玻璃中间，我扭头一看是一个普通的农民，他只说了一句很朴实的话，脑袋老撞玻璃，怪可惜的。我永远忘不了他的样子，此后在我心中记住很多农民给我的爱，所以我到了《中国少年报》工作后一直关注着农民的孩子，做了很多工作，发起了手拉手活动，让城市的孩子和农村的孩子交朋友，富裕的孩子和贫困的孩子交朋友，我让很多辍学的贫困孩子成为我的孩子，他们叫我妈妈。我资助过好几个孩子，今天有的成为希望小学的校长，有的是解放军，做着很好的工作。

5. 爱的规则约束孩子

第五用爱的规则约束孩子。爱是需要规则的，不懂规则的孩子在生活中处处碰壁，所以孩子要懂得规则。校有校规，交有交规，国有国法，孩子走进学校第一课是读小学生规则，上学不许迟到。当一个孩子总因各种原因迟到，在众目睽睽下走进教室的时候，就易产生厌学情绪。无论你是什么样的家庭，都必须遵守校规，规则对孩子是重要的。我们要从小和孩子说不，6岁之前就要说不、不可以，危险的事情不可以，骗人不可以，说谎话不可以，借人东西不还不可以，赌博不可以……我周边好几个大学生跳楼了，因为借钱还不上。手机里一些借贷软件现在很可怕，借了钱还款当天就找不着人，等你找着了钱也就翻倍了，根本还不起。吸毒不可以，很多违法乱纪的事情是有萌芽的，大家要关注。有一点家长应明确，我们的孩子在犯错、认错、知错中长大，所以要允许孩子犯错，允许改正，因为孩子还小，很多事情他没经历过，但是犯了错要接受教育，知道哪不对。

6.爱的行为影响孩子

第六用爱的行为影响孩子。美国诗人惠特曼写过一首诗，有个孩子每天向前走去，他最先看到的东西，将成为他生命的一部分。我们父母所做的事情他都历历在目，父母当着孩子的面吵架，孩子不仅内心产生恐惧，而且也学会跟人吵架。你让孩子讲卫生，你就不要随地吐痰，你让孩子讲文明，你就不要说粗话，你让孩子讲秩序，你就不要闯红灯，你就是孩子的榜样。所以我们要做出样子给孩子看，孩子在那儿写作业，你不要在那儿玩游戏，想培养孩子爱读书的习惯，你就经常要拿本书来看。

三、教育孩子用好六大财富

1.会思考的大脑

第一大财富：会思考的大脑。大脑有一种力量叫想象力，想象力比知识重要，想象力是从小培养、发掘、爱护出来的。我从小就有想象力，为什么呢？因为幼儿园老师把我给激励了。在幼儿园的时候，第一天老师发了6支彩色铅笔、一张白纸让我们随便画，我可高兴了，我当时画了6根像弹簧一样的东西立在那儿，看哪个颜色好看。老师问我你画的什么呀？我当时真的没想画的是什么，只是看看哪个颜色好看。可是老师用期待的目光看着我。我说烟。老师说什么烟？我妈蒸馒头烟囱里冒的烟。老师说那你回家观察一下，看烟囱里冒的什么烟。回家一看可失望了，除了黑的就白的。第二天老师问我你画的什么？我说烟，老师问什么烟，我说明天的烟。老师说卢勤你太有想象力了，所以从那天开始凡事我都爱展开想象。直到庆祝新中国成立50周年，天安门广场举行阅兵仪式，我看着拖着七彩烟的飞机从我家窗前经过的时候，我想这就是我小时候画的烟。这种想象力让我作文写得特别好，作文题一来我就展开想象，小学作文、日记都能写1000字，有很多话，因为想象的空间很大。

2.会观察的眼睛

第二大财富：会观察的眼睛。有的孩子的眼睛能看到别人看不见的东西，这叫发现，叫创造性。很多人就是在和动物的接触中发现了动物的特异，取得了灵感。看到鸟在飞发明了飞机，看到鲸鱼能沉到海底那么长时间发明了潜艇，看到马奔跑发明了汽车，等等。另外要看见更高的世界，眼光决定未来。有两个字大家都认识，一个是仙人的仙字，还有一个是俗人的俗字，站在山里的是仙人，站在谷底的是俗人，说的就是眼光。孩子眼界不开阔，他就极可能会没有梦想，所以你要带孩子去看世界，走进大自然，让孩子登上高山，感受一览众山小的气势；让孩子去海边，海洋最能打开人的心胸；让孩子去草原，草原一望无际，令人心旷神怡。此外，要看一看身边有没有他看重的人，可以视为榜样的人，现在孩子多沉迷于手机，这不是我们想要的，走出去看一看，看看好的电影，要知道我们国家的历史，要了解我们国家的变化，百年来中国共产党做的事情，为什么中国共产党伟大……不看他哪知道，所以打开孩子的眼界特别重要，眼光决定孩子的未来，站多高看多远。另外看好书同样可以打开孩子的世界。

3.会倾听的耳朵

第三大财富：会倾听的耳朵。孩子今天不会听话，很大原因是你从来没认真听过他说话，所以父母首先要学会倾听孩子心声。孩子有话跟你说时，你要洗耳恭听，即使再忙，也要把手机放下，坐在凳子上，仔细倾听。有一个女孩吃了安眠药自杀，被抢救过来后的第一句话就说要去找知心姐姐。我单独跟她说了很多的话。第二天教委领导给我打电话，说你走了以后，小女孩跟她妈说，你瞧知心姐姐那么爱听我说话，你从来没有过，这些话深深触动了我。在我看来，孩子第一个要倾听大自然，听风声、雨声、下雪的声音，听蟋蟀的叫声、青蛙的叫声，听能够产生无数美妙的想象。第二听别人的话，听父母的话，听老师的话，听同学的话，用耳朵听叫听见，用心听叫聆听，我每次讲课都让他们聆听，用心听。第三倾听自己的声音。

4.会说话的嘴巴

第四大财富：会说话的嘴。表达能力是我们重要的生存能力，很多人因为不会说话而失去了机会，很多人因为不会表达而得罪了别人。这里谈到的说话有两种，一种是平时跟父母和别人说话，一种是登台讲话。很多孩子不会跟父母对话。有个男孩经常跟他妈一说话就吵。那么如何把对抗变成对话？我给他三点建议。第一，当你冲动的时候忍着不说，因为这时候说出来就没好话，停12秒再说，12秒之后你的情绪会稳定，说的话就没那么尖刻了。第二，想好了再说。第三，好话好说，这是沟通中最重要的语言技巧，也是一种心理素质。

第二种上台说话，当众讲话，这种能力是从小培养的。首先他要有听众，我小时候的听众就是我妈、我姐，家里一来客人我就开始白话，我妈说你看我家孩子最喜欢白话，就爱跟人家说话。下乡插队的时候我爱说故事，大家也爱听故事，那些农民到晚上没事了，我就给他们编好多故事。第二天他们说，小卢，这个地你就不用垄了，你到地头等着给我们讲故事吧。后来我当了知心姐姐，一直把道理融在故事里讲给孩子听，他们听了很高兴。

5. 会做事的双手

第五大财富：会写字会做事的双手。双手是特别有用的，人创造世界用的是手，手怎么创造？首先要把字写好，字如其人。另外让孩子学会做事、做家务，为了孩子的生存，基本的饭菜孩子要学会做，这样既培养孩子责任心，同时也培养其生存能力。现在出国留学的学生，会做中国菜的特别受欢迎，有些孩子只能吃外卖，对身体很不好。还有，要学会鼓掌，鼓掌的时候如同给血管按摩，既鼓励了别人又成就了自己，多好。

6. 会走路的双脚

第六大财富：会走路的双脚。首先我们要爱护好脚，脚对我们贡献很大，一走几十年，但我们很少去爱护这双脚，每天晚上用温水或者热水泡泡脚，给脚也抹点润肤的东西，让它能够配合你把路走下去。第二要练好脚，现在体育被放在了教育的重要位置，"双减"之后更提倡让孩子走到操场上去，运动起来。父母要带孩子走出去，去远游、去走路、去运动，这样既增强了亲子感情，也培养了孩子运动精神。六大财富请大家用好，最后送大家一个礼物——五颗心，让你和你的家人幸福。

四、培养孩子感恩生活的五颗心

1. 开心

第一颗心叫开心。时常对生活说一声太好了，好心情才能带出好孩子，好心情才能有好日子，好心情才能有好身体。好心情怎么表达？三个字，"太好了"。太好了这三个字太有用了，这是我妈送我的宝贝，我今天送给你。我妈从小就说太好了，遇到什么事都说太好了，你做得不好她也说太好了，她会从不好中找到好的方面，所以我从小就乐观。下乡插队第二年我腰部受伤住进了医院，犹豫许久，后来还是告诉了我妈。我想我妈一定很着急吧，但我妈的来信就写了一句话，太好了，你终于可以休息了。我说对啊，越想越高兴，这疼痛的地方一高兴就好多了，好多了我就出来溜达，并帮他们出了一期黑板报。从那以后每次住院我都想太好了，我终于有机会写书看书了，所以好多书是我在医院里写的。

2.细心

第二颗心叫信心。对自己说一声我能行，改变态度就改变了命运。我们教育的终极目的是让所有的孩子喊出我能行，所以希望老师们给所有孩子一个机会，一个我能行的机会。我11岁的时候给知心姐姐写信收到了回信，这一小小的成功使我产生了大大的梦想，我也想当知心姐姐，但是这一梦想直到我30岁才实现，工作了30年，61岁退休，今年我已经73岁了，但我始终为我的选择高呼万岁。

3.关心

第三颗心叫关心。对有困难的人说一声我帮你，可能就改变了彼此的生活。一个女孩家里一穷二白，只剩下一瓶奶奶做的果酱。学校要求捐助贫困地区，那孩子说咱们没有什么好捐的，只有这瓶果酱。奶奶说拿去，当别人需要你就拿去，即使微不足道你也会觉得你是一个富有的人，这孩子就拿去了。后来这个孩子特别成功，一直在做公益。所以让孩子做一些公益，会让他的内心充满温暖，觉得自己很有用。

4.责任心

第四颗心叫责任心。人有四大责任，第一对自己负责，自己的事情自己做，别给别人添麻烦；第二对家庭负责，家里的事情学着做；第三对集体负责，集体的事情热心做，能帮谁就帮谁，别怕自己吃亏；第四对国家负责，国家的事情、公益的事情，积极去做，国家好、大家好，才能国富民强。

5.赏心

最后一个赏心。对你的伙伴说一声你真棒，可能就改变了和伙伴之间的关系。我们要学会关心他人，这句话已经写入《小学生守则》了。家长不要老说你是最棒的，错了，你骗他了，他不是最棒的，有的人比他棒，要让他学会把歌颂给别人。我们对孩子要经常有爱的鼓励，一句话让那些学习比较差的，比较自卑的孩子感到有力量，这种爱的鼓励要天天进行。不光是学习，在助人方面，做得好就给他一个鼓励，这对孩子人生特别重要。

家长收获

作为家长，要教会孩子的最重要的是爱，让孩子学会爱家人，爱朋友，爱自己，学会关心别人；让孩子学会不独占，学会分享；让孩子学会更好地表达自己，学会与人沟通，把与人的对抗变成对话。

保护孩子好奇心，鼓励他能够用自己的眼睛去发现，去看见更高的世界，在发现中确定梦想并为之而努力。学会倾听孩子的心声，这样才能鼓励孩子学会倾听别人的声音。总而言之，培养孩子的情商，让其学会与人相处，融于社会，比学知识更加重要。

——石油实验小学　李梓滔家长

家庭教育不是学科教育，是生活能力的教育，家庭教育不能只关注学习成绩，更要关注如何育人，对孩子不能溺爱、霸爱、乞爱，要让孩子学会分享。当孩子向父母分享时，父母不要拒绝，要欣然接受。

让孩子学会自己的事情自己做，当孩子做事情的时候，要学会夸孩子

"有儿子/女儿就是好"，让孩子具有自信，觉得"我能行"，在父母的肯定中长大。拒绝对孩子出现挑剔的、不屑的眼光，比较的、不满意的语言，不信任的行为，爆裂的、恐惧的、焦虑的情绪，这些都是家长在无意中会表现出来的行为，对孩子的成长非常不利。

——育鹰小学　陈瑾瑜家长

作为父母，家庭教育中应该给孩子创造良好的成长环境，家长每天"浇水""施肥""晒太阳"，让孩子自由生长，孩子自然会扎根大地，长成参天大树。感谢海淀家长学校邀请全国知名的教育专家，为家长系统讲解当好父母、培养好孩子的方方面面，令人受益匪浅。聆听专家讲解的同时对照自己以往的做法，感觉还需要苦练"内功"，和孩子共同成长。

——育新学校　陈奕家长

主讲人：翟小宁

中国人民大学教授、博士生导师

中国人民大学基础教育研究中心主任

全国教育创新杰出校长

中国教育学会学术委员

北京市特级教师

引言

没有一朵花，一开始就是花，我们要给孩子成长的时间，不要操之过急。

翟小宁：成就孩子幸福人生的根本力量

教育家福禄倍尔曾经说过，国民的命运与其说是操在掌权者手中，不如说是握在母亲的手中，因此我们必须努力启发母亲——人类的教育者。世界上最伟大的爱就是父母对子女的爱，这是成就孩子幸福人生的根本。

一、什么是幸福人生的根本力量

1. 元幸福

父母爱子女则为之计深远，考虑孩子的终身发展，为孩子的终身幸福奠定基础。孩子的终身幸福需要以元幸福为基础。元幸福就是儿童在成长过程中能够确定感受到的来自父母的爱，因为他是他，所以父母爱他。这种元幸福一旦建立，就会伴随孩子的终生，将来他无论遇到什么样的挫折、磨难，这样的一种幸福感，始终在他的心灵深处。获得物质的满足、取得好的成绩等带来的幸福感，都是次要的幸福，必须建筑在元幸福的基础之上。我们要用满腔的爱拥抱自己的孩子，如果他有缺点，要更智慧地爱他。很多成年人的问题都来自童年的问题，成年人的成功也来自童年的成功的养育。

2. 元能力

一个人最重要的能力是学习力，如果儿童在成长过程中学会了学习，具备了终身学习这样一种元能力，他的发展就不可限量。所以一个人在学习过程中最重要的不是学到了什么，而是能获得学习的能力。我们要相信，每个孩子都有学习能力、每个孩子身上都有巨大的潜能。我们要相信，每一个生命都可以发光，或者说每一个生命都可以用他所独有的方式来发光。"我有明珠一颗，久被尘劳关锁，而今尘尽光生，照破山河万朵"，我们要相信孩子，相信自己的孩子就是一颗明珠，当沉浸光声的时候，他一定会熠熠发光。

3. 品德

成就孩子幸福人生的最重要的品德是三达德，即智、仁、勇。孔子认为智就是不惑，仁就是不忧，勇就是不惧，这三种道德必须有机地统一在一个人身上。我认为智慧是第一位的，孩子应该有生存的智慧、有生活的智慧、有发展的智慧。有了智慧，仁才不是一种懦弱的仁，而是一种有智慧的善良，所以智放在第一位。一个孩子要幸福，就要具备智慧的仁爱。善良要有锋芒，善良要有智慧，智慧必须与善良相伴，智慧才有价值。光有智和仁还不够，还要有面对生活的勇气，有战胜困境的勇气。我们要培养孩子做一个不惑、不忧、不惧的人，这样才可以获得幸福。

二、如何培育孩子幸福人生的根本力量

1. 培养创造力

现代人工智能呼啸而来，第四次工业革命的浪潮将更深刻地改变人类的发展进程。所谓百年未有之大变局，有很多影响因素，我认为有一个因素是绝对不能忽略的，就是科技的因素、创新的因素。现在的很多工作，当我们的孩子毕业的时候，可能就没有了，取而代之的是新的工作。可能在不久的将来，碳基人和硅基人会在一起共同工作，所以，我们需要培养孩子人工智能取替不了的能力，其中最重要的就是创造力。

创造力是一个人的黄金能力，创新是未来人生的强者法则。在人工智能时代，学习方式、学习环境都发生了变化，如果还用过去的方式来解决问题，孩子不可能适应未来社会的发展。知识很快就会过时，关键是提升孩子的学习能力。

创新是通往未来世界的必经之路。在不确定时代，我们唯一的确定性就是培养年轻的大脑。国家强调建设教育强国、科技强国，强调教育、科技、人才"三位一体"。在这样一个时代，我们必须用心智教育力来培养心智人才、未来人才。我们在考虑孩子成长的时候，一定要有长期主义思想，要有未来的眼光，要保证孩子身心健康，人格健全，让他保持浓厚的兴趣，让他保持探究欲、好奇心。

想象力比知识更重要。在 ChatGPT 进入人们生活和工作领域的时代，提出一个问题比解决一个问题更重要。因为你提出一个好的问题，就能通过探索来寻求思路，而没有提出好问题的能力，你的思维就上不到另一个层次，所以保护想象力比获得知识更重要。

人们都听过这样一句格言：成功是 1% 的灵感加 99% 的汗水。实际上，这句话后边还有一句，1% 的灵感和 99% 的汗水同样重要。一个人勤奋非常重要，成功必须付出汗水，但是如果是在孩子成长过程中，把孩子的想象力给抹杀了，把孩子的好奇心给抹杀了，会使孩子失去灵感，失去创新的内在动力。

小学时期，一定要注意培养孩子的兴趣，保护孩子的好奇心，提升孩子的想象力。孩子获得知识重要，但不是最重要的，为了获得更多的知识而抹杀兴趣，是得不偿失的。兴趣是一个小学生最重要的方面，而且这个兴趣要贯穿他的整个成长过程。到了初中要培养他良好的学习习惯，到了高中要让他能够自主学习，形成自主学习的动力、兴趣、能力。一个孩子到了高中，如果还不能形成自主学习的能力，那么他在考试中可能会考得比较好，但不会很好。因为学习本质上来说是一个自主自发的过程，是一种发自内心的需要。

若教育落后于科技的发展和进步，就不能培养适应未来社会的优秀人才。所以在这样一个时代，教育的创新尤为重要。教育创新一方面是学校的创新，课程设置要创新，学习方式要创新。另一方面，从家庭教育来说，也要看到未来社会的发展趋势，要把培养孩子的兴趣，培养探索欲、好奇心放在更重要的位置，与学校合作，共同培养创新型人才。

2. 唤醒内驱力

美国一位学者研究成功人士，发现影响其成功的因素有很多，如毅力、勤奋、目标感等，但有个共同的特征，就是他们在学习或者投入某些工作的时候，都是如醉如痴、物我两忘、完全沉浸。他把这种状态叫作心流，心灵的流动。我们自己也有感受，如果特别喜欢一项事业，全身心投入的时候不会感到痛苦，不会感到很累，只会感到一种由衷的喜悦，所以孔子说"学而时习之不亦说乎"。我们可以通过欣赏、激励的方式来激发孩子在学习过程中的愉悦感。

要特别注重培养孩子的学习力、思维力、想象力、行动力、自律力、创造力、自主力、坚韧力、审美力、领导力。领导力不是领导才具有的能力，而是每个人都应该具备的一种能力。领导力首先体现在对自我的领导上，表现为能够合理安排自己的时间，能够知道自己往哪里去、如何去，培养坚韧不拔的毅力和自律的能力。

我们要培养孩子的审美力和幸福力，要培养孩子的自信心、自尊心、自在心，要让他有道德心、慈悯心、智慧心和好奇心，要舒展孩子的生命，解放孩子的心灵。要给孩子适当的空间和时间，让他研究一些自己喜欢的学问，做一些自己喜欢的事。要让他从小养成读书的习惯，哪怕是读一些课本之外的看似无用的书。

要培养孩子对大自然的热爱。对美的热爱是与生俱来的，一个孩子在小的时候，当他看到草地上有一朵花，他会蹲在那里仔细地看很长时间，可能过两天他再到那个地方的时候，还要寻找那朵花。我们培养了孩子对美的感知力，就给他保留了一种滋养自己的方式。在他遇到困难的时候，甚至生无可恋的时候，感受温暖的阳光、看到一丛鲜花，可能就会使他重拾对这个世界的热爱之情。审美力、幸福力、道德力、创造力是人独有的能力，是人工智能代替不了的。教育就要唤醒孩子的这些能力。

人天生就有学习力，蒙台梭利称之为有吸收力的心灵。人无时无刻不在学习，这种学习最大的一个动力就是好奇心。一个孩子有好奇心，他就什么都想学。而学习的概念是很宽泛的，不是说只有做题才是学习，做题只是学习的很小的一部分。孩子天生具备成长的动力，这是生命所具有的最根本的特性，不是我们成年人后天赋予的。我们的教育要做的是唤醒他内在的力量，这种内在的力量的唤醒，不靠打压，不靠呵斥，靠激励和欣赏。

教育就是唤醒，就是把孩子内在的成长动力引导出来，使他成为他自己。苏格拉底的父亲是一位雕刻师，有一次他正在雕刻一只石狮子，苏格拉底很好奇，就在旁边问父亲："你怎么雕刻成这只石狮子的？"他父亲想了想，说："其实这只石狮子本来就存在在那里，只不过是我把它呼唤出来，唤醒了它。"苏格拉底从中受到启发，他认为人的成长必须唤醒内在的能力。他寻找到了一种唤醒人的内在本质能力的方式——对话，他的对话不是告诉别人该怎么做，而是启发人们自己找到答案。苏格拉底认为教育是精神的助产士，教育不是替别人生孩子，不是替别人来成长，而是帮助别人成长，帮助别人把自己生命中的能量唤醒，让它生长出来。

我们成年人所能给予孩子的是有限的，我们的经验在这个时代很快就过时了。我们能够给孩子的，是道德准则，是对他的欣赏、期待。我们要唤醒他自我求知的能力，发现他的潜能。

根据多元智能理论，人的智能是多元的，每个人有不同的才能。就像一个家庭有两三个孩子，即使同一个家庭环境，每个孩子的特点也不一样、发展历程也不一样。有这样一个家庭，家里有两个孩子，一个孩子上正规的大学，一个孩子上了职业学校，修精密的手表，这两个孩子生活得都很幸福。

我们要善于发现、引导孩子发展自己的内驱力。内驱力的本质是理想、志向、兴趣、热爱、信心，是自主性、自发性、自由感、成就感，是一种与生俱来的内在声音。有些孩子的内驱力在大人不断的呵斥、唠叨中被压制了，我们要认识到这一点，减少对孩子发展内驱力的干扰，尊重孩子的理想和志向。孔子"十有五而志于学"，王阳明 12 岁的时候就树立了志向——成为圣贤。树立什么样的志向，就有可能成为什么样的人。

孩子的志向需要家庭的熏陶，所以父母一定要有大格局、大思维、大境界，不要斤斤计较于一时的得失。如果孩子这次考试考得不理想，父母不要过于情绪化，要分析原因，更要有长远的眼光。我们父母示范给孩子的应该是理想、志向、格局、思维方式，是为人处事的智慧。

要培养自主性，就要放手让孩子学着做决策。自主决策，自发努力，会使人获得一种自由感，这种自由感使人能够全身心投入他所喜欢的事情，从而获得成功。这样的自主、自发、自由的行为和成就感不断叠加，不断强化，内驱力就会越来越强。

内驱力跟欣赏激励有关。我们首先要做的是不压制孩子的内在生命力，然后才是帮助他发掘内在生命力，成为更好的自己。所以家长永远要欣赏孩子、激励孩子、期待孩子。

父母必须信任孩子的内在力量，尊重孩子的内在生命力和发展。我们要唤醒源自生命本能的巨大能量，而不是压制他。叶圣陶先生说，教是为了不需要教。教育就是启发孩子自主发展的能力，以及主动获取知识的能力。

教育要尊重孩子的个性。一云所雨，万卉同荣，各依自性，自然生长。天上下雨，各种花草都受到雨水的滋润，都欣欣向荣，都在成长，但是各种花草的成长不是一致的，每一种植物依自己的本性来自然生长。家庭教育和学校教育就像春风春雨，可以催生万物欣欣向荣，但是不能代替万物的生长，我们不能武断地说我们有一个评价标准，你必须按照这个方式来生长，这不符合自然之道、教育之道、成长之道。所以我们要尊重孩子的个性，让他自己掌握成长的节奏。

父母要呵护孩子的好奇心和想象力，支持孩子乐在其中的自由活动。当孩子专注于自己喜欢的、有意义的活动时，不要打扰孩子。课本只是学习的一种依据，课本之外的世界更广大，要引导孩子到大自然中去，要引导孩子多进行活动。生命是活动的，只有通过活动才能发展，我们要静待花开。有的孩子成长得快一点、早一点，有的孩子成长慢一点，没有一朵花，一开始就是花，我们要给孩子成长的时间，不要操之过急。

我们可能没有智慧的眼睛，不能走进孩子的心灵深处，发现他生命本质的力量，但是我们可以有静待花开的心理准备，给孩子自我探索的时间、空间，将热爱做到极致。独立成长是生命自然发展的必然要求，我们要相信"相信的力量"，相信孩子的发展是不可限量的。

3.培养正义与良知

最近，媒体报道了很多校园霸凌事件，给了教育工作者和家长很多反思和警醒。我们必须要对校园霸凌零容忍，只有严惩才能够使坏人在作恶的时候有敬畏心。学校要尽力营造一个对霸凌零容忍的环境，家长也要教给孩子怎么与同学相处，怎样保护好自己。

霸凌事件提醒我们，教育一定要回归本真，我们既要培养创新人才，又要紧紧地抓住教育的本质不放。我认为教育的本质就是要培养正义与良知。柏拉图认为，"教育是为了以后的生活所进行的训练，它能使人变善，从而高尚地行动""教育非他，乃是心灵的转向"。

我们要培养孩子独立思考的能力。汉娜·阿伦特认为，缺乏独立思考的能力，缺乏对善恶的分辨，缺乏追逐善和抵制恶的行动，即使是普通的个体，也能犯下滔天之罪。拥有健康的灵魂，用理性指导心灵，让思考和行动建立联系，才能使得集体之中的个体不是机器，而是独立的有生命意义的主体。这样每个人都能够学会思考，做正确判断、行正当之事。只有这样人类才可以真正从过往的罪孽与灾难中吸取教训，走上捍卫个人尊严的道路。

中国的文化中特别强调要童蒙养正。俗话说三岁看大，七岁看老，从小养成良好的习惯，对于个人成长十分重要。播种思想、收获行为，播种行为、收获习惯，播种习惯、收获性格，播种性格、收获命运，我们要培养内心力量强大的孩子。内心强大的孩子要靠激发，而不是压制，在压制中成长的孩子，或者是暴躁的，或者是缩手缩脚怯懦的，很容易成为施暴者或受欺凌者。

要让孩子自由舒展地发展。学校应该是能让孩子安心成长的，家长一定要做孩子坚强的后盾，要及时捕捉孩子的一些微妙的变化，特别是孩子提出不想上学的时候，不要以一种简单粗暴的方式逼他上学，而是要搞明白不想上学的原因是什么，然后理性地对待这件事。

中国古代父母对孩子有七不责，一是对众不责，在大庭广众之下不要责怪、责备孩子，因为在众人面前要给孩子以尊严。二是愧悔不责，如果孩子已经为自己的过失感到惭愧后悔，大人就不要责备孩子。三是暮夜不责，晚上睡觉前不要责备孩子。四是饮食不责，吃饭的时候不要责备孩子。五是欢庆不责，孩子特别高兴的时候也不要责备他，因为这个时候经脉处于畅通状态，忽然被责备就会被憋住。六是悲忧不责，孩子哭的时候不要责备孩子。七是疾病不责，孩子生病的时候不要责备。要欣赏孩子，帮助孩子确立优秀的自我意向。

要建立好的家庭文化，因为家庭文化决定着孩子的未来。有研究者对两个同时代的家族进行研究，一个是比较崇尚信仰和爱的爱德华兹家族，另一个是缺乏信仰的尤克斯家族。对两个家族200年的发展进行统计发现：爱德华兹家族人口1394人，其中有100位大学教授，14位大学校长，70位律师，30位法官，60位医生，60位作家，300位牧师神学家，3位议员，1位副总统。尤克斯家族人口903人，其中有310位流氓，130位坐牢13年以上，7位杀人犯，100位酒徒，60名小偷，190位妓女。这是一位西方学者做的研究，学者根据这个研究在1900年的时候写出了一本书。为什么两个家族会在育人结果上有那么大的差别？关键是爱德华兹家族是信仰善和爱的人，他们种下了两个种子，第一个是善和爱的种子，所以出了很多医生、教授和大学校长。第二个是敬畏的种子，这种家族里出来的孩子永远都会记得头顶三尺有神明。善和爱具有巨大的能量，敬畏心能产生强大的自律。所以我们要有好的教育结果，必须播种善和爱的种子，播种敬畏的种子。

教育就是点亮心灵深处的火种，让孩子身上的太阳发光，教育就是致良知。我们要相信，在智慧的教育中，每个孩子都可以是闪闪发光的星星。

家长收获

翟老师的讲座使我获益良多："教育是唤醒，不是打压"，作为父母，我们要做高超的雕刻家，而不是孩子的催促者与灌输者。要善于发现、肯定并培养孩子的长处，相信孩子再普通平凡，也总有属于他的过人之处。我们需要多花一些时间，去观察、等待、鼓励、引导孩子不断提升，帮助孩子树立坚强的内心，唤醒孩子强大的内驱力和创造力，让孩子全身心地投入生命成长的体验。

——北京中科启元学校　王泰至家长

主讲人：俞敏洪

新东方创始人

现任新东方教育科技集团董事长

民盟中央常委

第十一、十二、十三届全国政协委员

引言

孩子到了一定年龄要赶出去，让他自己去玩儿，让他自己加入各个团队，自己背包旅行。

俞敏洪：让孩子快乐成长

所谓的家庭教育，就是给孩子一个能够自我成长的丰沃的土壤的教育，让他慢慢地可以形成自己的成长环境氛围，不断地给自己补充养分和营养，实现自我成长。我父母尽管是不认字的，但是确实给了我一种自我成长的能力，到现在为止我所取得的成就也好，或者是生活的个性也好，都是来自我的父母。大家可能马上会说，不认字的父母怎么能教出一个成功的孩子来呢？事实上是能教出来的。能教出来离不开如下几个关键要素。

一、涵养孩子的内驱力

孩子自己本身是否愿意把时间放在学习上面，也就是说他内在的驱动力到底有没有？任何人做一件事情，外在的驱动力，虽会起到作用，但是没有内在驱动力所起的作用大。内在驱动力不是靠学校教出来，而是我们有意识地培养出来的。对我们来说，如果把孩子未来面向考试的成绩和孩子本身的成长连接起来，我们就要从小对孩子开始培养，培养的目标有两个：第一，我的孩子从个性，到情绪，到专注力，到对世界的看法，到对自己前途的追求有一个正确的意识和正确的方向；第二，我的孩子人生往什么方向走，要通过什么样的考试，上什么样的大学，以及为这个考试付多大的力气。

打一个简单的比喻，中国的家长和教师对于孩子的培养很像在沙漠中种了一棵树，我们用各种外在的力量给他雨露、阳光，这棵树在沙漠中一定能长大，因为你每天都在给他施肥、浇水。我说实施"双减"是对的，为什么？

名人谈家教

校内学习，校外培训，24小时给孩子浇水，孩子的自我生长能力可能已经没有了。而且大家互相攀比，隔壁的孩子在新东方学习，我的孩子必须去好未来，每个人都在学，但是最后的结果很有意思，一些孩子考取了好大学，上了北大、清华，或者是国外的好大学，其中有一部分孩子就是我说的那个状态，自己本身对学习很感兴趣，内在驱动力特别充足，对自己未来的人生想要往什么方向走非常明确，这帮孩子无论是在国内还是在国外上大学都没有问题。但是也存在另一类孩子，考上北大、清华也不读书了，最多考试及格。还有一些孩子精神上有问题了，两年前在北大搞心理咨询的朋友公开说了一句话，"我都忙不过来了，北大精神有问题的人太多了"，结果被北大批判了一顿。事实的情况是，一部分孩子进了大学以后，迷茫、焦虑，甚至对学习的厌恶都体现出来了，也就是说它是一个没有根基的教育。这就类似于孩子进了大学，我们家长觉得大功告成，再也不用给他浇水了，不用给他施肥了，觉得这棵树已经长大了，可以自我成长了，但是却发现这棵树开始枯萎，因为他在沙漠中没有根茎，所以我们要给孩子一个自我成长的根茎。

二、培养孩子的领导力

我回想起自己的成长过程，从大环境来说，首先我要感谢我成长在农村，因为从小长到大跟大自然的亲近、不得不劳作的辛劳，以及农村人之间的朴素的感情和互相之间的关系确实给我的一生带来了很多很重要的东西。在农村，如果你的父母有着超出一般人的某种看法和想法的话，就比较容易让你变得更加优秀。据心理学的研究表明，任何一个人的幸福不是来自你有多少钱，也不是来自你有多高的社会地位，而是来自你和周围人的和谐的关系。如果你想要让你的孩子幸福的话，你要做的一件事情是让你的孩子从小学会合群。因为我们大部分人的焦虑和不幸都来自和周围人的对抗和冲突，我从小就学会了不和别人对抗和冲突，到今天为止我的身边是没有敌人的，而且即使是敌人我也有能力把他化解为朋友。

举一个简单的例子，我身上有两个特点是我母亲带给我的，我父亲是特别老实的人，他虽是一个酒鬼，但是也给我带来了男人身上应该有的气质。小时候，我母亲是我们村上的妇女队长。妇女队长要干的一件事情就是解决各个家庭的纠纷。我母亲威严到什么地步？到了七八十岁了，在北京20年了，村庄上有人打架自己不解决，就等我母亲一年两次回家乡解决。后来因为我赚钱了，老太太解决问题的方法更加简单了，回去以后给鳏寡老人发点钱，给困难的家庭发点钱，村里人没有一个不听她的。我小时候学到的是村民之间的和谐相处，对我母亲解决各家之间的纠纷耳濡目染，我很自然地变成了我们村全体小孩儿的头儿。我做新东方以后，大家问我，俞老师，你的领导力是怎么来的？我说我从小学到大学没有当过一次班干部，除了在高考补习班我被临时任命了半年的班长。做了新东方以后，新东方人数最多的时候12万，新东方依然井然有序地前行，新东方的核心管理干部都非常稳定，而且一个团队都特别开心地共同干活儿。问我怎么做到的？我说，很简单，小时候学的，我小时候就是我们村小朋友的头儿，我跟母亲学到的一个简单的道理，就是有好东西分给大家。我母亲会定期把村里骨干力量叫到家里，一块儿唠嗑儿，把村里有影响力的成年人笼络住了，谁不听你的？所以我从小就学会了如何跟人和谐相处，而这件事情对我来说无比重要。后来我创办新东方，我认为这种能力应该排在第一位。到现在为止我没事儿就把同事们叫到家里烤全羊，大家一起喝酒、聊天，家里坐不下就坐在院子里。这就是一种和谐相处的能力。和谐相处的孩子有两种，一种叫作 Leader，即有领导力，能凝聚一帮孩子跟着他走，跟他一起玩儿，这很了不起。还有一种叫 Follower（跟随者），比如说我小时候是孩子的头儿，但不是霸道型的孩子头儿，我可以跟孩子们和谐相处。

三、发展孩子的综合力

习近平总书记提出，"要培养德智体美劳全面发展的社会主义建设者和接班人"。好父母就要把孩子的德智体美劳全面培养起来。所谓德智体美劳，德就是孩子的品德，是一个孩子做人的能力，诚恳的能力，诚信的能力，善良的能力。智不是学科成绩的问题，智是全面理解能力的问题，是知识的深度和宽度的问题。为什么我反复跟家长说，你一定要让孩子多读书，而且要无目的地多读书，什么书都读，历史、地理、科学知识、童话、小说，等等，只有这样读才能开发孩子全面的智力能力，知识的全面开发和理解是智。体的最重要的核心是身心健康，不光是身体健康，而是身心合一的健康。如果孩子稍微受点挫折就萎靡不振，老师或者家长批评几句就对自己失去自信，那么这种身心健康的能力就比较差。美，我把它叫作想象力、审美能力和对世界上一切美好事物的感知能力。美绝对不只是会画画，我一直认为我美的能力很强，但是我连棵树都画不像。何为美的能力？比如，当孩子读到"大漠孤烟直，长河落日圆"这样的诗句，他脑海中产生壮美的图景，这就是美的能力。当孩子抬头看到满天星空的时候，内心产生某种激动，这就是美的能力。清华大学的彭凯平教授说面向未来的孩子有三大能力，第一是审美能力，第二是创造能力，第三是想象力。美的能力也是能培养的。为什么说我小时候生在农村很好？是因为我从小就嗅到麦浪飘香，看到稻浪翻滚，从小就看着春夏秋冬四季的变化和植物的生长、衰退，看到满湖美丽的荷花从一望无际，变成"留得残荷听雨声"。因为我家距离长江一公里，我从小就站在长江边上，看着太阳从东方芦苇荡里升起来，从西方落下去。这是很自然的美。美是在欣赏中培养起来的，带着孩子听音乐会、带着孩子逛博物馆非常好，带着孩子走向大江大河、高山流水，带着孩子朗读唐诗宋词，并且体会其中的意境也是美的重要组成部分。劳，不是体现劳动能力，现在的孩子已经不像我们小时候那样不得不劳动，我从六七岁开始负责家里养猪、养羊的工作，我在 13 岁的时候成了我们村插秧的第一名，连成人都插不过我，我这个人挺专注，当时为了插好秧，我在家里用黄豆练。现在，除了让孩子独立收拾房间、做做饭、洗洗衣服，好像没什么别的事情可做了，如果你家有院子的话，可以让他独立养几株植物，养一个宠物，让他学会负责任，这也是劳动力的一部分。劳动力背后的含义是什么？是独立生存能力。这其实是可以通过设计培养出来的。我在我孩子很小的时候就带着他们到各个国家游览，他们对各个国家的文化、文明、地理、历史非常感兴趣，但是在他们15岁之前没有去过非洲，他们内心长出了对非洲的无比渴望。15岁的时候，我女儿居然自己联系了一个公益组织，这个公益组织是组织全世界的15岁以上的孩子到赞比亚的农村地区支教一个月。我女儿居然说她要去，要坐36个小时的飞机，倒三趟飞机，只有最终到了机场才有人接他们。我老婆坚决不让去，认为那里不安全。但是我女儿就是要去。我跟老婆说，你就让孩子去吧。结果她去了一个月，回来的时候晒得跟小黑人一样。她给我看和非洲人的合影照片，露出的那种笑容是我在家里从来没见到过的，那是一种无比天真、真诚、幸福、灿烂的笑容，我就知道必须放飞孩子。此后几乎一发不可收，我的两个孩子每年的寒假和暑假都会自己跑出去，自己找一个公益组织、夏令营就去了，去的几乎都是最艰苦的地方。对他们来说，人生就是这样一个过程，把自己的生命用在自己喜欢的事情上，用在了解世界、经历冒险、跟人相处上。这种影响来自什么地方？来自从小的家庭教育，父母的示范。这是我对德智体美劳这五个字的理解。

四、提升孩子的积极性

怎么样让孩子成为一个充满乐趣的、积极向上的人？让孩子对世界充满热爱，对生命充满热爱，对自己未来的发展充满热爱无比重要。我们可以做两元极端选择，你是愿意让孩子变成没什么文化，甚至是没什么钱，但个性无比乐观，天天感觉自己很幸福的人，还是愿意让孩子进了北大变成一个抑郁症患者？我相信大部分家长都会选择第一个。我宁可孩子没什么文化，也要开心地生活在这个世界上。但是家长在实际行为中常常把孩子推到了通往世界著名大学的路上，最后孩子出了问题。不光是中国，美国也是这样的。我女儿在宾夕法尼亚大学上学，她从小学习成绩就特别好，从来不用我们操心，到了高中的时候，不光把高中的课程提前一年学完了，而且连续考了9门AP，拿到的全是接近5分。她申请了常春藤大学，进去以后给我发消息说，宾大几乎每学期都有一个学生不是卧轨就是跳楼。把我吓得够呛，因为我女儿第一学期成绩一塌糊涂，当然后来成绩全部回来了。我当时就担心了，特别害怕。越往这种名牌大学走竞争越激烈，竞争越激烈情绪越紧张，紧张到一定程度，加之父母在旁边敦促，最后的结果便是孩子走向精神崩溃，这种情况很多。

我儿子贪玩，成绩总是处于中上或者中间，从来没进过全班前十名，高中的时候开始紧张，说爸爸，姐姐上的是常春藤大学，我觉得我上不了，怎么办？我说，凭自己的能力，你不要期望爸爸帮你想办法，凭自己的能力，能申请什么大学就申请什么大学，最后一两年稍微努力一下，最后也能达到良好的水平。后来纽约大学录取了他。他进入了纽约大学一个普通学院，录取分数最低的一个学院。没想到儿子进了大学开始认真学习了，过了一学期以后，他跟我说，爸爸，为了我的前途更加广阔，我希望能转到纽约大学斯顿商学院，那儿学习的课程更有挑战一些。我说，可以转。他说，你能不能帮帮忙，你毕竟是知名人物。我说，没希望，你自己联系。纽约大学的转学，成功率很低，全靠你自己。我允许你做一件事情，你在个人陈述中可以说你爸爸是谁，但是你让爸爸跟那边打招呼没希望。其实我跟纽约大学的几个领导都是熟悉的。他居然一申请就申请上了，而且居然在大学每门功课都拿到了A。我发现男孩子的后续爆发力跟女孩子是不一样的，男孩子在小学、初中，哪怕到了高中，成绩跟不上你也不要着急，要给他足够的空间和时间。我老婆当时就着急得不行，我说，咱们慢慢来，没事儿，等孩子独立以后可能就不一样了。最后的结果就是不一样了。

总而言之，培养一个孩子积极乐观向上的个性很重要，所以我在孩子成长过程中，最注意的是不挫败他们对于生命的热爱，不挫败他们对于世界的好奇，以及不挫败他们对于某一门学科学习的热情。我一直跟他们说，学习是你们自己的事情，能学多少分就学多少分，能考多少就考多少。因为从一辈子的角度来说，绝对不是你的成绩决定你的命运，也不是你上了什么大学决定你的命运。

五、促进孩子的专注性

在我看来，学习能力是指终身学习能力。到现在为止我每年阅读的书在100本以上。新东方那么忙，各种应酬那么多，烦心的事情一大堆，我完全可以不读书，不读书谁管我？但读书于我而言已经不再是一个任务了，读书变成了内心的渴望和需求，如果我有一天没有碰到书，我真的是晚上觉都睡不着，我必须闻着书香，睡觉之前读半小时才能睡着。你从小培养孩子的阅读习惯，当他自己开始喜欢阅读以后，阅读就变成了他生命的一部分，变成了他内心的需求，你还担心这个孩子长大了以后没出息吗？

每一门功课都做到第一名，这样的孩子有，但毕竟是少数，我们不要用少数孩子的标准来要求我们的孩子。因为任何孩子都有很多的差别，天生的智商上的差别，理解力上的差别，学习能力上的差别，让他一下子把所有课学到全班前面，这个任务本来就是不可能完成的。但是我们可以提要求，就孩子学的三门课进行探讨，哪门最喜欢？不要以你的标准进行要求。讨论完了，先把更多的力气花在这门课上，通过学习方法的调整，自身的努力，尝试能否让这门课的成绩排到全班前五名，这是可行的。这个做法最大的好处是能让孩子至少对自己产生一份自信，即便别的课暂时都不及格也没关系，因为可以鼓励他，你能把这门课学好，未来两门课也一定能学好，因为学习是相通的。

业余爱好上，千万不要让孩子学太多。现在有的家长舞蹈也报，唱歌也报，围棋也报，编程也报，书法也报，体育又报，你到底想让你的孩子干吗？特别简单，孩子选择业余爱好有两个标准。

第一个标准叫天赋型。天赋型标准是说孩子在这方面有天赋，就在这方面下功夫。我女儿天生对音乐的感知能力极强，我儿子就根本不行。我女儿和儿子都是在四五岁开始练钢琴，我女儿到了10岁就把全北美的所有钢琴的级别都考完了，而且是全优，我女儿一心一意想学钢琴，但是中国父母的毛病在我老婆身上出现了，说钢琴所有级别考完了，就别学了，赶快把各门成绩学上去，未来你的目标是考哈佛、耶鲁这样的学校，钢琴又不能当饭吃。当时我不在女儿的身边，我女儿只能听妈妈的，12岁开始全面停止钢琴学习，专注于初中、高中的各种考试。毕业以后到投资银行工作了一年，女儿说爸爸我不感兴趣。我问你对啥感兴趣，女儿说我还想练钢琴，我毫不犹豫地给她买了顶级的钢琴，到现在为止她每天练6个小时钢琴，已经达到专业水平了。我儿子完全不是这样，他小时候学钢琴，每次都要被我打两巴掌才去弹，勉强学到了看着谱子能弹一弹，完全不是那么回事儿，我说不学了。停了一段时间，到了小学快毕业的时候，我说一个男孩子如果懂点音乐也挺好，你对弹钢琴没有兴趣，是不是可以学一个其他乐器？比如学一学吉他，长大以后对女孩子弹个吉他、吹个萨克斯，谈恋爱会变得比较方便和容易。没想到这个说法打动了他，他开始练萨克斯，居然从初三开始一直练到高中毕业，还成了学校爵士乐队的萨克斯风手。

再一个就是弥补型，即孩子通过某个业余爱好来弥补他个性中的某种缺点或者弱点。我鼓励儿子打篮球不是为了让他变成篮球队员，而是为了让他更加合群，让他敢于跟人争抢。后来他到了大学便不打篮球了，不打也没关系，因为那两种能力他已经有了。给孩子选业余爱好的时候，原则上最多选一到两个，如果选一个文艺的，另外一个就选体育相关的，其实有一个业余爱好就可以了。

六、关注孩子的独立性

最后，让孩子比较独立地认识世界。孩子到了一定年龄要赶出去，让他自己去玩儿，让他自己加入各个团队，自己背包旅行。让孩子适当自由地选择朋友，交往很重要。有的家长一看，孩子的朋友染了头发，就不让孩子跟其在一起玩儿了，觉得这个孩子是坏人，这个想法太传统了。你记住，只要这个孩子学坏，赌博、抽烟、吸毒，这种事情要预先给孩子以警告，剩下的就应该让孩子自己挑选朋友。我老婆对我儿子的朋友清清楚楚，我基本上不知道，因为我根本就不问。不要过多干预孩子，不要对孩子步步紧逼。青春期的时候，家里对孩子更加不放心，什么事情都要问了明白，孩子就格外抵触，而且家长往往会提出警告、建议，提出这个不允许、那个不允许，结果孩子干脆什么都不告诉你了。

跟孩子订立共同遵守的规矩很重要。我儿子要用电脑写所有的家庭作业，也可以随时用电脑玩游戏，所以我有一个要求，任何时候你的房门必须开着。自我控制，每个礼拜玩游戏不允许超过 2 个小时。订好的规矩你得执行，破坏规矩要接受惩罚，这个很重要，这样孩子才能从小养成规矩意识。

我们要和孩子进行平等的交流，我从来没有居高临下地指责过一次孩子，两个孩子也并没有因为我不指责他们而没有规矩。美国一项对几千名成功者的研究表明，所谓的智商、家庭背景、名牌大学，与孩子终身成功的关联性并不是那么大。但是孩子身上拥有的一些特质，比如对世界充满好奇心、有耐力、有毅力、面对困难不罢休，以及刚才说的社交能力、合群能力等，与孩子的成功关联性很大。此外父母要做好榜样，不能天天抱怨外面。你天天抱怨，就是在给孩子做示范：所有的事情都不是我的责任，我不用对自己的生命负责，我生命中的一切苦难都是别人造成的。

父母应该具备的一些认识，比如意识到每个孩子都是独特的，成绩只是一个方面，要发掘孩子的天赋，放手让孩子锻炼自己，保护过度是伤害孩子。要对孩子有信心，你对孩子的失望孩子立刻就能感觉到，根本不需要任何语言，所以对孩子应以鼓励教育为主。孩子的身心健康比学习成绩更加重要，让孩子成为一个德行高尚的人比成为聪明精明的人更加重要。和孩子相处，最重要的是给孩子高质量的时间。我曾经跟一个家长说，你要抽时间跟孩子在一起，结果他回去跟孩子相处的时间自己玩手机、看电视，这等于你没给孩子时间。跟孩子在一起，要么带孩子旅行，要么带孩子阅读，要么跟孩子探讨问题，要么跟孩子散步，这是高质量的时间。我孩子 4 岁的时候，我在一边用电脑工作，让孩子认真完成幼儿园老师布置的作业。儿子不解，说，爸爸，为什么你要我学习，你玩游戏。我说，爸爸不是玩游戏，爸爸是在工作。我马上意识到了，对于4岁左右的孩子你跟他讲道理没有用，于是我就把电脑关上，拿一本书读，他马上就安静下来了。常常父母在那儿打麻将，说兔崽子你赶快去学习，我们打麻将跟你没关系。怎么可能没关系，父母一天到晚在那玩，孩子很难静下心来。

家长收获

每一位家长都渴望自己的孩子足够优秀。教育孩子这件事儿，最明智的做法就是保持自我清醒。要把自己寄托在孩子身上的希望分解、分散、化有形为无形地种植进日常生活相处的点滴之中。潜移默化不仅足够有力度，更是和谐亲子关系、家庭氛围的催化剂。保护孩子对待一切事物的热情、积极乐观向上的心态，创造条件并引导孩子发挥好自己的天赋能力，规划弥补短板方案并引导孩子坚持实施，给孩子充足的成长空间和时间，在正向激励中静待花开。

——中关村一小　陈未耕家长

家庭教育是离孩子最近的教育，更是对孩子影响最深的教育。家庭教育关注的不应该只是孩子的学习成绩，还包括孩子的性格到成长的方方面面，这些都需要父母的注意。每一个成才的孩子，并不仅仅靠自身的努力，还有家庭环境的熏陶、父母的言传身教等，所以家长们不能仅仅关心孩子的学习成绩，让他上各种补习班、兴趣班，家长要为孩子创造和谐的家庭环境，给予孩子足够向上的积极希望，只有这样，才能让孩子健康快乐地成长。

——人大附中实验小学　陈怡霏家长

在今后孩子的教育中，我认为最重要的就是激发孩子的内在驱动力。并不是孩子喜欢某一件事，就可以称之为热爱，"持久的迷恋和探索才是热爱"。这个过程，需要我们静待花开，细心观察。我们要适时地给孩子做正确的引导，有时候，并不是孩子没有寻找兴趣的心，而是家长没给孩子创造培养兴趣的环境。人一旦找到热爱，自然专注于心，内在驱动力就在这样的状态中逐渐培养起来，自律也就成了自然而然的事。

——中科启元学校　牛俊皓家长

听了俞老师的讲座收获颇多，在家庭教育的方式方法上有了更多的思路。我们在教育孩子上都想让孩子快乐地成长，但实际上更多的关注是为孩子提供物质条件，关注孩子的学习成绩，关注身体健康等，往往忽视了身心健康的"心"，忽视了真正的陪伴，忽视了身教。每一个孩子都是一个独立的个体，每一个孩子的教育都不能复制，但是陪伴、鼓励是不可缺少的！

——中关村中学知春分校　刘晓萱家长

主讲人：上官芳芳

首都师范大学副教授、硕士生导师

中国妇幼保健协会妇女保健专科能力建设专

业委员会常务委员

海淀家长学校特聘专家

引言

　　作为家长，没有一个人可以称之为完美家长，不苛求自己完美，不言悔，只追求不断进步和成长。

上官芳芳：尊重儿童发展规律不焦不躁稳步育儿

　　孩子在幼儿阶段部分家长较剧烈的心理变化，是在较强的环境应激下的反应，这一反应与家长的教育目标密切相关。教育目标常常是隐藏在我们日常行为之下、未曾被意识到的。

一、家长要做定海神针

孩子在求学的每个阶段开始时，都会经历一个适应阶段，无论是在小学、中学还是大学，甚至研究生阶段。在适应新阶段带来的生活、学习和人际交往的挑战时，情绪难免有起伏。越是年幼的孩子，越需要家长帮助。大多数家长都会同意我们的主要教育目标之一是帮助孩子培养良好的情绪调节能力，因此家长需要做孩子的定海神针。这个"定"，狭义地讲，是帮助孩子稳定情绪；广义地讲，是指家长需要有笃定的育儿目标。

接下来，我们以刚入幼儿园为例，看看在父母和孩子在入园应激下的反应。幼儿入园焦虑是幼儿在从家庭生活到幼儿园生活的过渡阶段，对新环境所表现出来的生理和心理上强烈的、消极的体验，是幼儿分离焦虑的重要表现形式。以下内容来自我们课题组在中科院心理所朱廷劭教授的技术支持下做过的一项研究，这项研究是通过 Python 抓取新浪微博中的相关内容进行分析。该研究的成果《幼儿入园焦虑与母亲情绪特征的关系：基于新浪微博的研究》于 2021 年发表在《中国妇幼卫生杂志》上。

下面给大家分享一些微博内容，从中我们可以看到，当孩子表现出各种消极情绪时，家长朋友们可能做出不同的反应。例如：

第一种反应方式：幽默。

> 说到今天要回幼儿园上课了，宝宝大喊"好倒霉啊！不想去幼儿园"。哦吼吼，还是把他从床上拉起来。我那个心花怒放啊，翻身农奴把歌唱！幼儿园，我希望你永远不要放假！幼儿园换跑道了！

> 还在家里与不想去幼儿园的宝宝搏斗。准备采取"暴力"直接拖上车了。

> 昨日女儿第一天去幼儿园上学，待了一天也没哭，特别听话，本

人知道后特别欣慰，回去之后给她买了好多好吃的！晚上女儿问我，爸爸，我上幼儿园你想我吗？我当然说想，女儿的一句话让我无语了，你和妈妈都想我，那我明天就不去了。

第二种反应方式：伤感。

今天是宝宝上幼儿园的第二天，表现很好，不哭不闹。第一天也是。他这样，我内心反而没底，十万个不放心。刚才，他又委屈地哭了，说不想上幼儿园，昨天也这样。我忍不住落泪，他白天表现得那样勇敢，可我知道他其实很害怕，很委屈。我的庇护能有多久，他能有多久属于我？不敢想，只想加倍疼爱他。

"我不想上幼儿园，我想在家"，宝宝度过了一个很焦虑的周末，尤其昨晚。大哭的第一个早上开始了，妈妈其实也挺焦虑的。

第三种反应方式：理性观察。

宝宝上周二不想去幼儿园的理由是幼儿园没有苹果、红枣、梨；周三的理由：幼儿园没有钢琴；周四的理由：要再睡一会儿；周五好像没有说出理由，乖乖地去了。昨天晚上说：我在担心明天要去幼儿园。不过慢慢就习惯起来，挺好。

第四种反应方式：引导孩子换位思考。

每天早上叫小朋友起床上学真心累啊！斗智斗勇不说，还得身体力行，跟着早起。今早，她说不想起床，不想上幼儿园。我马上说，妈妈也不想起床，不想赚钱。要么我们俩换，你上班赚钱给妈妈用，妈妈帮你上幼儿园吧？小家伙儿想了一下，噌地一下就跳起来说："算了，我还是上幼儿园吧！"

从上面的例子我们看到，有一些沟通方式能够很好地帮助到孩子，例如幽默地化解烦恼、理性观察孩子变化以找到积极的部分、以身作则从而引导孩子换位思考。不过，有心理学研究发现，父母的焦虑情绪可能通过情绪感染、代际传递影响幼儿的焦虑水平。这提示我们，如果父母经常被孩子的消极情绪所感染，尤其经常当着孩子的面表露出伤感，会不利于孩子更快适应新环境。

家长做定海神针，不仅在幼儿园，在小学、中学也非常重要，尤其10岁前是人格健康发展的关键阶段。这一点，我们将在后面详细分析。不过一定要相信，即使儿童10岁之后在人格适应方面仍有些困难需要应对，只要得到父母和学校适当的帮助，仍是可以大有进步且实现健康发展的。儿童对每一次挑战的应对，都是一次成长机会；但是，也可能因为不能很好地适应，而带来较长期的负面影响。因此邀请家长们，尤其在孩子年幼的时候，努力做孩子的定海神针。养育孩子的过程，是我们这些做家长的成年人与孩子一起成长的过程，值得珍惜，值得挑战。

要做好定海神针，关键在于"定"，有确定的育儿目标，是做定海神针的前提。

二、依靠坚定信念，趋近育儿目标

如今为什么很多时候我们无法有确定的、笃定的育儿目标呢？在知识爆炸的年代，我们可以听到很多知识，但未必每一次都能相信听到的内容。我们常说"知—信—行"，知道了一个知识点，并且相信它，才可能进一步去实践它。但是，或许我们可以换个模式——"知—行—信"，有些很好的内容，因为没有被付诸实践而被我们忽略了。所以，首先需要通过交流、学习，找到适合自己的教育价值观，接着借鉴科学研究成果和他人成功经验，结合自己和孩子的实际情况，下定决心努力实践。实践出真知。实践的同时，一定仍要注意交流和学习，在交流中不断校正、不断调整，才能真正检验出真理。

育儿目标的确立，需要树立坚定的信念。这种信念，在每位家长心中，是通过长期的学习和实践树立起来的。信念不只是一些知识，还包括对一些规律的坚信。恰当的育儿信念一旦形成，将成为稳定的航标，我们在教育的过程中就将不再焦虑。

　　如何确立恰当的育儿信念呢？建议家长们从两个方面汲取营养。一是中华优秀传统文化，二是现代的心理学研究。

　　一方面，我们需要传承中华优秀传统文化，以弥补当代心理学中缺失对中国文化的考量的遗憾。中国的家庭结构、家庭教养方式都有自身的特点，因此育儿的诸多方面也就有其自身的一些规律。但是遗憾的是，这些方面还没有在实证研究的角度有系统的调查分析和规律总结。不过，总体的规律，在中华优秀传统文化的经典中即可找到。文化，可以从一个侧面来解释，即生存经验的总结。文化经典中的信念，在很多时候以我们毫无察觉的方式在影响我们的行为。因此，如果我们有意识地了解文化经典中的优秀成果，则会发现自己在生活中正在践行着一些内容，同时会加深对这些文化经典的理

上官芳芳：尊重儿童发展规律不焦不躁稳步育儿

解。所以，我们可以通过网络找到一些优秀的公开课，学习一些中国哲学方面的内容，逐步掌握中华优秀传统文化的精要，将其融入我们的教育目标之中。

另一方面，我们需要做科学研究成果的消费者。当前一个很重要的方面是，我们中的很多人还未养成做科学研究成果的消费者的习惯。从更普遍的意义上来讲，我们整个社会对科学素养的重视还不足够。现代的儿童发展心理学，通过观察、实验和分析，提供了很多关于儿童发展的规律。建议家长们通过浏览中国知网的摘要、一些科学心理学的公众号等，了解儿童发展心理学和教育心理学等相关学科的研究进展。尽管研究结果不是绝对正确的，"科学"并非正确的同义词，但是，当前的很多研究结果已经足以为我们提供丰富而有益的参考。当我们带着这些研究成果，反观中华文化时，会发现在我们的优秀传统文化中，早已言简意赅地道出育儿目标的核心内容，朗朗上口，历经千年而不衰。

三、中华优秀传统文化给我们的提示

1.仁爱之心是育儿的长远目标

"大学之道，在明明德，在亲民，在止于至善"，四书之首《大学》，开篇就告诉我们，作为一个成年人，需要具备的学问的最高目标是"至善"，是"仁"。在育儿的话题下理解这句古文，通俗来讲，可以借助屠格涅夫这句话："全靠爱，生命才得以团结和进步。"从人格发展的角度来看，"仁"是先贤所树立的人格健康发展的最高目标。这个最高目标，其境界和范围超过了在科普文献中广泛传播的马斯洛人格理论中的最高目标——自我实现。著名的人本主义心理学家马斯洛在生命最后阶段里领悟到，应该在自我实现之上再树立一层人格健康发展的目标，即自我超越。自我超越，更接近于"仁"的境界，但自我超越仍然主要局限于人与人之间的关系，中华文化的"仁"还包括了人与自然的和谐共处、万物一体的整体观和价值观。这提示我们在家庭教育的过程中，东西方在人格健康发展的目标上是基本一致的。

当前的"双减"政策，正是希望全社会一起努力，让教育走向更加理性、更加科学的方向，要提高对儿童人格健康的重视。家长朋友们可能会说，最终还是学习成绩最重要。对于该观点的分析，一方面，后面我们会分享相关内容——人格健康是学习潜力充分发挥的必要前提。另一方面，从"仁"的角度来讲，"仁"的内涵中也包括了我们目前理解的狭义的课程学习，即格物致知。

2.爱自己与爱他人相辅相成

在我国的传统文化中，没有过多强调儿童的发展规律。儿童发展心理学源自西方，传入中国后，人们开始重视儿童的自尊心，但也有过度重视的现象。例如，很多家庭中，祖辈和父母都是一起把最好的物质条件和关爱照护提供给孩子，但一些家长反映，孩子没有感恩之心。家长们的担心并不只是出于希望孩子感恩家长自己，更多的是希望孩子拥有感恩之心，日后能够获得真正的幸福。

基于当前积极心理学的蓬勃发展，我们也可以说，过度重视儿童自尊心，其实也是误解了现代的儿童发展心理学想要传递的信息。积极心理学研究的一个重要特质就是感恩。保护孩子的自尊与引导孩子学会感恩并不矛盾，需要家长在实践中摸索。

同理，爱护儿童，与引导儿童尊重他人、爱他人是相辅相成的。最近的两个关于在学校或公共场合发生的儿童之间的冲突的报道，大家或许也有关注。两件事情都是由儿童之间的小冲突酝酿为成人之间的大冲突。这些现象提示我们，家长在引导孩子适应周围环境时，处理的方式还有待改进，其背后更深层次的原因，可能是家长对于育儿目标的理解不当。简言之，就是，到底怎样做才是保护我的孩子？带着孩子去更好地适应周围环境，学会通过沟通，换位思考，以仁爱之心，爱己爱人，理性解决冲突，促进校园和谐、社会和谐，才是真的在点点滴滴为孩子积累人生财富。

大多数小学生都背诵过《弟子规》。首孝悌，其目标是家庭内部的和谐；次谨信，其目标是孩子与同伴之间的和谐；泛爱众，其目标是孩子在更大社交范围中达到和谐。"仁爱"在我国传统经典中已经存在上千年，是我们确立育儿目标的源头活水。只有不断地朝着"而亲仁"的目标引导孩子，孩子才更容易有稳定的情绪，才能自然而然做到"有余力、则学文"。具体到学科知识方面，就是技术层面的问题，有老师可以帮助到孩子。但人格健康这个育儿目标，离不开家长的点滴引导。

四、现代心理学研究给我们的提示

儿童身心发展的规律，是科学育儿的基础。所谓规律，可以理解为事物发展有个先后顺序，对规律的把握可以在很大程度上帮助我们预测个体发展的结果。《大学》中说，"物有本末，事有终始，知所先后，则近道矣"。借助马斯洛的需要层次理论，可以将育儿目标分解为有先后顺序的四个层次。

第一层次，关注孩子的安全需要，包括身体安全和心理安全。这需要适应于儿童生长发育的健康教育，更需要一个大的和谐社会的环境。儿童发展心理学中有一个著名的生态系统理论，强调了宏观系统（例如社会）对儿童发展的影响之重要性。因此和谐社会关系到每个孩子的成长，而和谐社会需要我们所有人共同努力来创造。

第二层次，关注孩子对爱的需要。爱的需要是根植于每个人内心的，很顽强的基本需要。在孩子与他人的直接互动中，最重要的情境就是家庭和学校，因此和谐家庭和和谐校园有助于培养自爱、爱人的孩子。

第三层次，关注孩子的自尊需要。关于培养孩子自尊，分享三个方面，树立远大理想、培养理性思维和提高抗挫折能力。孩子在不断地适应各种挑战的过程中积累韧性，从而形成恰当的自尊。所谓恰当的自尊，就是既不过分自卑，也不过分自大。推荐给家长朋友们一本书——《超越自卑》，作者是著名心理学家阿德勒。

第四层次，每个孩子都有对美与创造的需要。这种需要是每个孩子内心固有的潜能。要让这些潜能得到最好的发挥，需要创造"有余力、则学文"的前提。当然，在心理健康"有余力"之后，"则学文"是个更高的发展目标。这个"则学文"的发展目标，需要在心理健康的基础上，朝着更高的心理韧性、自律性、责任感等目标努力，这就是另一个话题了，在此不再赘述。

五、2—12岁，十年磨一剑

1. 顺其自然

家庭教育中的顺其自然，可以被理解为是循证家庭教育，让科学证据告诉我们什么是自然。但是在实践中，有许多家长误解了顺其自然的含义。顺其自然，不是顺着孩子的情绪。实际上，有部分家长朋友会误解顺其自然的含义，对孩子情绪和行为的引导不够。溺爱，就是常见的一种引导不够的表现，对孩子百依百顺。但是溺爱的结果，是让孩子失去了边界感，不知道什么是对什么是错，反而在陌生情境中会变得过于胆小或过于不遵守规则，无论哪种表现，都会影响孩子对社会环境的良好适应。事实上，过分溺爱，或是过分严厉，或是家庭成员教育理念有较多不一致，是无法实现顺其自然的。所以，要强调的是，顺其自然，是顺着儿童发展规律，是顺着儿童自身的发展特点。这些规律，这些对儿童个体差异的认识，是许多当代心理学研究的证据可以提供给我们的。

2. 以抑郁症状的发生机制为例

当代的心理学家们认为，各种抑郁认知易感性因素可能植根于学龄期，所以有必要探究儿童抑郁认知易感性的内在本质，并建议从7—12岁开始研究。但是心理咨询的实践中，有过2岁就发生精神症状的案例；有心理学研究发现2—3岁时的自我认知与儿童的自尊发展有关。因此，"2—12岁，十年磨一剑"，是今天推荐给家长朋友的一个重要观点，希望我们能够在最关键的十年里帮助孩子打好人格健康发展的基础。

但是同样要强调的是，即使错过了2—12岁这个阶段，如果家长意识到之前对人格健康发展的重视不够，那么，从现在开始，一点也不晚。重视总比不重视好，现在开始总比从未开始好很多。没有一个人可以称之为完美家长，不苛求自己完美，不言悔，只追求不断进步和成长。

消极归因方式是目前在儿童中研究最多的抑郁认知易感性因素。消极归因方式可以解释为，儿童倾向于将负性事件解释为自身能力缺陷、推断负性事件将引发其他不好的结果、将负性事件归因于全局性的和稳定的原因。

儿童的消极自我认知被认为来自重要他人（例如父母、老师）对儿童能力的消极评价。

抑郁时的冗思（即情绪性冗思）给出了定义："反复思考自己的抑郁症状及其原因、意义和后果。"情绪性冗思的个体不能够采取任何积极的行动以减轻其症状或改善其境况。一些研究指出，冗思反应方式在7—10岁即出现。

六、小结

我们可以以中华优秀传统文化为源头活水，不断吸纳现代心理学研究的成果，做科学研究的消费者。在家庭中和谐的亲密关系的基础上，家长依次关注孩子的身体素质、人格发展和智力发展，尽量抓住2—12岁这个人格发展关键期。即使没抓住，从现在开始必定比从未开始要好很多。

家长收获

听了上官芳芳老师的讲座，我受益匪浅。父母要有意识地培养孩子的社会实践意识，让孩子参与简单的家务劳动中，并及时给予孩子正向反馈。还可以和孩子在家里养一些绿植，感受它们的生长过程，培养观察力的同时，让孩子理解生命的意义。家长要做孩子的师长、朋友、倾听者……可以适当与孩子角色互换，锻炼他们换位思考的能力。作为新时代的家长，也要不断修炼自己，不断学习，与孩子共同成长进步。

——北京一零一中学　胜子安家长

家长们的育儿焦虑，会随着孩子慢慢长大越来越多。正确的育儿理念和方法可以帮助家长少走弯路，培养出自信、优秀的孩子。一是不要把孩子看作是生活的全部，从孩子身上得到自由，也让孩子从父母身上得到自由；二是了解和尊重孩子的成长规律，顺其自然不要着急；三是不要给孩子贴各种标签，多给孩子积极暗示，少给孩子不好的担心或暗示；四是提高父母自身的觉察力、涵容力，为家庭创造一个持续健康、稳定的发展空间。

——翠微小学　余梓浩家长

我全程观看了上官教授的讲座，收获良多。作为家长，我们应该保持积极乐观的心态、充分给予孩子正面指导。育儿是一个漫长的过程，不会立竿见影，我们要学会稳步前行，不慌不忙，善于与孩子沟通，及时了解孩子的思想动态，做一个倾听者；适时锻炼孩子做家务的能力，通过劳动感知生活，在一个有爱的家庭中，逐步见证孩子的成长与进步。

——前进小学　尹开卓家长

改变从什么时候开始都是对的。家长不要觉得现在孩子大了不好管了，就放弃可以改变他的机会。老师的讲座触动了我，我要认真地和孩子进行有效沟通，了解孩子的内心世界，这对于我们彼此来说都是一个成长的机会。改变来源于外界的触动，讲座触动了我，我也希望能通过自我的改变来推动孩子的改变，使孩子按照成长的规律成为情绪健康的幸福人。

——民族小学　李佩颖家长

主讲人：田国秀

首都师范大学教师教育学院院长

教授、博士生导师

中国家庭教育学会理事

中国青少年研究会理事

北京市教委家庭教育专家组成员

引言

当青少年站在人生的重要赛道，家长们要做的并不是冲上跑道，代替他们完成比赛，而是持续给予"力量"与"信任"，成为他们的最强后援团，让他们拥有抗逆力，迎难而上、勇往向前，笑对生活中的不确定因素和未知的挑战。

田国秀：培育孩子的抗逆力

每个人的一生中都会经历许多困难和挫折，青少年也不例外。作为家长，我们无法代替孩子承受生命中的种种变故和挫折，也无法为他们扫清成长中的重重障碍，因此，我们需要在家庭生活中培育孩子的"抗逆力"。持续帮助孩子建立成长型思维，用积极行动去寻找问题的解决方案。

不论孩子想做什么，坚持做自己能够做的事情，坚持改变自己能够改变的事情，慢慢就会产生一种战胜逆境的能力，让他从这样的一种恶性循环中解脱出来，也就是可以用一种积极的思维去面对生活中的困难，从而提高抗逆力。

抗逆力指的是一个人即使身处逆境、遭受严重创伤和巨大压力，心理也不会受到损伤性的负面影响，而是成功适应，甚至是愈挫弥坚的能力。抗逆力包括外部支持因素（I have），内在优势因素（I am），以及效能因素（I can）三个部分。

抗逆力是每个人与生俱来的潜质。简单地说，抗逆力就是"心理免疫力"，是一种面对挫折、困境都能从容应对、坚持下去的生存能力。家长如何培育孩子的抗逆力？需要了解孩子自身因素和外在环境因素。

一、孩子自身因素

认知——判断力、领悟力、分析力、解释力、信念、价值观、知识、经验等（校园安全教育）。

情感——热情、积极、温暖、安全、亲近；稳定、自持、适当（情商、社会情感）。

行为——乐群、与人为善、成人之美、善良、良性互动、支持网络。

二、外在环境因素

微系统：指对人产生最直接影响的环境。

中系统：人与其所处的微系统及其微系统之间的联系或过程。

外系统：大于中系统的生态环境单元，包括两个或两个以上环境系统之间的相互作用。

宏系统：整个社会的文化系统，涵盖政治经济、生产生活、文化习俗等诸方面。

抗逆力是从积极心理学视角挖掘求助者的内在潜能，不再单纯关注问题的负面影响，而是强调人在面对压力、逆境时的潜能激发和自我超越。抗逆力研究发现，每个人都有抗击逆境的潜质，人在面对危机和困境时，潜质被唤醒，生成为应对困难的力量。力量的表现形式多种多样，有的积极，有的消极，有的符合常规，有的违背常规，有的甚至表现为问题。家长如果能够透过问题看到抗逆力，从优势视角挖掘并扶持青少年的抗逆力，将对青少年产生积极的推动力量。

三、如何培育孩子的抗逆力

身处困境中的青少年，是什么因素使他们能够挺过艰辛，获得机会，积极适应，健康成长？基于丰富的访谈资料和个案追踪，我们发现，相关因素很多。

有直接因素和间接因素，有应急因素和缓和因素，有内在因素和外在因素，有近端因素和远端因素，有正向因素和负向因素。将这些复杂的分类进行整合、勾连、比较与精化，有两个因素出现频率极高，具有催化和启动效用，对其他因素发挥着凝聚、解锁、触发、传导等诸多效应。

这两个因素是：力量和信任，架设起抗逆力运作的逻辑链条。

1. 力量及其运作

"力量是个体所具有的影响改变的能力"，这是以存在主义哲学、存在主义心理学为视角的对人之力量的解释。力量是一个人体现其存在感的具体表现，意味着他可以以自己的能力影响他所置身的世界。创造自己是一个选择的过程，选择需要勇气和责任。存在主义心理学家罗洛·梅说："责任是一种能力，意味着直面现实并以积极的方式做出回应……一个人负责任地对待自己的生命，表明他是一个道德主体。"遭遇风险意味着生活发生了改变，应对改变，选择以积极健康的方式回应改变，就是能力。

在我们访谈的众多案例中，所有案主的共同特点是遭遇了生活危机，有的人身患癌症，四次病危四次重生；有的人母亲去世在产床上，出生之日就是诀别之时；有的人被父亲带着三次再婚，一直生活在居无定所之中；有的人被养父在垃圾桶边捡回，长到了 16 岁还不知自己来自哪里。案例中的青少年都选择坚强地活着，细分起来，他们身上的力量和能力有以下具体运作方式。

（1）积极认知。

面对客观现实的危机与风险，他们以正面、积极、向上的思想观念、归因方式、解释逻辑启发自己，强化自己，暗示自己。在危难之中寻找契机，在不幸当中发现万幸。即使生活伤害了自己，也要从伤害中磨炼自己。任何事情都有两面性，努力从好的一面看待事物，"苦难不是我的错，是命运在用苦难考验我。不是没有我的机会，而是我的机会来得比较晚，我要用自己的坚持等待机会"。

（2）付诸行动。

将积极认知付诸行动，绝不停留于空想、只说不干，而是留意和珍惜身边的每一个人，每一次机会，主动争取老师的帮助、同学的理解，与邻里和睦相处，参与各种社会活动。在活动中，接触更多的人，了解更多的信息，积累更多的资源，展现更丰富的自己，建立更多样的社会联络。在学业、人际交往、工作事业中勤奋努力，以不屈不挠的精神毅力投入工作和学习，以优异的业绩和成果赢得他人的接纳与认同。

（3）乐观情感。

虽然遭遇了不幸的命运与人生，但他们对未来充满信心，坚信自己的命运一定会有改变的一天，改变的到来掌握在自己手中，不能坐享其成，不可消极退缩。他们之所以愿意积极等待，肯于不懈努力，因为他们相信改变和转机就在不远的将来，就在自己的努力与奋斗之中。自己坚定地走在积极健康的方向上，创造机会，积蓄力量，为生活的改变寻找机遇。

对自我力量与能力的信心，构成个体的信念系统并转化为实践层面的价值观。这种信念与价值观通过认知、情感和行为得以呈现，表现为困境青少年面对风险时的积极认知、付诸行动与乐观情感。认知、情感与行动在信念系统的催化下，组合成应对现实的行为策略，相互带动，彼此勾连，形成良性循环。

相比较而言，我们认为"力量"侧重于内在保护因素，居于内在保护因素的要害与核心地位，起着催化其他因素、启动其他因素、凝聚与贯通其他因素的作用。如果我们把人比作一个生态有机体，由身体、认知、情感、精神、行为共同构成，力量就是这个有机体的动力源，只有力量被开启、被接通的时刻，其他诸因素才能被激活并涌动起来，串联成动态并展现生命力的系统。

2.信任及其运作

任何个体仅有内在保护因素的激活与涌动是不够的，因为没有一个人可以脱离环境和生活背景，孤立无援地应对现实。我们主张"力量"属于内在保护因素，将多种内在因素凝聚与点燃，"信任"同样属于内在保护因素，其功能的发挥侧重于链接内在因素与外在因素，担当起嫁接与贯通内外保护因素的桥梁作用。比起内在保护因素，外在保护因素错综复杂得多，系统多，层面多，有同质性，也有异质性。

个体如何找到适合自己的元素？如何愿意将自己的困境与为难和盘托出？如何选择其中的一些资源化解困境？我们认为"信任"是其中的催化剂，借助于信任，青少年将自己融入社会，主动建立社会联系，形成有利的社会关系。

信任是一个复杂的社会现象，是以相信为前提的对他人和周围世界的态度，相信意味着不怀疑，信任则比相信往前进了一步，在不怀疑的基础上敢于托付。

信任需要深厚的情感基础，需要双方在价值观、生活态度、做人原则等方面接近和认同。信任关系的建立是很不容易的，困境青少年对生活环境的接受，能够从外在环境中发现保护因素用于自我拯救，信任关系的搭建是不可或缺的前提。一般需要经历以下三个步骤。

（1）保持身心自律（自我信任）。

这是自我信任的表现，也是后两种信任的基础。不相信自我的人，不太可能形成对他人和环境的信任。

信任是一种关系，是个体与其周边世界发生交互作用的一种表现。信任自我，意味着个体对自己具有基本的接纳与认可，具有基本的自信与信心，这是个体能够与外界建立建设性关系的基础。

不相信自己，反而能够相信他人和环境，是一种本末倒置，可能性微乎其微。拥有自我信任的人，有能力、有决心、有办法为自己建立边界，对自己形成控制，成为一个自律的人。在身体方面，杜绝不良嗜好，保持健康的生活方式。在心理方面，有健康追求，勤于思考，面对纷扰保持精神纯净，忍受寂寞，专心于自己的爱好，持之以恒地钻研，对未来坚定不移。

（2）依靠重要他人（近端信任）。

困境中的青少年，之所以能够在危机、艰难的阶段挺过来，渡过难关，最终走向好的发展，往往是遇到了生命中的"贵人"、具有知遇之恩的人。这些人可能是孩子的家人或亲属，比如爷爷奶奶、姥姥姥爷、姑姑大伯等，也可能是学校的老师、运动队的教练或艺术队的指导，也可能是好友的父母、家人的挚友或是社区邻里。他们具有如下一些特点：以爱心接纳孩子；提供保护，让孩子具有安全感；具有积极健康的生活方式，为青少年树立榜样；给予关心与爱护，严爱适度。正是这样一些特点，使青少年对他们产生信任，出于信任，青少年在情感、生活、人生选择与关键事件上，愿意听取他们的建议，愿意向他们敞开心扉，愿意与他们沟通思想。这里的重要他人发挥着情感联结与心灵依靠的作用。

（3）参与社会活动（远端信任）。

青少年需要建立广泛的社会联系，在丰富多彩的活动中，与各种各样的人建立信任。基于信任关系，青少年敢于并乐于参与校内外活动。借助多种活动，青少年可以接触更多的人，可以拓展自己的视野，了解更多的信息，更多地锻炼与开发自己。活动也是青少年进一步体验信任与发展信任关系的重要平台，信任关系建立的基础是有差异的，有时候依靠的是爱与呵护，有时候依靠的是认可与尊重，有时候依靠的是诚恳与帮助。青少年与不同的人建立信任，形成支持性关系，有利于其形成亲社会行为，建立保护系统。

四、"力量"与"信任"是生成抗逆力的要素

"力量"与"信任"是基于丰富的访谈案例和个案追踪，提炼的两个抗逆力生成要素。超越于以往研究的意义在于，这不是两个互不相干，彼此孤立，静态僵化的元素，以它们为核心，借助它们激活的动力，为困境青少年搭建了应对风险，战胜困境，积极发展的行动机制。

1. 相信自己是启动抗逆力运作的动力源

结合案例分析表明，"力量"的运作表现为积极认知、付诸行动和乐观情感，三者共有的源泉是相信自己。相信自己的实质是相信自己有力量。在分析"信任"的运作表现时，我们将其分解为保持身心自律、依靠重要他人和参与社会活动，三者的内在线索是信任，形成自我信任、近端信任到远端信任的链条。将"力量"与"信任"的六个具体运作方式加以比较，可以发现一个共有因素——相信自己（自我信任）。这不是一个人为的巧合，而是通过对几十个访谈案例反复编码、归类、整合、凝练后得出的发现。

由此我们主张，把抗逆力作为一个运作系统，开启这个系统的动力源就是——相信自己（自我信任）。以相信自己为出发点，可以激活一系列内在保护因素，撬动诸多外在保护因素。

要使困境青少年的自我动能与外在资源得以启动并发挥作用，真正开启他们自我觉察，自我认同，自我选择，自我承担，主动行动，努力探索，积极合作，交互作用的抗逆力行程。抗逆力机制的"开锁钥匙"就在青少年自己手中，"钥匙"的真谛就是——相信自己（自我信任）。

2. 勾连内外保护因素是抗逆力运作的行动路线

现阶段，已有研究成果反复证明，抗逆力运作的过程就是内在保护因素与外在保护因素交互作用，彼此供给的过程。这一过程的具体运作是如何实现的，含有怎样的机关与"暗锁"，一直是人们渴望破解的秘密。通过对青少年行动策略的详细解读，我们找到了一些机关与"暗锁"——"力量"与"信任"。

内在保护因素以"力量"为串联主线，开启"力量"，就会触动内在保护因素的"多米诺骨牌"，保护因素之间的动能与动力接连传动，形成动力流，化作青少年的自身资源，加入抗逆力过程。

外在保护因素以"信任"为神经中枢，嫁接起青少年与他人和环境的信任关系，外在保护因素彼此连接，形成动力系统，化作青少年周边的资源供给。

我们认为，"力量"与"信任"分担内在保护因素与外在保护因素的启动功能，以相信自己（自我信任）为共有内核，将内外保护因素勾连整合，形成联动和资源交互，实现了抗逆力的具体运作。

3. 评测青少年的信任状况是介入策略的起点

找到了抗逆力开启的动力源，摸清了抗逆力运作的行动路径，进一步的目的是将其推进到应用领域，实现抗逆力理论服务于社会实际的目标。我们建议，抗逆力介入方案可以从评测青少年的信任水平入手。借助于相关心理学、社会心理学量表，或是在原有量表的基础上进行补充和完善，研制一些针对性更强的信任关系、信任状况、信任水平评测量表。对青少年服务对象进行测试与评估，了解并掌握他们的信任水平，梳理出良好部分、缺失部分及破损部分，为下一步恢复和重建信任关系寻找依据。

4.帮助青少年重建信任关系是介入策略的主体

信任关系包括自我信任与环境信任，环境信任分为近端信任和远端信任，近端信任以青少年身边的人物为主，比如家人、同学、老师、邻里、交往机会较多的教练、导师等；远端信任以较大空间为主，可能与青少年没有直接关联，但对青少年争取资源、获得保护具有重要影响，比如社区组织、地方政府、国家相关政策、社会风气与文化等。学者郑也夫认为："信任是一种态度，相信某人的行为或周围的秩序符合自己的愿望。它可以表现为三种期待：对自然与社会的秩序性；对合作伙伴承担的义务；对某角色的技术能力。"

帮助困境青少年发现并启用社会支持系统，信任关系的恢复与建立是基础。对青少年实施介入要紧密围绕建设信任关系加以落实，依据自我信任——近端信任——远端信任的推进步骤，帮助青少年建构以自我信任为根基，以近端信任为主体，以远端信任为方向的人生轨迹。

总之，当青少年站在人生的重要赛道，家长们要做的并不是冲上跑道，代替他们完成比赛，而是持续给予"力量"与"信任"，成为他们的最强后援团，让他们拥有抗逆力，迎难而上、勇往向前，笑对生活中的不确定因素和未知的挑战。

家长收获

作为学生家长，我有幸参加了家庭教育大讲堂活动。田教授从抗逆力的含义、时代背景、如何培养孩子的抗逆力几个方面讲述。讲座所举例子都是时常发生在身边的问题，对于没有研究过教育学的我来说，浅显易懂。通过讲座，我对孩子的教育问题有了更深层次的了解，对今后和孩子的共处和沟

名人谈家教

通十分有帮助。

——理工附中　赵思龙家长

作为家长，我意识到在培养孩子抗逆力上，还有很多需要提高的地方。有时候方式方法不对，可能会伤害到孩子的心灵。家长是孩子成长的第一责任人，要认清家长、学校、社会在孩子成长过程中的角色定位，不能把孩子简单地推给学校、社会。身为家长要把能做到的做到最好，要与时俱进，不断给自己充电，才能更有效地跟孩子对话。培养孩子的抗逆力，要先提高自身的抗逆力，与孩子共成长。

——海淀实验中学　李墨川家长

田教授由浅入深地讲解了培养孩子抗逆力的重要性，为我们进一步用心陪伴孩子成长、成为智慧父母，提供了专业、科学、系统的方法和策略。通过讲座，我认识到自己跟孩子沟通交流中的不足之处，对孩子的管理方法也有很多不对的地方。爱孩子，不是要倾尽全力为他遮风挡雨，而是要陪他一起应对生活的不易和困难，拥有了足够的抗逆力，孩子才能慢慢强大起来。田教授的讲座如一场及时雨，给我增添一份信心，在今后的学习、生活中能够陪伴孩子更好地成长。

——花园村二小　高钰涵家长

这次讲座既深入浅出地介绍了抗逆力领域的专业知识，也为我们培养子女的抗逆力提供了具体可行的实操方法。讲座娓娓道来、引人入胜，让我收获良多。

田教授结合实际案例，逐一剖析了每个维度下哪些观念与做法可以帮助儿童构建抗逆力。作为家长，我们可以从这些方面入手：给孩子机会来自主计划、培养孩子诚实正直的品质、在指导孩子的行为时要有清晰的边界、为子女树立积极负责的形象示范等。清楚了我们需要做的且能够做的，教养子女之路也更加清晰。感谢海淀家长学校回应了我们在家庭教育中的真正关切与困惑。期待每个家庭都与学校、社区形成教育合力来培养孩子的抗逆力，助力孩子张开"隐形的翅膀"，逆风时也能勇敢飞翔。

——首师大实验小学　王香柏家长

田教授说："我们无法选择生活的时代，但是我们必须学会面对时代的能力，抗逆力就是这个时代的孩子必须具备的一个能力。"

现在的孩子虽然衣食无忧，但却面对着学习的压力，将来走向社会更会面对工作和生活的压力，这种压力可能更大、更难应对。所以培养孩子的抗压能力、应对逆境的能力、正确面对失败的能力，同样至关重要。作为父母，我必须有意识地培育孩子的抗压力、抗挫折能力，引导孩子做一个有温度的人、有感染力的人，学会在学校、家庭和社会中承担责任。

——北外附小　李让家长

主讲人：王杰

中共中央党校（国家行政学院）教授、博士生导师

中国实学研究会会长

领导干部学国学组委会主任

中华母亲节促进会副会长

中宣部核心价值观百场讲坛宣讲人之一

中央广播电视总台《百家讲坛》特别节目《平"语"近人——习近平总书记用典》主要思想解读嘉宾

引言

做父母的若真正地爱你自己的孩子，不要仅仅是着眼于眼前的利益，而要站得更高一点，看得更远一点，为孩子从长远来计议。

王杰：大力加强家庭家教家风建设

家庭教育影响我们一个人、一个家庭，也关乎国家和民族的前途和命运。咱们中国从古到今讲的是家是最小国，国是千万家，这种家国情怀千百年来从来没有断过，这就是中国人的家国逻辑和家国情怀。家庭对孩子影响非常大，所以想结合自己的一些经历，也结合对传统文化的一些感悟谈几个话题。

一、中国人自古以来非常重视家庭教育与家风传承

《左传》里有一句话，"爱子，教之以义方"。这句话非常的经典，意思是你爱自己的孩子就要给孩子正确的引导，帮助他树立正确的价值观。《战国策》里也讲过，"父母之爱子，则为之计深远"，意为做父母的若真正地爱你自己的孩子，不要仅仅是着眼于眼前的利益，而要站得更高一点，看得更远一点，为孩子从长远来计议。所以我们看到，不管是过去还是今天，一些智慧的父母，他们在为国过程中可以做到清廉为官，在家庭教育中可以说个个都是好手。一个家庭家教严不严，家风正不正，直接关乎孩子的成长。

世界各国有很多孔子学院、孔子教室，这是咱们中国文化中的一张名片。春秋末期，礼坏乐崩、天下大乱，孔夫子仍然坚守正道，他用一种正确的价值观教育自己的孩子。孔子的孩子叫孔鲤，在《论语》中记载了孔子教育孔鲤的一段话：看到孩子在庭院里走过，孔子就问孔鲤，说今天学礼了没有？儿子说没有，孔子讲不学礼无以立足于社会，这是根本的东西。孔子没有太多的长篇大论，也没有很多的说教，他更多地通过自己的言谈举止，把正确的观念、正确的价值观教给自己的孩子，这是孔夫子作为一个父亲非常智慧的一面。

1. 规矩

其实从孔子对孩子的教诲中我们可以看到，不管是孩子，还是大人，首先得学会讲规矩。一个不讲规矩的人非常可怕，所以对一个人来说，对一个家庭来说，没有规矩比没有钱更可怕。

《弟子规》里讲，"父母呼，应勿缓。父母命，行勿懒。父母教，须敬听。父母责，须顺承"，所讲的就是让孩子从小学会讲规矩。"年方少，勿饮酒。饮酒醉，最为丑。""出必告，反必面。""或饮食，或坐走。长者先，幼者后。"这些话朗朗上口，耳熟能详，可能很多家长能够背诵，但是你要看这些文字背后体现的价值观——让孩子从小学会讲规矩，没有规矩不成方圆。

记得不久前看过一个视频，一个孩子不讲规矩，在吃饭的时候，邻桌两个人上洗手间，他竟把人家的手机扔到火锅里去了。后来邻桌回来理论的时候，孩子的父母说："你跟孩子一般见识？"最后没想这两个人扇了孩子几个耳光。你不教育孩子，总有人替你教育，所以规矩非常重要。

2.诚信

孔子有一个大弟子，大家非常熟悉，叫曾子。曾子生性比较愚钝，但是他在教育孩子的问题上和孔夫子的观念是一样的。《杀猪教子》这个成语故事大家都比较熟悉。讲的是曾子的夫人要到集上买东西，孩子一定要跟着她去，夫人就说你别去，回来之后给你杀猪。回来以后曾子要把猪给杀了，他妻子就讲我只是哄哄小孩儿，你别当回事。那么曾子怎么回答的呢？曾子讲我们做父母的，如果这么欺骗孩子，怎么能指望孩子长大了以后到社会上讲诚信？父母是儿女的第一任老师，家庭是儿女的第一任课堂。父母不诚信，怎么指望儿女长大了以后讲诚信？这则故事其实反映的是做人的诚信问题，与朋友交往应言而有信，"人而无信，不知其可""宁失千斤，不失诚信""小信成，大信立""一言为重，百金为轻"。

反观当今社会，人与人之间的诚信度大大下降，互相不信任、互相揣测、互相怀疑。老祖宗留给我们的诚信文化要坚守、传承。

3.节俭

诸葛亮给他的儿子写过《诫子书》；给外甥庞涣写过《诫外甥书》。通过这些信，能够感受到诸葛亮作为一个父亲的智慧。他告诉儿子要节俭，静以修身，俭以养德，非淡泊无以明志，非宁静无以致远；告诉他的外甥一定要立志高远，如此才能避免成为一个庸庸碌碌无为之辈，才能生活得更精彩，才会站得更高，看得更远。

再比如包公，大家也非常熟悉。包公在他位高权重的时候给他的孩子留下37个字的家训——后世子孙仕宦，有犯赃滥者，不得放归本家；亡殁之后，不得葬于大茔之中。不从吾志，非吾子孙。我在人民政协报开设的家训品鉴专栏中也讲到了包公家训。这个家训包含着一个父亲对儿子未来的期待。他说凡是我包公的儿孙，如果当了官贪赃枉法，被免了官职，那么你活着休想走进我包家的大门，你死了也休想埋到我包家的坟墓。不遵守遗训的人就是败家之子，就不是我的儿孙。这短短的 37 个字，可谓是字字珠玑。而我们从史书上可以看到，包公的后代中为官为政者个个都是好样的，没有贪官，可见家风家训的力量。

司马光用了将近 20 年写完《资治通鉴》，他也是在位高权重的时候给儿子写了一封家信，《训俭示康》。他在这封家信里谈到，今天这个社会上，很多人都以奢靡为荣，但我们司马家族是以俭朴为美，他告诫儿子以后为官为政一定要节俭，在家里也要勤俭持家，要把好的作风一代一代传下去。由此我们可以看到，中国古代家训家风家教都是围绕勤劳，围绕清白做人修身而展开的，这是根基。"一粥一饭，当思来处不易，半丝半缕，恒念物力维艰"，大家耳熟能详。国之兴莫不由于节俭，国之亡莫不由于奢靡，"历览前贤国与

名人谈家教

家，成由勤俭破由奢"。

现在都提到历史自信，大家可以关注中国历史，你会看到很多的家庭、家族、个人，奢靡、挥霍、纵欲、享乐，最后导致身死家灭，身死族灭，乃至身死国灭。这些都值得我们去借鉴、去思考。

4.爱子以道

我们讲家风好不好，家教严不严，可以直接影响儿女，好家风是这样，那么不好的家风呢？"爱之不以道，适所以害之也"，那么，你爱自己的孩子不以正道会产生怎样的危害呢？

溺爱是爱吗？那不是爱，那是害，溺子如杀子。清末富可敌国的盛宣怀，他众多的儿女中有个小女儿叫盛方颐，他疼爱她，纵容她，要星星不敢给月亮，小姑娘从小的口头禅"我不听""我不管""我就想要"。做父母的要啥都能满足她，但是满足的结果呢？她死在了吸食鸦片上。你说他是真的爱闺女还是害了闺女？他的儿子叫盛恩颐，民国第一败家子，骄横跋扈，挥金如土，骄奢淫逸，声色犬马。老爹留下来的千万资产，被他挥霍一空，沦落为了一个街头乞丐，最后活活地饿死在了自己家的祠堂里。做父母的一味地去溺爱娇惯自己的孩子，他们从小便不懂得讲规矩，最后会害了自己的孩子。

有这么一个视频，爷爷做完饭喊孙子来吃饭，孙子没答应，爷爷走过去一看孙子在那儿玩游戏，就把手机没收了。就这么一个小的动作，孙子把自己爷爷给杀了。家庭教育可以说是太缺失了，有很多父母是生而不养、养而不教，像这样的孩子以后走向社会会怎么样？

发生这样的情况不能一味地怪孩子，孩子实际上是一张白纸，我们做父母的应当承担起教育孩子的责任，如果你没有以一种正确的价值观去教孩子，孩子长大了会怎么样？

5.敬畏

孔子讲君子有三畏，畏天命，畏大人，畏圣人之言，你不能够什么都不畏，什么事都敢干，要学会讲规矩，学会有敬畏之心、有廉耻之心。

6. 自律

做父母的要先管好自己，才能为孩子作出表率。己身不正，何以正人？你整天在那里搓麻将，却让孩子学习，可能性有多大？孩子要反问为什么你不学习？为什么你玩儿让我学习？你无言以对。我想这样的家庭一定不在少数。

7. 价值观

我们做父母的在孩子出生时就应明确，究竟要把孩子培养成一个什么样的人。曾有一个落马的官员在悔过书里讲，儿子小的时候，他从幼儿园接儿子回奶奶家，骑自行车时从不走大马路，就走小胡同，一边走一边给孩子灌输人生哲理，"第一，你长大了以后要出人头地、要成为人上人，你长大了以后一定要有钱，你要挣钱。第二，你长大了以后一定要走人生的捷径，我今天带你走的就是捷径"。那么孩子幼小的心灵中就种下了这么一种价值观，有钱就有一切，我长大了以后一定要挣钱。随着自己父亲权力的不断扩大，他挣的钱越来越多，最后父子俩双双银铛入狱，入狱以后如梦初醒。

二、父母的榜样示范作用

我想给大家分享另外一个话题——在一个家庭中母亲教育的重要性。母爱大于天，母爱最无私，母亲的教诲、母亲的教育对一个家庭而言非常重要。

孟母三迁，岳母刺字，画荻教子等故事耳熟能详，我为大家举一个不太熟悉的例子，陶母退鱼。陶侃曾经任浔阳县吏，"浔阳江头夜送客，枫叶荻花秋瑟瑟"。做县吏以后吃饭的时候有一种腌的鱼他觉得很好吃，就想起家里老母亲了，让人给老母亲送鱼。但是老母亲拿到儿子送来的鱼后不高兴，回了一封信，说你把公家之物赠送给我，我不但高兴不起来，反而增加了忧虑，

所以让来人将鱼原封未动退了回去。陶侃非常感慨，母亲从小对自己的教诲到今天也没有改变，从小教育儿子诚实做人、勤俭持家，当了官以后教育儿子廉洁为政，最后陶侃步步高升，可以说离不开他母亲的教诲。

三、孝敬父母，为孩子品德修养做正面引导

今天很多线上的家长是"70后""80后""90后"，对自己的孩子来讲咱们是父母，但是对自己的父母来讲咱们是儿女，我们处于这么一个阶段，下有儿女，上有父母。那么我们在进行家风教育的时候，要注意孝道不可或缺，咱们做儿女的一定要讲孝道，百善孝为先，孝为德之本。

现在"80后""90后"的父母五六十岁了，我们这个年龄的父母都80多岁了，如何去孝敬父母是我们今天必须要思考的一个问题，不能把所有的爱都给了孩子，应把给孩子的爱的三分之一，四分之一拿出来给我们的父母。

儿女对父母的孝敬没有价钱可讲，人不孝敬亲，不如禽与兽，乌鸦都有

反哺之恩，羔羊都有跪乳之德，一个连自己父母亲都不孝敬的人那是天底下最可恶的人。

如今我们做儿女的孝顺父母绝对不能像过去那样把吃穿放在第一位了，吃和穿固然重要，但更重要的是知冷暖，要在精神上对父母进行关爱，情感上对父母进行慰藉，人格上对父母进行尊重。现在很多儿女在外头温文尔雅，谦谦君子，但是回到家以后，对父母是横挑鼻子竖挑眼。父母生怕让自己的孩子不高兴，和孩子说话的时候都不敢大声，都小心翼翼的。咱做儿女的不能这样。

2020 年发生了这样一个事件：儿子在 A 城市，给在 B 城市的母亲家里打电话，但始终没有人接，最后找到了小区办把家里房门撬开，发现母亲已经去世好几个月了。父母往往不愿给儿女带来麻烦，总对儿女说我挺好我没事儿，但是儿女不能够听之任之，而要时时刻刻关爱父母，要像爱护自己的孩子一样关爱自己的父母。

此外，对于今天的人来说，干好你的本职工作，高压线不去触碰，红线不去超越，做人的底线要坚守，让爹妈放心安心，不让爹妈操心担心，这也是尽了孝道。

中国人常讲，积善之家必有余庆，积不善之家必有余殃。家风好，家道兴盛和顺美满，家风不好，殃及儿孙危及社会。在未来的家庭教育中，信守这种价值观，并把它作为我们的一种行为准则，引导我们的行为，我觉得这是更为重要的。

家长收获

父母是孩子的第一任老师，要给孩子做好榜样，树立正确的价值观，上孝父母，下教子女。要重视家庭教育，好的家风代代相传。要让孩子养成有礼貌讲诚信，勤俭节约的好品质。现在每个家庭都望子成龙，但真正能让孩子成功的是他的好习惯好品德。过分的溺爱只会毁了孩子，不能一味无原则地满足他的要求。身为父母我们要做好表率，以身作则，引导孩子身心健康地成长。

——国防大学幼儿园（复兴园） 鲍梓墨家长

家是最小国，国是千万家，家与国紧密相连，这是中国文化的精髓，也是精神基石。一个国家的繁荣昌盛离不开好的家风的传承，家风家训是每个家庭教育子孙立身处世、持家治业的重要教诲，家庭成就孩子的教养，品格来自家庭的传承。

父母是孩子的第一任老师，父母的生活态度、思维方式、言谈举止都深深影响着孩子的性格和习惯。家长拥有积极、乐观的生活方式，让自己和孩子都获益终身。要把规矩、孝道、价值观融入生活点滴，通过良性的引导和有温度的陪伴，树立好的家风、家训和家规。

——建华实验学校 李雨桐家长

《论语》中说："不学礼，无以立。"不学会礼仪礼貌，就难以有立身之处。道德常常能填补智慧的缺陷，而智慧却永远也填补不了道德的缺陷。在孩子的成长过程中，家长要通过自己的言传身教，将正确的价值观、言行展现给孩子，教会孩子理解他人、宽容友善、有志向、守规矩。

作为家长，我们要教育引导自己的孩子"扣好人生第一粒扣子"，把自身命运与民族兴衰结合在一起，树立共产主义远大理想，争做担当民族复兴大任的时代新人。

——北京教育科学研究院实验小学 王睿淇家长

王杰教授通过多个实例，对家教家风在孩子成长过程中的重要性进行了深入讲解。建立良好的家风，做好家庭教育工作，是每一位父母的责任，父母是孩子的第一任老师，不仅要给孩子传人生之道、授生活之业、解成长之惑，重点还要做好品德教育。决定孩子一生的不是学习成绩，而是健全的人格修养，父母要做孩子的楷模，重言传、重身教，从言谈举止、行为习惯，潜移默化地影响着孩子的成长，身体力行帮助孩子扣好人生的第一粒扣子，迈好人生的第一个台阶。

——十一实验中学　葛与昕家长

主讲人：李文道

首都师范大学教育学院副教授

北京师范大学发展心理学博士

首都师范大学家庭教育研究中心副主任

中国教育学会家庭教育专业委员会常务理事

引言

··

　　家庭教育有两个关键：关爱和管教。智慧父母，既要关爱，又要管教，关爱不溺爱，管教不粗暴。

··

李文道：家庭教育的两个关键：关爱与管教

　　家庭教育有两个关键，一是给孩子充分、足够的关爱，二是让孩子从小有严格的管教，这是家庭教育的重要任务。

一、家教两个关键：关爱与管教

　　教育最核心的目标是什么？不管是学校教育还是家庭教育，最核心的目标就是教孩子学会做人，让孩子有一个健全的、独立的人格。家长在家庭教育中把握两个关键——关爱和管教，我们的孩子在做人上也就有了良好的家庭教育基础。我们通过两个案例来理解什么是关爱，什么是管教。

一是孙小果案例。孙小果，男，汉族，云南省昆明市人。从 1998 年 2 月一审被判处死刑，到 2020 年 2 月再次被判处死刑，孙小果从死刑到死缓，从减刑释放到涉黑涉恶再落法网，这 20 多年里，到底发生了什么？为什么会一次又一次不断升级犯罪？其中一个原因就在于其犯罪行为没有得到及时制止，他的妈妈所起的作用，可以说"居功甚伟"，她用所谓的母爱，进行关系贿赂，第一次通过修改年龄，逃脱了法律的惩罚；第二次，又通过制造发明专利等，由死刑改判无期徒刑，再改判有期徒刑。最后的结果是，孙小果 2020 年被执行死刑，他的母亲孙鹤瑜被判处有期徒刑 20 年，他的继父被判处有期徒刑 19 年。

通过这个案例，我们不禁要深思，孙小果父母的做法是真正的爱吗？孙小果犯罪不断升级背后的原因是什么？他不是缺少爱，而是缺少来自父母应有的管教。

二是药某某案例。有一天晚上药某某开车回家，撞倒了一个骑自行车下班的女工，他不但没有施救，反而将受害者杀害，这个案例受到新闻媒体的特别关注。他的父亲是一个普通的军人，父母从小对他特别严厉。他这样回忆说："从小到大我的生活几乎除了学习以外就是练琴，小的时候每周练琴，为了让我练琴妈妈会打我或者拿皮带抽我。有一段时间爸爸看我的成绩不好没有努力学，把我关在地下室里面，除了吃饭能上楼以外，其他时间都在地下室里待着，我觉得看不到希望，天天压力特别大，我经常想自杀。"

药某某的父母粗暴地管教孩子，是不爱自己的儿子吗？什么时候这种爱才表达出来？当药某某被执行死刑之前，他的父亲才第一次表达了对他儿子的爱。他说："我十分爱我的家，爱我的爱人和孩子，可我从不善于表达我的情感。以至于在孩子犯罪以后，在生死离别的最后时刻，我才喊出藏在心里很久的话：'孩子，我也爱你！'"但这种爱来得太晚了，在药某某儿童青少年时期最需要来自父母的爱的时候，这爱是缺失的。药某某没有感受到来自父母的爱，他感受到的是冷冰冰的、简单的、粗暴的、严厉的管教。如果一个孩子从小感受不到父母的爱，他也很难感受到来自别人的爱，那么他会觉得自己没有价值，他也会轻视别人的生命，最终导致可悲的结局。

关爱与管教，在传统的家庭教育思想里早就已经生根发芽。《颜氏家训》有言："父母威严而有慈，则子女畏慎而生孝矣。"《礼记》中有这样一句话："爱而知其恶，憎而知其善。"家长一定要认识到，如果无原则地爱孩子，孩子一些天性不好的方面就会滋生膨胀，而当孩子做了错事，也要想想孩子好的一面。陶行知先生说："父亲往往失之过严，母亲往往失之过宽……方法过严，易失子女之爱心，宽则易失子女之敬意。"传统的中国父母多是如此，父亲过严，母亲过宽，对孩子都不好。

今天的很多家庭似乎有些颠倒，许多家庭里有一个焦虑无比的妈妈和一个缺席的爸爸。妈妈充当着监管的角色，孩子不能从妈妈这个他最容易、最应该得到爱的角色中得到爱，他也就很难感受到生活的美好。爸爸在孩子成长过程中发挥着妈妈难以替代的作用。研究发现，孩子的成长有两种特别重要的需要——连接的需要和独立的需要，妈妈对于发展孩子的连接需要特别重要，爸爸对于发展孩子的独立需要特别重要。父母在养育孩子过程中比较理想的状态是，他们都有爱和管教，妈妈添加一点儿严厉，爸爸添加一点儿慈爱，父母形成合力，就会让孩子得到更加全面的发展。

	关爱	
	高	低
管教 高	权威型	专制型
管教 低	放任型	忽视型

父母教养方式

从关爱和管教两个维度，父母教养方式可以分为四种类型：

一是权威型父母。在严格控制的同时给予温暖，并对孩子的需求及时回应。对孩子既有足够的关爱，又有严格的管教，这种父母所培养的孩子，总体上在各个方面都非常优秀。严慈相济型的父母，是最理想的类型。

二是专制型父母。强调严格控制，经常使用惩罚和纪律，给予的温暖不够，要求孩子无条件地服从。案例二中药某某的父母，就是典型的专制型。关爱不够，管教过于粗暴，过于严格。专制型的父母往往容易养育两种极端的孩子：一种是被管得太厉害，被管怕了，委曲求全，逆来顺受，小绵羊型的孩子；另一种是不服管，在家里你打我，我到外边去打别人，小霸王型的孩子。

三是放任型父母。避免冲突，对孩子关爱过多，管教过少，尽量避免与孩子的冲突。这种父母对孩子有太多的爱，泛滥的爱，但是管教不足，管教不够，比如孙小果的父母。研究表明，放任型父母最容易培养出违法犯罪的孩子。

四是忽视型父母。尽可能减少与孩子在一起的时间和精力，既不管教也不关爱，对儿童的生活和学习不感兴趣，很少考虑孩子的意见。这种孩子是最危险的，因为他们既没有从父母身上得到足够的关爱，又没有从父母那里得到严格的管教。

| 儿童效应模型 | 父母效应模型 | 相互作用模型 |

二、智慧父母：既要关爱又要管教

为什么需要关爱？没有爱就没有教育，就没有家庭教育。父母对孩子的爱，家庭对孩子的爱，是孩子安全依恋形成最重要的一个来源。如果一个孩子从小跟父母尤其是妈妈形成安全依恋关系，他觉得妈妈、爸爸值得信任，就可以帮助到孩子的成长。从小的时候就发展出这种安全感、信任感、归属感、价值感，让他感受到：我是有价值的，生命是有价值的，他就会在乎别人。西方拍摄的有些犯罪心理电视剧，在侦破的时候，一定会深挖他早期的经历，一般而言，他的早期生活，往往没有机会跟任何一个人形成安全依恋关系，他觉得自己是不可爱的，是没有价值的，别人也是没有价值的，所以他会采用残忍的手段去残害他人。当孩子得到足够的关爱，才能发展出爱心、信心和自尊心。

为什么需要管教？孩子的成长过程是从生物人发展为社会人的社会化过程，这个过程就要把孩子一些不好的方面，通过文明教化，让其获得约束和限制自己的能力。一个孩子天生有边界意识吗？他从小就知道红灯不能过马路吗？知道什么能吃什么不能吃吗？一个孩子从小不用别人教育，就知道这件事情能不能做吗？答案是显而易见的。那么一个人所具有的边界意识和规则意识又是从何而来呢？主要靠后天的家庭培养。当孩子没有边界意识、规则意识，父母就要约束和限制他，逐渐培养他的边界意识和规则意识，家庭教育的关键就是要做好关爱和管教的平衡。

传统的中国式家庭教育中，父亲往往失之过严，那么今天的父亲，就要学会补充一些关爱，让孩子感受到他是可爱的，不是可怕的。母亲往往失之过宽，有时候甚至没有原则，这个时候就要增加点严厉管教。如果妈妈过于严厉，就要补充关爱，如果父亲缺席，那么既要补充关爱，又需要补充管教，要保持关怀的平衡状态。所以说智慧的父母，既需要关爱又需要管教。

三、关爱孩子的策略

如何关爱孩子就是爱孩子？这是不是一种本能？高尔基讲过，爱孩子是老母鸡都会做的事情。爱孩子要依靠本能，但又不能仅限于本能。心理学家弗洛伊德强调，孩子在0—1岁的时候，有口唇期的满足需要，妈妈的爱对于孩子安全依恋的建立非常关键。所以从心理学角度来理解母乳喂养过程，不但传递营养，更传递关爱，对孩子和妈妈安全依恋关系的建立特别重要。当有了这样一个关爱、信任的基础，孩子在有了自己意志的时候，他才愿意听从、服从父母的管教，关爱是管教的基础。因此，满足孩子的口唇欲望，提供食物，这是大多数父母都能做到的爱。

还有一种爱可能是普通父母缺乏的，尤其是传统型父母缺乏的，特别是当孩子长大一点，这种爱往往就会变得不足。美国心理学家哈洛用剥夺恒河猴母爱的方式，让我们人类知道了，爱对一个孩子成长多么重要，也让我们明白，什么是爱。

哈洛的恒河猴实验

实验一：

绒布猴：一个柔软、温暖的妈妈。

铁丝猴：一个有着无限耐心、可以 24 小时提供奶水的妈妈。

小猴子喜欢谁？绒布猴还是铁丝猴？

结果：

（1）除了喝奶，小猴子更多跟绒布猴待在一起；遇到危险威胁时，跑向绒布猴寻求安全感。

（2）由绒布母猴抚养大的猴子不能和其他猴子一起玩耍，性格极其孤僻，甚至性成熟后不能进行交配。

实验二：

哈洛对实验一进行了改进，为婴猴制作了一个可以摇摆的绒布母猴，并保证婴猴每天都有一个半小时的时间和真正的猴子在一起玩耍。

结果：改进后的实验表明，这样哺育大的猴子基本上正常了。

实验三：

哈洛制作了一些"邪恶"妈妈，让绒布猴射铁钉、让绒布猴喷冷气攻击婴猴，但婴猴仍义无反顾地去拥抱绒布猴。

结果：这些婴猴长大以后出现了自闭、反社会等症状，而且无法进行性行为。

哈洛通过这三个特别残忍的实验，给我们带来重要的启示：什么是爱。

启示之一：身体接触对孩子很重要。

父母与孩子之间要保持经常的肌肤接触，如抱抱孩子，摸摸孩子，让孩子体味着"接触所带来的安慰感"。哈洛提出比较经典的总结："接触所带来的安慰感是爱最重要的元素。"

启示之二：积极陪伴的重要性。

哈洛说，爱存在三个变量，触摸、运动、玩耍。如果你能提供这三个变量，就能满足一个灵长类动物的全部需要。父母可以陪伴孩子做活动，或者陪在孩子身边，各自做自己的事情；还可以陪着孩子做孩子喜欢做的事情、孩子开心的事情，这是一种深度的陪伴。

那么，如何关爱孩子呢？关键要做到：关爱不溺爱。一是对孩子的爱是有原则的爱，爱要有底线；二是要把握好爱的两个底线，道德与法律。做到这样两点，父母对孩子的关爱就不是溺爱。

我的妈妈没有上过学，没有文化。当我们要离家上大学的时候，我妈妈总是喜欢唠叨，说出门在外，第一个不能做伤天害理的事，第二个不能做违法犯罪的事。我们每次离开家的时候，妈妈总是这样唠叨，那个时候觉得她太唠叨，现在想一想，真的非常有智慧，不要做伤天害理的事，意味着我们要坚守道德这个原则，不要做违法犯罪的事，意味着要具有法律意识。

父母对孩子的爱又该如何表达呢？我们有无数的形式可以表达对孩子的爱，简要概括爱的五种表达形式。第一种爱：言语的爱。积极正面的话语对孩子的人格健全、信心、自尊心都非常重要。在这一点上很多父母做得还不够，往往忽视孩子的优点，这对他的自我概念形成是非常不利的。第二种爱：服务的爱。父母养育孩子、照顾孩子，直至逐渐长大，父母给予孩子服务的爱太多了。第三种爱：陪伴的爱。父母的陪伴，对增进父母和孩子的关系、增进信任感，非常重要；第四种爱：抚摸的爱。通过接触带给孩子安慰感。第五种爱：礼物的爱。父母可以利用各种机会给孩子一个惊喜，让他感受到来自父母的爱。

爱，一定要让孩子感受到。心理学上认为，父母认为的给孩子提供的爱和孩子感受到的爱是不一样的，只有孩子感受到的爱，才对孩子的发展具有真实的影响。

因此，爱是坚守，爱是父母的最后一条防线。

故事：麦家与儿子——初二的儿子在家里"宅"了三年，爸爸该怎么办？

　　　　　　　　　　　　　　　　　　　　名人谈家教

麦家儿子麦恩在初二时突然将自己封闭了起来，整整 3 年把自己关在房间里，除了吃饭、上厕所，几乎不离开一步，父母与他的交流也少得可怜。一说话就发生言语冲突。

麦家的坚守：

"我们每天把老师请到家里来，但很多老师上了几天后就劝我，麦家，还是算了。"

有一阵子，麦家还自掏腰包开了一家培训机构，希望儿子能和同龄人在一起，但还是以失败告终……

但守得花开见月明，在麦恩本该参加高考的那一年，看到过去的同学都开始冲刺大学，他似乎一夜醒悟，恶补英语，学习画画，准备报考国外的艺术类学校。最后收到 6 所学校的录取通知书，包括他正在读的费城艺术大学，还给了 12000 美元的奖学金。

父子俩"冰释前嫌"。

通过麦家和儿子的故事，我们能得出爱是什么吗？爱是最后一道防线，爱是父母的坚守。

四、管教孩子的策略

孩子需要管教，管教让孩子有了规则意识，那么怎么管教孩子呢？

首先要明确一点，管教不等于惩罚。管教是帮助孩子有规则意识，有边界意识，它不等于惩罚。因为单纯的惩罚其指向性往往是不明确的，只能告诉孩子什么是错的，不能告诉他什么是对的，而且效果往往不持久，还会引发一系列的副作用。所以说我们管教孩子不能马上想到惩罚，管教不等于惩罚，但是惩罚是管教的一种，没有惩罚的教育等于伪教育，这个逻辑关系，我们要树立起来。

那么不惩罚怎么管教孩子？什么时候开始管教孩子？

1. 管教的三个阶段

（1）管教的起始期：2 岁开始。

从 2 岁开始，我们就要开始管教孩子。因为孩子第一次用"我"来指代自己，这标志着自我的诞生，个体获得了初步的行为控制能力和基本的言语理解能力。这个时候能不能管好孩子，对他的一生影响甚大。

（2）管教的关键期：2—12 岁。

为什么叫关键期？因为这个时候孩子的道德意识由他律走向自律。幼儿园、小学的孩子，主要还是他律，听从父母和老师的。到了初中阶段，就开始自律，有了自己的观点和看法，而这个观点看法往往和父母不一致，就容易跟父母发生冲突。所以说这是一个关键期。而且这个时期除了孩子的道德认识由他律到自律，还有两个有利于父母的因素，即孩子在心理上是依赖我们父母的，在生活上是依靠我们父母的。

因此这个时候父母才最有可能把一些正确的价值观念、伦理规范传递给孩子，把一些规则意识、道德意识传递给孩子，把是非善恶美丑以及一些底线告诉我们的孩子。这时候孩子就像海绵一样，容易吸收这些理念、做法。在这个时期，对孩子适当管教，孩子的底线意识、边界意识、规则意识就能够奠定一个良好的基础。

（3）管教的补救期：青少年时期。

第三个时期是初、高中时期，是管教的补救期。小学阶段是管教的关键期，这个时候管教事半功倍。如果说这个阶段没有管好，到了中学时期，再想去管教，就是事倍功半。这个时候孩子的一些价值观、人生观逐渐开始形成，形成了自己的观点，而这个观点往往跟父母跟老师是不一致的，想去改变，难上加难，但仍有补救的可能。

补救意味着什么？意味着需要付出更大的代价，更多的努力，更多的时间，更多的心血才能够重新让孩子进入一个正常的轨道，我们讲浪子回头金不换，为什么金不换？因为太难了。

2.常用的管教方法

我们可以通过约束和限制，让孩子形成边界意识、规则意识。

（1）批评。

当孩子犯了错误，通过教育批评，可以激发孩子的羞耻心、内疚感，产生改变的力量。但是，父母要注意批评的方法。

批评的方法有两种，一种是评价式批评，一种是描述式批评。所谓评价式批评，就是直接指向被批评者的能力或人格特质，主要评价人。如：你没有责任心。你为什么总是迟到？你怎么那么懒？你怎么那么笨？这都属于评价式批评。这种批评损害了孩子的尊严，弱化父母和孩子的积极联系，还会制造孩子消极的自我概念。

所以不要使用评价式批评，而要使用描述式批评。就是描述被批评者的行为和批评者的感受，不涉及人。因为一个人的人格是不能改变的，行为相对容易改变。父母通过描述孩子的错误行为，以及父母的感受，让孩子自己得出结论，进而做出改变。比如，孩子回家又随手把书包放在门口了。那么这个时候我们应该怎样描述孩子的行为？你的书包又放在门口了，妈妈很生气，妈妈说了好多遍了，你放在门口一进门容易把人绊倒。这个时候孩子觉得他这个行为让妈妈很生气，容易把人绊倒，这样他就理解了，也容易做出改变。你的感受，加上你的解释，再提出一个改变错误的建议，这就是描述式批评。

（2）自然后果法。

什么是自然后果？就是天冷了，不穿厚衣服就会挨冻，到吃饭的时候不吃饭，就会挨饿，这叫自然后果法。让孩子体验他的行为的自然后果，让后果去教训他，去教育他，要吃一堑长一智。父母没有施加过多的干涉，让孩子体验行为的自然后果，他就会习得正确的行为是什么。

（3）暂停法。

父母可以采用积极暂停法，它分为三个阶段：暂停前、暂停中、暂停后。

孩子犯错误了，按照家庭规则，他应该被暂停。告诉他你应该站在这个角落里面，明确告知原因：你犯了什么错，按照我们的规定，你应该接受这样的惩罚，站在角落里边15分钟。第二个环节就是暂停过程当中，不对他进行任何的关注，让他真正地处于暂停状态。15分钟过去了，应该怎么做呢？重新和孩子和好，告诉孩子，妈妈不是不爱你，而是因为你犯了错误，你需要接受这个教训，你改正了，妈妈仍然像以前那么对待你，妈妈仍然爱你。

（4）忽视法。

有些时候孩子的行为不是故意的，是偶发的，如果家长关注了，这种关注可能就是一种强化，会增加孩子将来发生这种问题行为的概率。因为不管是批评，还是什么反应，都可能是一种强化，让孩子意识到这种行为的存在。那么，这个时候应该怎么处理呢？家长要学会忽视它。

综上，家庭教育有两个关键，这是家庭教育的两个牛鼻子，两个抓手，一个是关爱，关爱不溺爱；另外一个是管教，管教不粗暴。最后再送给家长一句话：好好学习，天天向上，父母好好学习，孩子天天向上。

家长收获

首先，作为家长，我们一定要具备爱的能力，孩子的成长离不开父母的共同参与，有原则的关爱，在爱的底线中让孩子感受到真正的有效的爱，从而建立孩子的安全感、信任感、归属感、价值观，培养孩子的爱心、信心、自尊心，关爱一定不是溺爱。

其次，我们还需要管教，有规矩才能成方圆，自私、骄傲潜藏于人的天性深处，不加以严格要求就不能约束，就像李教授所说，通过管教形成孩子的边界意识和规则意识。作为父母，我们应在为孩子提供知识、能力和资源的基础上，通过科学的方法和言传身教对孩子进行行为的管教。

最后，作为家长，在今后的教育中，我希望自己能够做到品德教育为先。在家庭教育上，我们不能以任何外在理由来代替身为父母的责任主体的担当，不管是言传身教，还是对于孩子行为习惯的耐心训练。

通过李教授的讲解，我深刻意识到管教的前提是关爱。如果没有给孩子足够的关爱，管教就是空中楼阁。爱是家庭教育的底色，没有爱就实现不了教育。现在我的孩子已经上初中了，我与他有青春期的各种冲突，通过李教授的讲座，我更加深刻地意识到家长学习家庭教育知识的重要性，育儿是一门科学，绝不能只凭经验。

——十一学校　李钟清家长

我们要把关爱和管教相结合，做到严慈相济。关爱是一切行为的基础和出发点，而管教孩子也是一种爱，是一种爱孩子的责任感的体现。良好的家庭、家教和家风，对孩子影响很大。因为家庭生活本身就是一本书，给孩子起到一个榜样作用。随着孩子年龄的增长，需要让他更多地参与和感受家庭生活，比如做家务劳动，与此同时帮孩子建立生活、做事、做人的规矩，培养他独立面对社会的能力。

——育英学校西翠路校区　张睿洋家长

父母要相互配合，共同努力，让孩子有一个良性发展。反思自己在与孩子的相处中是否管教过于严格，是否方法过于简单。李教授提出的管教孩子的四种方法，要学会且运用，管教不等于惩罚，要避免对人的评价。我们更要学习表达爱，并且让孩子感受到我们对他的爱。小学阶段是关键期，让我们一起做智慧的父母，帮助孩子树立正确的人生观、价值观，使其健康快乐地成长。

——十一学校一分校　段皓雨家长

听了李文道老师的授课，作为父亲的我深深地陷入了思考。反思自己的教育方式，发现自己在关爱与管教的平衡处理上确实有着短板。尽管为人父已有 10 年，直到今天认真听了李老师的讲解与分析，才发现自己在孩子成长过程中已有不少缺位，陪伴的时间太少，只关注他的学习成绩；对于孩子的不足，很少从他的性格和心理出发，去理解去疏导，没有给予作为一名父亲本应给予的关爱。十分感谢学校和老师给我们这个学习机会，让我真正意识到家庭教育的重要性，希望今后有更多的机会上课听课，与老师一道做好孩子教育的辅导配合，为孩子们的美好未来奠基。

——五一小学　孙博达家长

李文道教授结合鲜活的案例剖析了关爱与管教的关系，为家长如何理解爱、如何表达爱、如何平衡关爱与管教等问题支了高招、妙招，也破解了长期困扰我的难题。关爱不是一味地溺爱，管教也不是剥夺孩子的权利和自由。正面的管教、科学的关爱才是家庭教育的真谛。曾几何时，孩子的些许问题让我头疼不已。现在想来，这些问题又何尝不与自己的"不得法"相关。学校教育既要春风化雨，也要讲求策略方法，家庭教育同样如此。

——北京教科院实验小学　庞平川家长

李老师通过一个个正反面的例子，深入浅出的语言，让我们明白爱一定要让孩子感受到，关爱而不溺爱，爱是要有底线的，一是道德，二是法律。家长也要注意爱的表达方式，多抱抱孩子，不做评价式的批评。我要从现在开始改变自己的教育方式，保持健康的状态、平和的情绪，为孩子营造健康滋养、愉快的家庭氛围。

——红星幼儿园（万寿路园）　伊轩正家长

主讲人：王冠

中央广播电视总台主持人

全国主持人金话筒奖获得者

财经频道评论员

广电总局中广联学会特邀讲师

引言

读万卷书，行万里路，不观世界哪来的世界观。我们用眼睛阅读，了解的是知识的深度；我们用脚步丈量，知道的是世界的宽度。"深度"与"宽度"，才能塑造起我们生命的丰盈。

王冠：带孩子行万里路

自古以来，我们对读书人的衡量指标，就是读万卷书行万里路。万卷书是他人的思想的总结、知识的提炼，而万里路则是我们去观察和了解这个世界。

一、为什么要带孩子行万里路

1.高质量的亲子时光

带孩子出行的一个重要意义是获得高质量的亲子时光。我在晚上七八点回家的时候，从一楼到三楼，要么是各种乐器的声音，要么就是家长在训斥孩子的声音。我经常说，不管我上班有多忙有多累都能做到有条不紊，但带孩子半个小时就会晕头转向。那么我们带孩子到了另外一个旅行的目的地，在另外一个环境之中，对于自己，对于孩子，对于整个家庭关系，都会有一些新的认识。我为什么说这是一段高质量的亲子时光，因为从我女儿的反馈，以及其他家长的反馈来看，在和孩子经历一段旅行之后，亲子关系往往都会有比较正向的提升。

2.高质量的信息输入

行万里路是高质量的信息输入，既是对孩子的信息输入，也是对家长的信息输入。今天我们中国有近 11 亿网民，我们已经进入到一个生活中处处信息过剩和信息爆炸的时代，我作为一个新闻工作者，依然认为我们的祖训是没有过时的，"百闻不如一见"。当置于一个真实的时空之中，孩子对于观察体会和信息输入，我认为比我们家长要迅捷得多，也要灵敏得多。很多东西我们自以为见怪不怪，自以为见多识广，实际上是处于中年人的一种信息封闭的状态，这就是为什么毕加索说：我一生都要学习如何像一个孩子一样去画画。亲自观察、判断得来的信息与我们在触摸屏上得到的信息相比，价值含量是不一样的。

3.有共同的代际话题

共同的代际话题，是我今天特别头疼的一点，我们小时候也是这样，我满脑子想的都是刘德华和张学友，我爸跟我说一些什么，我都会觉得他特土、特 low。今天我女儿跟我说几个她喜欢的韩国的演艺明星，我记了半天也没记住，我满脑子想的都是工作和过日子的事。但是当一段旅行之后，会和孩子形成长久的话题效应，更会产生它的价值。有朝一日咱们当姥爷了，当爷爷了，当姥姥了，当奶奶了，再回忆起往昔，可能它的教育的职能就不是那么重要了，更多的是一种人生财富，是一种岁月的积淀。

4. 观察力与感受力的提升

从我们新闻行业来说，一名优秀的记者不光要求文字能力，更要有感受力。生活中，我们到了春风拂面的季节就会觉得心情非常的舒畅，我们看到浩瀚的大海会觉得胸襟非常的开阔，我们看到一片秋叶落下会有一种萧瑟的秋意袭上心头，我们读到朱自清先生所描述的那样一个穿着棉袍看似笨拙的父亲的背影会深受触动，等等，这种感受力在今天的价值是什么？仅仅是有助于孩子写作文吗？我觉得这种感受力是非常重要的，教育中，育是培育健全的人格。那么孩子能不能感受到我们祖国的大好河山和我们的人文环境的独特，能不能看到当今社会的短板和不足尤为重要，这会成为他们的时代记忆，同时也会成为未来他们去开凿自我的一个方向。

5. 观世界才有世界观

我们生活在北京，虽然信息获取渠道较为发达，眼界较为开阔，但相较于我国 960 万平方公里的广袤土地来说，仍过于渺小。

2018 年 8 月全国宣传思想工作会议上，习近平总书记对新闻工作者提出要求，这对于家长考虑如何引导孩子去行万里路具有很高的借鉴意义。习近平总书记强调"不断增强脚力、眼力、脑力、笔力，努力打造一支政治过硬、本领高强、求实创新、能打胜仗的宣传思想工作队伍"。新闻工作者努力的一个重要维度，就是提升四力。首先是脚力，脚下沾满泥土，心中才能装着人民。对于孩子是一样的，没有脚力，就没有对时空坐标的切实感受。有了脚力之后才有眼力，观察信息、输入感受，然后是脑力和思考，用自己的价值观去完成对信息的加工。笔力像我们广电领域，最终形式是通过电视报道来进行输出。那孩子的输出是什么？不只是写作文，还可以是对逻辑关系的梳理，对时空坐标感受力的提升，以及社交关系的建立。

二、如何带孩子高质量地行万里路

1. 到祖国的边疆去

我强烈建议北京的家长和一线都市的家长要带孩子到祖国的边疆去，目的是见识辽阔的中国。我们中国的层次感，包括历史的层次感、地域的层次感、文化的层次感，是非常丰富的。到了边疆，你会产生和在北京截然不同的感受。

2019 年的夏天，我女儿那会儿 8 岁多。当时跟我老婆做了长时间的"斗争"，软磨硬泡，她才同意我带女儿去藏区。我特别建议孩子到拉萨去了解一下。我带她去大小昭寺，去布达拉宫，后来到了珠峰大本营。这是我第一次看到珠穆朗玛峰，矮矮的白云在山腰，其实它相对高度并不高，是因为大本营海拔就已经 5200 米了。见到珠峰这成了我和女儿最重要的谈资之一。这次经历也大大提升了孩子的自信，我说，在你 8 岁的时候我们都去过珠峰大本营了，在珠峰的山口观景台上看到了至少 8 座海拔 8000 米的高峰，那么今天我们遇到各种困难，包括运气不太好，各种挫折，等等，又有什么可怕的呢？

在珠峰大本营，世界上海拔最高的邮局，我女儿挑选了明信片，现场盖章，可以从那直接寄给她的亲朋好友。当西方很多国家边疆地区邮政点纷纷撤离的时候，我们边疆地区的邮政依然在坚持服务。我们 2019 年去的时候 4G 信号是满格，我看到很多游客在发抖音，抖音直播等，一路上只要有人烟的地方全都有 4G 信号，你会去思索，我们的基建，在一平方公里不到一个人的地方，是怎么去完成的。

身临其境是最好的地理课和历史课，也是最好的爱国主义教育。在2021年7月底的时候，我带女儿去了新疆喀什，一路向西到了帕米尔高原塔县，接近瓦罕走廊。塔县是中国、巴基斯坦和塔吉克斯坦三国的交界处，风景非常的壮美。

此外，会看到古城遗迹。除了是地理地标之外，帕米尔高原也是历史坐标。小昭寺门口驻藏大臣办事处，说明西藏自古以来是我国领土不可分割的一部分，从顺治、康熙年间就有驻藏大臣了。随着孩子年龄的增长，这些生命的信息输入是会被激活的，会成为孩子成长一个非常重要的基础。

2. 到文化的圣地去

到文化圣地去了解中华文明的多元层次感。从北京北站出发到大同，大概也就80分钟。大同文化古迹俯拾皆是，有云冈石窟、悬空寺，等等。而且大同的美食好吃又便宜，带有一点内蒙古风情。大同的博物馆里有大量的北魏的石造像和相应的文化藏品，非常漂亮。在这里我们会看到和江南水乡完全不一样的中国北方文化中的那种雄浑和开阔。

2020年夏天，我带女儿去百草园和三味书屋。她说我不想去，我说你以后会学到很多鲁迅先生的文章，也包括对这里的描写，去看看吧，你去看看那个"早"字写到哪儿了。在绍兴的水乡，她问了我一个非常好的问题，我到现在都答不上来。乌篷船行进在绍兴的水乡上，她说这儿怎么送快递和收快递？我还问了我认识的绍兴的朋友，他也说不知道。孩子把她在北京的生活方式和思维方式带到了绍兴。

3. 到世界的枢纽去

到地理枢纽去感受世界的多样性。马来西亚的马六甲市在马六甲海峡的北边，是一个非常有中国风情的地方。马来西亚华人比例非常高，有个博物馆是依照郑和宝船的样式，按照1:1的比例去建立的。郑和宝船上有南宋时期的铜钱，在当年的马六甲一带是硬通货，中国的货币当年是一船一船地运到东南亚各国的，成为当时最优质的货币。

到文化枢纽感受文明的多元文化，参观米兰大教堂、罗马的西班牙台阶。

从米兰到罗马我们坐的是西班牙的高铁，时速300公里，我女儿坐完之后跟我说没有中国的高铁快，她很清晰地记着中国高铁的时速约为350公里。你看，她就有了比对。我这代人小时候认识世界都是通过电视机里的《正大综艺》和挂历，现在孩子已经不理解挂历是什么东西了，我都没有想到随着社会的发展和国力的提升，我能到当年我在挂历上看到的那些地方去走一走看一看。而到了我们的孩子这一代，他们踏入其他国家，接触别的文化圈，就会和在北京的生活产生对比。他们会发现我们比较下的优势，会发现我们的不足，会发现文明的差异，明白世界文明本来就是百花园，了解人类命运共同体。

可以让孩子到更多不同的文化圈和不同文明属性的地方去看一看，当孩子有了更多的对不同文明圈的差异性的认识和比较之后，他就会感觉到文明的多样化，也就能接受多元价值观。

三、万里路的征程始于足下

万里路的征程始于足下，带孩子行万里路，开始最重要。不用做那么多攻略，尤其在国内，出发才是最重要的。可以与孩子商量行程，可以适度地让孩子去主导，不要怕孩子把事情搞砸。切忌家长包办，家长说去哪就去哪。如果孩子有想法、有能力，就让孩子去做主，家长不要包办。此外，怎么避免爹味的说教，也是我一直在反思的。很多家长觉得我花了这么多钱带你到了这儿，不好好跟你说教一下我多亏。说教可以，但是别破坏旅行质量，因为过度的说教可能会打断孩子独立观察和思考的过程，让旅行的意义本末倒置。

家长收获

　　万卷书要读，万里路也要行。旅行不仅可以增进亲子关系，更主要的是开阔孩子的眼界，提升孩子的感受、观察和思考的能力。在不断的对新鲜事物的认知当中，发现孩子对于知识的渴望，也能激发孩子学习的动力。

——前进小学　穆敬琦家长

　　行万里路，让孩子见识更广阔的世界和更多元的文化，知行合一。比如，寒暑假带着孩子跟着古诗词穿越时空去游古都，可以更好地固化知识，提高观察力和感受力。

　　通过学习，我认识到"观世界才能有世界观"。行万里路，让孩子深度融入当地，或感受多元的文化，或了解更先进的技术，从而焕发孩子自发改变世界的想法和责任感，这样学习就会更有目标和动力。

——民族小学　林东来家长

　　王冠老师从"为什么要行万里路""万里路究竟带给孩子什么""你希望孩子成为怎样的人"等方面精彩地阐述了"我和女儿的万里路"。这堂家长课让我深刻地觉醒，我曾经以为在海淀，只有长长的试卷才是她的万里路，只有1.6万平方公里的北京才是她的万里路。这堂课让我深刻明白，真正的人格培养是"读万卷书，行万里路"，真正能够构建孩子自信、眼光、世界观的是你在他年少时陪他走过的万里路。听今日之课，不观世界哪有世界观，永记心间。

——北航实验学校中学部　陈岳阳家长

　　王冠老师围绕高质量的亲子时光、未成年人的观察力及感受力的提升、观世界才能有世界观几大主题，将自己和女儿万里路的感悟体会，通过大量生动的故事和典型事例，与家长做了一次深入而丰富的分享和交流。本期讲座使我感受最深的是王冠老师讲的"观世界才能有世界观""读万卷书，行万里路"。在行走的阅历中，培养孩子的使命感、责任感，建立远大的人生理想和价值追求。

——育英中学　王奕博家长

主讲人：边玉芳

北京师范大学教授、博士生导师

国务院妇女儿童工作委员会儿童工作智库专家

北京师范大学心理健康与教育研究所所长

北京师范大学儿童家庭教育中心主任

海淀家长学校特聘专家

引言

世界上有三种笨鸟，第一种笨鸟先飞了，很好，笨鸟先飞；第二种笨鸟不飞了，那不飞就不飞吧；第三种笨鸟最可恶，生一个鸟蛋孵一只小鸟，让小鸟替它飞。

边玉芳：建立良好的亲子关系

你对孩子的现状满意吗？为什么呢？你对现在的家庭教育状况满意吗？有哪些是你想改变的？讲到孩子的成长，讲到家庭教育，可能有很多人对自己的状况总体满意，但是也不排除有很多家长存在着比较多的育儿焦虑。我们在这样一个不可控的时代，担心孩子的未来会因为我今天教育得不当，或者因为我没有给他创造一个什么样的条件，对他未来造成影响。到底孩子的成长是怎样的？有一点点的风吹草动，都会让我们的家长非常的焦虑。家庭教育的目的到底在哪里？我们怎么去理解孩子的成长过程与规律？学校教育、社会教育、家庭教育三者共同构建起了整个人成长的教育体系，那么在这个教育体系里面，家庭教育的独特的地位和作用又在哪里？

家长们可以通过对亲子关系的认识，理解家庭教育的本质是什么。亲子关系是做好家庭教育的重要因素。判断一个家庭教育好不好，从亲子关系去判断，亲子关系好的家庭，家庭教育的效果，甚至学校教育的效果可以得到非常大的增强，所以亲子关系里面承载着我们对一些教育本质问题的认识。

一、情感是亲子关系的纽带

亲子关系，就是父母与子女之间相互影响，相互作用的关系，它是借助于血缘而进行的，所以，它是自然关系和社会关系统一的一种人际关系。正是因为亲子关系的这样的一个特点，使我们的亲子关系与其他的关系，如，师生关系、同伴关系等有所不同。亲子关系与其他关系相比有什么不同的特点呢？第一，不可替代性。亲子关系、血缘关系具有不可替代性；第二，永恒性。即使你的孩子在法律上声明，跟父母脱离关系，但是血脉永远相连。

家庭教育帮助孩子扣好人生第一粒扣子，对孩子一生的成长都很重要。父母身上的好的地方会给孩子一个积极的引导。苏霍姆林斯基曾说，如果说儿童的成长是一块大理石雕塑成的一个雕像，那么在这里面有六个重要的因素发挥作用：家庭、学校、孩子所处的集体、儿童自身、书籍书本、偶然的因素。我们任何一个人的成长都是这样，家庭永远是第一位的。正是因为有这样的一种血缘关系，所以亲子关系是以情感作为纽带的，往往具有非理性的成分，我们要把这个情感纳入到理性的轨道上来，不能滥用情感。我们讲亲子关系，就是要认识到这种情感的重要力量。

二、亲子依恋是孩子一辈子安全感的来源

亲子依恋是指孩子从出生开始，就要跟父母建立的一种亲密的情感连接，这种情感连接是孩子一辈子安全感的来源。一个人的成长一定是先建立情感，再去关注他的性格的发展，然后去关注他的能力的培养，培养能力之后去学知识。但是我们现在多是倒过来的，要学很多很多的知识，而不是去培养能力，我们实际上会把能力的培养和知识的学习倒放在我们情感连接的基础上。

从孩子出生的第一天开始，我们就要跟孩子去建立非常紧密的亲子关系，因为亲密的亲子关系是孩子一辈子安全感建立的基础，是让每一个孩子有血有肉、有情感、有人性的一个非常重要的基础。怎么建立亲密的亲子关系呢？当孩子用哭来表达需求的时候我们必须做一个敏感型的家长，这样孩子会形成安全型依恋，如果我们对孩子的哭闹没有反应，孩子就会形成回避型依恋，有时候就是一种非常呆木的状态，对情感需求没那么强烈，父母来不来也没有关系。然后还有一种是父母对孩子的要求有时候有反应有时候没反应，孩

边玉芳：建立良好的亲子关系

子就会形成一种矛盾形依恋。孩子从小开始先是建立依恋关系，然后慢慢有各种各样的亲子关系，当有了一个稳固的亲子关系之后，孩子就会感到被爱、被尊重，感觉到更自信。这稳固的亲子关系也让孩子对他人对周围的环境有更积极乐观的认识，乐于与父母以及父母以外的人交往，建立良好的人际关系，同时，也是父母成为孩子强大的心理支持，减少孩子负性情绪和问题行为发生的重要方式。

三、良好亲子关系的培养策略

大数据分析发现，亲子亲密度每增加 10%，小学生的学校归属感可以增加 8.6%，良好品德行为可以增加 7.14%，像网络成瘾等行为能够得到非常大程度的消解。这样的规律不但在小学有，在中学同样存在。

为什么提高亲子关系后会提高成绩？有很多种解释，亲子关系好了，父母说的话就管用了，孩子就会听话；亲子关系好了，孩子的情绪状态就好，他的注意力就更加集中。当一个人在焦虑、紧张的状况下，很多的心理资源用于去对付负性情绪了，那么注意力便不那么集中，孩子也是一样的。

良好的亲子关系是一个家庭和谐幸福的保障，良好的亲子关系既是家庭教育的结果，也是保证家庭教育有效的前提。良好的亲子关系是父母给予孩子最好的礼物，也是孩子对父母最好的回报。有良好的亲子关系的孩子，一定更懂得怎么样去报答父母，一定会心疼父母，会对父母怀着一颗感恩的心。关系大于教育，在家庭教育这件事情上，永远是这样。

1.必要的时间加高质量的陪伴

一定要有时间的投入，但是只有时间投入就够了吗？答案是否定的。我们一直讲高质量的陪伴，高质量的陪伴需要有情感和爱的投入，包括对话、身体的语言。我们的身体能传递很多东西，比如，你一边跟孩子说着话一边做着其他事儿，那么孩子便知道你在敷衍他。有的家长会说，孩子做作业我就专注地陪着他，我眼睛不离地盯着他，这其实是一种特别可怕的陪伴。为什么？我举一个最简单的例子，中国的孩子为什么吃饭是一个问题？因为我们太专注于孩子的吃饭，觉得孩子吃下那一口饭简直是会跟他未来能不能上北大清华有关系。其实那种感觉你想想，真的是太可怕了。所以陪伴并不意味着盯着他，一定要让孩子有自己的空间。中考高考前，我一直在说给孩子一个稳定的生活。孩子每天回到家，爸爸妈妈在的、稳定的生活很重要，所以能减少应酬就减少应酬，一定是让孩子觉得，爸爸妈妈都在，这个家是温暖的。

心理学家认为家庭的活动可以分为两类，一类叫作核心性活动，一类叫作平衡性活动。什么叫核心性活动？就是日常生活中的活动，如一起吃吃饭，早上起来一起做做家务，等等。那什么叫平衡性活动呢？如节假日陪他去旅游、远足、看一场戏剧，等等。两种活动对孩子的成长都有非常重要的作用。那么哪种活动影响更大呢？不是那种一定要花很多钱的旅游活动，恰恰是每天跟孩子在一起的活动。在《中华人民共和国家庭教育促进法》里非常明确地规定家庭教育的重要方式包括潜移默化。家庭教育一定是在家庭成员不断的互动中实现的，也许在你家客厅，也许在你的卧室，也许在上下学的路上，等等，高质量的陪伴一定是跟孩子做有意义的活动。

家一定是让每个人感受到生活的意义和美好的地方，这也是家能够成为我们生活的港湾的最根本原因。

2.有效的亲子沟通

讲到亲子关系一定会讲到亲子沟通，我们的亲子关系在互动中建立，在沟通中建立，有效的亲子沟通是良好亲子关系的基础，而无效的亲子沟通是亲子关系恶化的重要原因，是亲子冲突的一个催化剂。亲子沟通是指父母与子女通过信息、观点、情感的交流，达到增加情感联系或解决问题的目的的过程。沟通的本质是什么？沟通，就是说话，你说我听，你听我说，说到听者想听，听到听者想说。什么意思？他说的话你听懂了，你说的话他明白了，他接收了。为什么有那么多无效的亲子沟通呢？因为你听不懂孩子的话，你说的不是他要听的，你并没有随着孩子年龄的增长去改变你的沟通方式。

我有一个外甥，小时候我叫他小东西，我到北京之后与他见面不太多，后来当我们再一次见面的时候，他已经是一个初中生了。我就很自然地说，小东西过来，他马上就"哼"一声走了。我立刻就意识到他已经长大了，不允许我再叫他小东西了。我记得我在女儿小时候就犯过一个错误，我女儿一年级的时候，每次去上学我都去送她，因为要经过一个十字路口，尽管不太远，但是我还是担心。女儿后来就不让我们送了，她与几个同学一块儿去，我也就尊重了她的意愿，但是我心里是害怕的，因为那里一个非常繁忙的街口。所以她背着书包出门前，我总要叮嘱一句话，注意安全。后来我发现，这句话没有用，你不如告诉她什么叫注意安全，要做到哪一点。所以，有时候我们很多话是说给自己听，并不是说给孩子听的。

还有一个例子特别典型，我还专门写了一篇文章，叫《妈妈，我养的金鱼死了》，可能不是金鱼，也有可能是兔子死了，仓鼠死了，小猫死了，孩子就一直在哭，然后妈妈就说别哭了，有什么好哭的，死都死了，还能怎么

着？我给你再买一个吧。那孩子就说，不嘛，我就要那个，不要再买一个。妈妈说你这个孩子讲不讲道理呀，死都死了我能怎么办，我除了再给你买一个，我有什么办法？这个问题出在哪里呢？孩子是在表达什么？他的情感。他在为他养大的、长期陪伴他的东西的离开而伤心，所以说去接纳孩子的情绪，读懂孩子的情绪很重要。我们很多家长，既不能接纳孩子的情感，也不愿理解孩子的情感。包括我们的很多老师，对孩子的行为不理解。我们每个人都曾经是小孩子，但是当我们成为大人之后，便忘了站在孩子的视角来看待问题。

怎么样去了解读懂孩子？沟通的环节，是积极地倾听，是有效地表达，是同理心。有时候我们的家长听不懂孩子的话，是没有积极地去倾听，是没有站在孩子的角度看问题；有时候我们说的是不该说的话。从这个方面来说，想要读懂孩子最重要的是说什么话，怎么听话。另外，讲明要求，不要唠叨。

有一个家长跟我说，孩子在家里不搞卫生，暑假的时候把家里搞得一团糟。家长对孩子说，你看看你，把家里搞得一团糟，也不知道好好收拾，你真是懒。你在学习上也是，不认真学习。然后又说，你看看，不光你不认真，你的那个朋友也是懒懒散散，你跟他在一起有什么好？再这样下去你怎么办？你以后怎么考得上重点高中？重点高中考不上，你怎么考重点大学？没有一件事是好的。我跟他说，你打住，你如果是来跟我发泄情绪的，那你继续。如果你是要解决问题的，那你告诉我中考前，你最想改变的一个问题是什么？我们就解决那个问题。我说，你孩子不讲卫生、生活习惯不好，是今天才发现的吗？不是，那为什么以前不改变？家长说，今天突然爆发，我就是他不好的时候觉得他什么都不好，好的时候觉得他什么都好。家长可能普遍有这个心态。但是你一定要知道，当你今天要改变一个东西，一定是从一件事情改变开始的，所以我们说，改变一个孩子很难，改变一个孩子也很容易，因为在改变一个孩子的时候，若能找到一个切入口，改变了这一点，就改变了孩子全部。而改变很难是因为你没有找到这个切入点，毕竟冰冻三尺非一日之寒。

有很多话题在沟通的时候，不一定适合跟孩子说，那这时候怎么办？一定要强调阅读，尤其在"双减"背景下，让阅读成为改善亲子关系的重要的第三方，为什么它能成为第三方呢？因为有话题不适合家长自己说，比如死亡教育，比如性教育。大量的心理学、教育学的研究证明，阅读对我们人的成长有非常重要的作用，让我们了解自我、了解世界，让我们在读文学作品的时候，看到自己人生的更多的可能性。此外，还有一种阅读疗法，即你在阅读里面释放情绪，你在阅读里面更好地去跟这个世界达成和解。

3.跟随孩子成长而成长

对亲子关系的认识，要随着孩子年龄发展的特点而发生改变，很多时候我们对青春期是有误读的，青春期是一个人一辈子多么美好的时光，但是我们常视青春期为洪水猛兽。很多时候孩子已经追求独立自主了，他们的认知水平已经到了你所不能企及的高度，他们对问题的看法已经很深刻了，他们的很多能力已经超越你了，如果你还是把他当成一个宝宝，还要跟他说吃饭饭、睡觉觉，那我想冲突是一定会发生的。因为这个年龄段的孩子渴望平等，渴望自由，渴望你把他当成成人来对待，尽管他们还不是成人，但他们有这样的一种需求，所以家长要伴随着孩子的成长而成长，不要认为孩子还处于那个什么都是你说了算的小时候。

与孩子发生冲突的根本原因是什么？我们到底要培养一个什么样的孩子？我们有时候跟孩子发生冲突，其实是我们自己没有想清楚，我们要培养一个什么样的孩子。我们说别让孩子输在起跑线上，就这句话，输的是什么？赢的是什么？与起跑线相对应的终点的内涵是什么？什么是起跑线？起跑线从哪里开始？不同孩子的起跑线是一样的吗？这些问题你搞清楚，你就明白了想把孩子培养成什么样的人。

每个孩子都有他自身要承载的梦想。有一些家庭，爸妈把自己没有实现的愿望全寄托在了孩子身上，比如，妈妈小时候想学钢琴没条件，你现在有钢琴学还不好好珍惜；一定要好好学习，爸爸当年就是差几分没考上理想的大学。

对此，孩子们写了个段子，这个段子很有意思，说世界上有三种笨鸟，第一种笨鸟先飞了，很好，笨鸟先飞；第二种笨鸟不飞了，那不飞就不飞吧；第三种笨鸟最可恶，生一个鸟蛋孵一只小鸟，让小鸟替它飞。你以为这个世界上只有你一个脑袋，你一定要想到你的孩子的脑袋跟你不一样，你无法将他的认知与你的认知完全统一起来。

父母做好家庭教育，第一，要做榜样，第二一定要陪伴，第三特别重要，是发现，第四是支持。什么叫作发现？发现孩子无限的可能性，挖掘孩子的潜能，为他找到未来的路。

四、小结

亲子关系是我们家庭教育的前提，也是我们家庭教育的结果，而我们要建立良好的亲子关系，最主要的、最根本的就是读懂孩子，科学育儿，了解孩子的成长规律，尊重孩子的成长规律。卢梭曾经说过，我们一定要遵循孩子成长的节奏，我们不能够过早地去催熟他，不然这个果实肯定是不美好的。家庭教育是一门科学，我们每一位家长只要从孩子成长的视角出发，就一定能够结出累累硕果。

家长收获

教育路上家长们都在不断地摸索前行，边老师的讲座，让我反思，也给了我很多教育的思路和方法。边老师举的一个例子让我记忆深刻，她说有笨鸟先飞，也有一种鸟自己不飞，生个蛋孵成鸟，不惜一切地让小鸟飞，这真的是寓意深刻。作为家长，我们不能将自己未能实现的理想抱负强压在孩子身上，我们要尊重孩子的能力和愿望，陪伴他慢慢长大，成为身心健康的社会公民。

——威凯幼儿园 刘宜泽家长

有幸聆听边玉芳老师的讲座，我对家庭教育有了更深刻的认识。家庭教育本质是立德树人，建立良好的亲子关系，使孩子健康成长。家庭不是培训班，家长要关心孩子的心理健康，要有情感和爱的投入，不要小看孩子表达的情感，我们要理解孩子的情感并接纳孩子的情感。在与孩子沟通时，积极倾听，讲明要求，陪伴孩子成长。

——星火小学 马金潞家长

听完边玉芳老师的专题讲座，我感受最深的一点是"家长焦虑源于没有读懂孩子的成长规律"。这是充满力量的观点，能感受到自我的主观能动性。在建立良好亲子关系方面，家长可以学习、改变、成长。边玉芳老师同时给出了切实可行的方法：高质量陪伴、有效沟通、做榜样、去发现孩子并支持孩子等。边老师对于《中华人民共和国家庭教育促进法》重点内容的解读，使我进一步明确了家庭教育的方向，明白了建立良好亲子关系是家庭教育的前提和基础。今后，我要在实践中与孩子共同成长！

——人大附中分校 王奕霏家长

通过聆听边玉芳老师主讲的《建立良好的亲子关系》家庭教育讲座，我很受启发。作为一名初中学生的家长，面对青春期的孩子遇到同学关系的困扰、学业压力的困难，家长怎样了解孩子、帮助他成长进步呢？建立良好的亲子关系是关键。时代在进步，家长需要学习成长，了解外在环境，了解孩子的成长规律，了解科学的教育方法，这样才能真正帮助、支持到孩子。

——清河中学 邓梓琦家长

　　　　　　　　　　　　　　　　　　　　名人谈家教

主讲人：林雅芳

北师大发展与教育心理学博士

北京教育学院讲师

中央民族大学兼职硕士导师

国家二级心理咨询师

中国心理学会注册心理师

引言

沟通也好，家庭教育也好，就藏在生活里面。我们沟通的底色是包容与爱，被包容被爱的孩子，才能在重大的压力事件和难以应对的情境当中快速地适应，内心充满希望，保持乐观。

林雅芳：如何与青春期的孩子更好地沟通

青春期是孩子成长过程中的一个关键阶段，他们面临着生理和心理上的巨大变化，也面临着来自学校、家庭和社会的各种压力。同时，在这个过程中，亲子沟通也面临巨大的压力。在青春期，孩子成长的力量在倔强地向上冒头，而作为家长，最重要的是调整心态，把原来与孩子的管教关系转变为朋友关系，变成孩子的大朋友。只有建立在父母理解孩子的基础上，亲子沟通才会更有效。

一、对青春期的界定

青春期是指个体从不成熟的儿童期逐渐过渡到成熟的成年期，为未来做准备。从人的毕生发展的角度来讲，青春期是一个非常难熬的时期，这个时期孩子们既没有童年无忧无虑的快乐，也没有成年人的独立自主。作为一名咨询师，我经常接待青春期的少年儿童，特别典型的是他们对小学的怀念，怀念小学有很多朋友，小学有爸妈的很多体贴，小学作业也没有那么多，小学也不需要考试，不需要那么大的学业竞争。除了怀念小学，他们也很担心自己不能够成为自己向往的那个人。作为父母，在这个过程中我们能否理解他们的担心，能否理解他们的向往，是我们跟孩子进行沟通的前提和基础。

由于人们接受教育的时间越来越长，导致青少年脱离家庭的时间越来越晚，青春期有延长的趋势。世界卫生组织把青春期由原来的 13 岁提前到现在的 10 岁，由原来的 13—19 岁，拓展到现在的 10—20 岁，拓展了 4 年时间，这 4 年的时间意味着变化，意味着过渡，也意味着动荡。

过渡性是青春期的一个典型特征，青少年经历着生理、心理、社会、经济上的过渡。例如，很多时候对孩子的要求，其实我们自己也未必能够做得到，但是我们依然在要求着他们，这是生理上比较典型的一个过渡情况。心理上的过渡也同样，青春期的孩子充满了迷茫，面临很多挑战。例如，需要依靠自己的力量，在同伴当中找到自己的位置；需要明确自己未来的一个成长方向，才能坚定地往前走；需要自己内心充满了力量感和能力感，才能够勇敢地跟父母说"不"，走上属于自己的人生之路，等等。这种心理上由不成熟到成熟，是一个阶段，所以父母们要有耐心，允许孩子经历成长的阶段和过程。

青春期阶段的孩子经历着很多变化，有些是外显的，例如参与社会事务，有些是内隐的，例如，思维能力的变化、自我意识的增强等。青春期的孩子开始受到社会价值的影响，并且用社会价值的视角去评判自己身边的人，所以他们可能会用一些带有社会价值的，甚至是有些偏颇的观点来看待自己的父母。在此过程中，重要的是家长要允许他们有这样的思考，同时尊重他们可以承担的责任。这个过程当中，特别想要跟大家分享的是我们几乎所有的家长都会用父母对待我们的方式去对待子女，这并没有对错的定论。

青春期的一个共性特点是外貌焦虑。您有没有在您的孩子身上发现他有爱美的倾向？比如说他会去弄发型，他会去要一些名牌的鞋子，他会想着说我不够白，我不够高，我的腰不够细，我的腿不够长，等等。外貌焦虑体现得比较极致的一句话是，一颗青春痘，得了一场抑郁症。它让我们成人充分地理解了为什么孩子对外貌如此关注以及关注到了什么程度。

在这个短暂的时间内，青春期经历了大量的变化，有共性的地方，也有很多个性的地方。所以，希望大家在跟孩子沟通的过程当中，既要去想象回忆自己的青春期，希望如何被对待，同时又要充分地理解现在的孩子到底在经历着什么，这样的话才有可能跟他们好好沟通。

2020年我们在一所中学做了一个小调查，请家长填写一道题，"请您写出孩子居家学习期间，您跟孩子在沟通上的三种最常见的情绪体验"。调查结果按照词语出现的频次进行排序，出现在最前面的是焦虑、紧张、崩溃，紧接着是易怒、沟通不畅、反感、长时间对立、不交流、委屈、无可奈何、讲道理不听、叛逆对抗。大家回想一下，这些情绪在您家有出现吗？这里我想提醒大家的是，家长跟孩子沟通要建立在一个大的背景上，这个背景其实就是温馨的家庭氛围。有了这个大背景，即便沟通中存在一些分歧，有一些互相不理解，也会很快达成共识，很快实现互相理解。

关于沟通，除了孩子年龄上的变化之外，每天跟孩子的沟通状态也是有变化的。下面这幅图很好地说明了父母对孩子的爱在一天当中的变化。这幅图首先告诉我们，学校的存在对于保证亲子关系的质量是很重要的，所以，父母要做好跟学校的沟通与合作，学校是我们的合伙人。而且，父母对孩子的爱不仅因为孩子的特点而发生变化，也受我们个人因素的影响，例如，个人的疲劳程度。晚上下班回家，既要做饭、收拾房间，还要辅导孩子写作业，此时，对孩子的爱几乎是没有的。

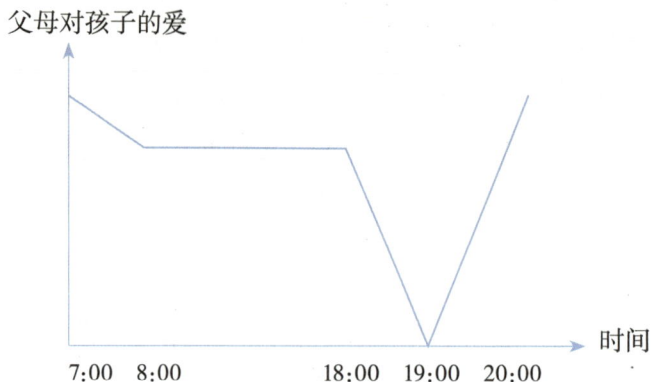

爱的一天变化曲线

因此，当我们照顾不好自己的时候，跟孩子的沟通很容易出问题。只有自己的状态好，跟孩子沟通的状态才能好。在这个过程当中，除了父母天然的爱意，也会受自控力的影响。自控力是消耗资源的过程，父母应避免在自己特别疲劳的时候和孩子沟通，这样对双方都是有害无益的。

下面再跟大家分享一个小研究，研究的是孩子的年龄和可爱程度之间的关系。这个研究是基于国外的样本，可以做一个借鉴和参考。此研究结果表明，男孩的可爱程度从 6 岁开始缓慢下降。6 岁之前的孩子会用他天真纯善的眼光去看待这个世界，他对这个世界充满了好奇。女孩的可爱程度到 12 岁才下降。男孩可爱程度下降早，但是下降缓慢，而女孩可爱程度虽下降晚，但是下降比较强烈。但是，对于女孩而言，青春期过了之后，可爱程度和跟父母的亲密程度就会回来，而男孩的可爱程度与跟父母的亲密程度不再回来，即不再在父母面前表现出可爱与亲密关系。

因此，到了青春期，父母除了要看到叛逆、不听话、倔强等这些表象，还要看到这个过程中内在发生的一些变化。例如，成绩下降，可能是孩子感受到了学业的压力，也可能是对未来迷茫的开始；开始反驳，其实是想要超越父母成为一个更好的人，只不过方式方法不是很恰当；开始不务正业，是希望自己兴趣更加广泛，才能够以一个漏斗的形式获取最终属于自己的志趣；开始变得复杂，是因为孩子对父母封闭，但对同伴是逐渐开放的，所以要允许和鼓励孩子交朋友；孩子开始跟父母惜字如金，父母在这个过程中要做到倾听而非讲道理，要学会等待，学会信任。

在这样一个时期，父母会疑惑，孩子变得越来越大，有些话不跟我们说，有些事情不愿意跟我们一起做，是不是不需要父母了？从外在的生活上来讲，对父母的依赖确实在减少，但从精神层面上来讲，对父母内在的依赖是增加而非减少，尤其是被理解和被尊重以及对未来学业和生涯规划方面的建议，其实孩子特别想听到来自父母的声音，但是很多家长可能被孩子们的表象所欺骗，他们的顶嘴，他们的惜字如金，他们的不愿意，可能会让家长感觉到他们的冷淡，导致孩子内在的需求被忽视。

二、安全感是孩子发展的大前提

家庭是孩子安全的港湾，安全感是孩子发展的大前提，父母或者家庭在孩子成长过程中最核心的功能是安全功能。就像上面这幅图中所表现的，安全首先是一个基地，它让孩子勇敢地向外探索，所以孩子只有在感受到安全的前提之下，才会对外在世界感兴趣。有些孩子表现出对学业的倦怠，甚至不愿意到学校去，很多时候是内在的安全感出了问题，他没有能量对外在世界感兴趣。因此，任何兴趣都是建立在安全的基础之上的。青春期的孩子，他探索属于自己的未来，不需要家长陪伴，但是需要家长支持，这个过程中您不需要如影随形，但要跟他保持足够的共享注意空间。

共享注意空间指的是父母跟孩子的注意力放在同一件事情上。所以，当孩子向外探索的时候，父母要注视着他，帮助他、和他一起享受这样的探索过程。孩子除了向外探索之外，也需要回到我们身边。一个是内心对父母的需求，对爱的渴望，另一个是当他探索受阻的时候，当他沮丧、悲伤、难过的时候，家长要把道理放一放，先做他的倾听者，做他困难的帮助者，做他情绪的调节者，给他一个温暖的空间，让他可以重新去组织他的感受，他才有能量再次出发。

总结一下，所谓安全，就是让孩子知道有人可以依靠，我们既能放手，也能安抚。这个过程中，大家要重视家庭的氛围，重视亲子的关系。除此之外，一定要把情绪的调节放在理性的澄清之前，如果情绪没有舒缓好，讲再多的道理和建议，对孩子都是一种强迫。因为这个过程中情绪的问题会以另一种方式出现，继续影响着他。所以，要理解孩子，理性的澄清不能解决情绪的问题。在青春期过程中，很多时候父亲的力量比母亲更会让孩子变得果断和坚毅，所以，希望父亲们能发挥好自己在孩子青春期时的力量。这里有一个简单的小公式叫"情绪对情绪，行为对行为"。例如，孩子回来跟您说："气死我了。踢球的时候我们对手又犯规，我恨不得想要宰了他。"此时，您听到了什么？是孩子想要杀人的行为，还是特别愤怒，受了委屈，没有被公平对待的情绪呢？哪怕您只是去理解他，孩子的行为就会得到一定的调节，只要情绪调节好，问题行为就会减少一半。所以，要给孩子表达的空间。

家长在教育孩子的过程中，特别容易出现两种情况：过度关注和过度忽视。这两种倾向其实都是问题。如果您已经出现了这两种情况，可以刻意地调整和控制一下，如果调整和控制有困难的话，可以跟身边的朋友、学校心理教师等聊一聊，恰当对待别人给我们的育儿建议。

三、青春期孩子的特点

青春期就像是一个孩子被家庭、被学校、被社会、被自己用10—13年的时间塑造成了现在的样子，但他突然有一天醒来，发现外界的塑造跟自己想要的并不一样，所以他想要重新塑造一个自己，这样的变化是由内而外的。如果原来父母就很尊重他的成长，他的成长是以他自己内在的需求和感受为主的，青春期过渡就会相对比较平稳，相反，如果原来父母对他的塑造和他对自己的需求之间差异很大，青春期过渡有可能就很不平稳。

青春期父母陪伴孩子共同成长，帮他由内重塑一个全新的自己。这个过程当中有些规律跟大家分享。

首先是青春期大脑的变化。吉德等人对将近1000名3—18岁的健康儿童和青少年进行了大脑扫描，结果发现：童年晚期／青少年期会出现第二次神经增殖和修剪的高潮。第二次神经修剪高潮主要发生在掌管人类高级认知的前额叶上。前额叶主要负责人类的高级认知，比如思维活动、计划、抑制冲动、社会互动、反思等。孩子前额叶开始发育时，你就会发现孩子开始反驳你，甚至有时候反驳速度还很快。此阶段孩子前额叶高速发展，进化的能力、抑制冲动的能力、社会互动的能力、反思的能力都在大大增强。所以，青春期阶段对孩子来讲最重要的一件事情就是用好自己的大脑，用得多，神经元连接就会越稳固。

边缘系统是处理情绪和奖励刺激的区域，对冒险带来的奖励非常敏感。处在青春期的孩子负责情绪的脑区已得到了充分的发展，但负责理性的脑区仍处在不断的发展进程中。例如，他们可以制订计划，但是执行计划会存在困难。所以家长在孩子愿意的情况下，可以给予必要的监督和监管，如果他不愿意，可以鼓励他自我监管。之所以出现这种困难，是因为大脑发育存在差异，负责情绪管理和奖励刺激的边缘系统已经发展得非常成熟了，但是负责理性的前额叶还正在发展中，所以，大脑发育是不平衡的。除了这种不平衡性，还有另外一个问题，就是他开始对冒险带来的刺激非常敏感。所以，青春期的孩子有可能在犯错误的边缘疯狂试探，他甚至会挑战你的底线，他也会挑战很多学校管理的底线，因此，这会对家庭和学校的管理带来一定的影响。而且孩子们不会考虑长远，实际上这也是青春期的一个重要特征，因为很多时候他意识不到自己当前的选择对他未来有什么样的影响。

需要家长理解的是，孩子对冒险感兴趣，不太考虑长远的关系，并且知道做不到是常态。所以，沟通的时候先不讲沟通的内容、沟通的效果，至少知道这个变化是正常的，可以减少我们看到孩子这种行为时产生的负面情绪，对于我们调整好自己的心态非常重要。

同时，教育也需要规范和规则。父母要有自己的权威感，权威感和规则与爱并不是冲突的。很多时候我们的权威和规则指向的是孩子的社会属性，让他能够适应这个社会，创造一个更好的未来社会，而我们对他的爱、尊重是他的个人属性，这两者其实并不冲突。

青春期孩子大脑发育对亲子关系有哪些影响呢？首先，大脑快速发展，加工信息能力更强，信息能更快、更有效地在大脑中传递，反应极快，尤其是怼父母的时候。其次，负责思考、计划、解决问题的区域，与负责情绪、感觉和觉醒的区域发展不同步，情绪和感觉的发育速度比前额叶的发展速度要快，所以容易感情用事，并且不容易感知到一些危险行为。所以，家庭需要一些规范和规则，需要父母的教育和监督，我们的底线有法律、有道德、有社会良心，上线有善良、为社会服务等。再次，从情绪上来讲，孩子还很容易感受到喜怒无常，这个会给亲子双方都带来困惑，也会破坏亲子关系。这个过程中父母要在他情绪喜怒无常的时候保持平和和稳定。最后，青春期孩子大脑发育另外一个特点，是他的内侧前额叶皮质（社会脑）区域不活跃，所以以自我为中心比较典型，我们人的一生会出现两个典型的以自我为中心时期，一个是3—6岁，一个是13—16岁，两个都叫自我为中心，但是有差别的。3—6岁的以自我为中心的表现是，认为自己喜欢什么，别人也就喜欢什么。到了13—16岁，他已经深刻地知道每个人都有各自的喜好，有各自的想法，但是认为只有自己的想法才是好的，别人的想法不值一提。因此，会给家长带来很多的困扰。父母想得再深远，孩子都不认同，这些其实在青春期都是常态，既然孩子看得不长远，就把大目标分解成小目标。

青春期核心的心理上的特征是自我意识的第二次高涨。孩子们非常关注自我形象，会有镜中像，会有仪表焦虑，也特别注意他人的反应。所以，这个过程当中，在考虑自己家庭条件的基础上，适度地满足孩子的一些需求，既不太委屈孩子，让孩子自卑，也不需要太过张扬。

另外希望家长能够充分地理解孩子，哪怕孩子暂时成绩不好，也不要伤害其自尊。所有的孩子都很重视自己的能力和成绩，特别渴望能够用自己的能力找到自己的社会地位，也特别有自尊心。所以，家里家外沟通的时候都要给孩子留面子。要多肯定孩子的能力，孩子的能力就像星星之火，是可以燎原的。

青春期的孩子们的特征也包括非常关心自己的个性特征和情绪特征，甚至特别渴望寻求独特性，这个在初中阶段非常典型。这个过程中家长要对孩子适度尊重。孩子以自我为中心，他们心中会有假想观众，会有个人的神话。我们有一个比喻形容青春期的孩子，说他们内心住着整个横店，每天自编自导自演，而且有很多假想的观众在里面。

从情绪上来讲，孩子心情不好，父母肯定会心疼，但是大家首先要理解，青春期的孩子消极情绪就是会多一点，尤其是他做事不成功的时候，会产生挫败感。除了消极情绪多外，还会有一些躁动。最好的解决方式是运动。保持适度的运动，对孩子的身体和情绪都是有好处的。

当然，有些孩子的情绪跟其对自己身体的满意度关联比较大。有个例子跟大家一起分享。有个同事看到自己青春期的女儿在照镜子时，对自己的外貌很不满意。她便过去问孩子："你在干吗？"女儿说："妈妈，我觉着我的鼻子生得太难看了，等到我考完试之后，可不可以带我去微整一下？"妈妈就跟女儿一起照镜子说："你看看你的鼻子是遗传了谁？"女儿发现自己的鼻子和妈妈的鼻子长得一模一样，便就不好意思地笑了。妈妈就问她："你觉得我的鼻子难看吗？"女儿说："我觉得妈妈很漂亮。"妈妈就很真诚地说："从长相上来讲，妈妈从不觉得自己漂亮，但是你为什么觉着妈妈漂亮？"女儿想了想说："妈妈我觉得你很聪明，很睿智，将家人照顾得无微不至，又经常倾听我的心声，跟爸爸的关系也很好。你全国各地都有朋友，大家都觉得你是很棒的人，所以我并不觉得你长得难看。"妈妈说："所以你觉着自己长得难看吗？"女儿说："我知道了，其实长相是一方面，怎么做人怎么处事，也是很重要的一方面。"这个过程当中，妈妈通过一次很简单的对话，就解决了女儿对自己身体的满意度问题。这里我要特别提醒，有些孩子对自己身体部位的不满，可能不是一两次谈话就能够消解的，因为他的自卑感可能埋得很深。这个过程中有两件重要的事情，第一件事情，让孩子找到自己的能力，挖掘自己的能力。第二件事情，给他持续的温暖和鼓励。这些对他来讲都很重要，他有能力就不会过度地关注自己身体美还是不美。所以，这样的过程对孩子来讲，也是一个不断自我接纳的过程，这方面女孩受影响会更大。

孩子们的情绪受自我同一性的影响比较大。自我同一性是孩子到了青春期之后，他需要不断地去了解，不断地去探寻"我到底是谁"的这样一个话题。这样的一个话题非常抽象，所以，孩子们在探寻的过程当中会遇到种种问题，这个过程可能一直持续到孩子大学毕业。这个过程也会影响到他们的情绪，所以我经常会跟孩子说，其实青春期有时候就像是你到了一个陌生城市的街头，你没有导航，所以没有掌控感，会很痛苦。这个过程中，父母要去理解青春期有时候可能会出现停滞和倒退。所以，作为父母不能急躁，青春期是一个孩子重建自己的过程，他会经历对自己的质疑，对外在的怀疑，他需要不断地探索，遭受着情绪的折磨，他甚至会在原地打转。

四、父母如何与青春期孩子沟通

父母如何与青春期孩子进行有效沟通呢？下面跟大家分享一些小技巧。

第一，最好在情绪相对平和的时候沟通。青春期的孩子会有一种莫名的烦躁，明明什么事都没发生，但就是挺烦的，就是情绪很低落。其实这是正常的现象，因为这个阶段迷茫本身是底色，迷茫的时候就没有掌控感，没有掌控感就没有成就感，没有成就感就会觉得沮丧。所以，孩子们觉得沮丧和烦躁，只要不过分就都属于正常情况。此时，父母尽量不要过多讲道理，因为情绪不平和，沟通无效。建议寻找相对放松的时机沟通，例如上学、放学的时候，晚上吃饭的时候，下楼遛弯的时候等，每周有1—2次有效沟通即可。

第二，沟通时先处理感受，再讲道理，这点前面已经涉及就不再多谈。

第三，不要等出现问题再沟通。要学着防患于未然，日常维护好亲子关系和家庭氛围，就是防患于未然的最重要的策略和方法。

第四，在沟通的过程中，要学着多去表达信任，多讨论多尊重。这个过程对孩子来讲特别重要。因为，我们跟他的沟通方式有可能成为他将来跟其他人相处的一个模板。所以，这个过程中，我们给他的信任多、尊重多，他就知道如何尊重自己，如何信任自己，在跟别人交往的时候，他也能够做到信任和尊重别人。

例如，前两天带孩子们回老家，我发现大儿子习惯了在家什么事情都是他优先，所以去了舅舅家，明明有一个弟弟比他还小，但是他依然要优先，和那个弟弟打了好多次架，吵了好多次，每次讲道理他都说弟弟不懂事。他说的没有错，但是弟弟也有弟弟的立场。所以回来之后，我就跟他沟通。我说："儿子，妈妈想要告诉你，有一种能力非常重要。"他说："有眼力见儿对吗？"他自己已经意识到了我要跟他谈什么。我说："也对也不对。"他说："为什么？"我说："不仅仅是有眼力见儿，妈妈希望你有一种能力叫讨人喜欢，这个讨人喜欢不是说我们要刻意地去讨好谁，而是别人见到你就觉得这小孩儿挺精神挺大方，挺真诚挺可爱，我说的是这种讨人喜欢。"他说："你这样一说，我觉着首先我不够大方，我跟淘淘弟弟吵了好多次架。"我说："还有吗？"他说："你是让我批判自己吗？"我说："并不是，妈妈是想跟你讨论一下这个话题。"他说："我知道了我就要改，我要学着讲卫生，我要学着去理解弟弟……"我说："这个过程当中你得明白，其实讨人喜欢不是讨好，而是你在和你认为重要的人之间彼此尊重。"因此，这样的一次沟通，让他理解讨好和讨人喜欢是两回事。

第五，善于用你的行动和身体语言表达。人来到这个世界上，第一个被唤起的就是触觉。所以，当你不知道如何用语言去安抚孩子的时候，可以去唤起双方触觉上的连接。例如，当你特别生气的时候，不是去吼他，而是紧紧地抱着他，用力的过程也是一个宣泄的过程。或者有时候你去抚摸一下他的后背，给他一个温暖的拥抱，对他来讲都会是久违的快乐。

除了身体语言之外，行动上怎么做？我觉得中国人表达爱的方式特别的质朴。青春期的孩子认错的方式有很多种，有一种方式是妈妈我帮你刷碗；有一种方式是妈妈对不起我错了；还有一种方式是你们冷战了好几天，他回家之后小心翼翼地跟你说，妈妈我想吃可乐鸡翅，等等。所以，很多时候我们要知道每个人说爱你和对不起的方式是不一样的，就像父母爱孩子的方式也是不同的。例如，你告诉他，儿子今天早点回来，妈妈给你做糖醋排骨，这就是用行动去表达我们的爱意。

此外，在青春期的亲子沟通中要顺其自然，这里的顺其自然是指尊重孩子成长的规律，而不是理所当然。

总之，沟通也好，家庭教育也好，就藏在生活里面。我们沟通的底色是包容与爱，被包容被爱的孩子，才能在重大的压力事件和难以应对的情境当中快速地适应，内心充满希望，保持乐观。我们沟通的内容很多时候是让孩子们理解社会的规则，理解人生的道理。所以，有规则懂纪律的孩子才能在压力的情境下拥有合理有效的创造力和坚韧不拔的毅力。父母是他们的精神支柱，也在这个过程当中允许他们成长，见证他们独立。所以青春期的孩子成长需要三股力量，父母温柔地往外推，同伴在外面接着，自己有能力有勇气主动地走出去，这些内容都藏在我们日常教育的时机里面，藏在我们跟孩子那些有爱、有尊重、有信任的沟通理念中。

家长收获

我收获了很多有关青春期孩子的知识。作为家长我们要真正地了解孩子，了解青春期的规律和孩子在成长过程中遇到的问题，我们要科学地去与孩子相处。家庭教育就是生活教育。在孩子的成长过程中，我们应该调整自己的

名人谈家教

心态，在情绪相对平和的时候与孩子多沟通，给孩子更多的尊重、信任和支持，多用行动和身体语言表达，学会换位思考。

——中国地质大学附属中学　张斯越家长

当孩子情绪状态不太对时，我们要像朋友一样，多一些关心，少一些责备，找个合适的机会安安静静地聊一聊他心中的困惑，要设身处地感受他的感受，提供一些他能接受的解决办法。信任、鼓励和支持，孩子得到尊重有了安全感，所有问题都会迎刃而解。

——中国地质大学附属中学　王凯晨家长

受益匪浅，青春期的孩子面临一系列问题，如顶撞长辈、情绪失控、亲子关系退化、手机上瘾、厌学等，这些都需要父母用爱和陪伴进行化解，要建立更为紧密信任的亲子关系。父母在尊重孩子的前提下，给予孩子在进入社会遇到问题时的引导和建议，让孩子有勇气融入社会生活中。

——北京十一实验中学　明昱宇家长

家里经常与孩子产生争执和冲突，有时孩子吵得眼泪汪汪，情绪激动。听了今天的讲座，非常认同安全感是发展的大前提，亲子沟通应多表达信任，多讨论，多尊重。父母不要理所当然，要顺其自然，这样孩子能和父母产生共鸣，将父母当成自己人，从而达到有效沟通。

——北京科技大学附属小学　何雨昭家长

感悟最深的是父母的角色需要做转变，要从事无巨细的"交通空中管制员"转变为"指导型教练式"父母，从管控孩子的细节到成为孩子的指导者，同时也要明白青春期的孩子同样很需要父母支持，我们应该做他们前进路上的坚强后盾。

——北京石油学院附属第二实验小学　尹伊凡家长

主讲人：贺春兰

人民政协报教育在线周刊创刊主编

高级记者

引言

　　陪伴是这个意思，你和他都在此岸，你想让他到对岸去，要过那个河，或者是要走那条路，你要陪伴着他从此岸到彼岸，甚至蹲下来拉着他，以他的认知走到你希望他达到的那样一个水平，而不是你站在河对岸说，来吧来吧来吧。

贺春兰：做成长型父母

　　今天我作为一个普通的母亲分享一个普通家庭培育一个普通孩子的故事。我的孩子刚刚大学毕业，我们无法用现实的功利的成功观来衡量他，但是我确实觉得我是一个成功的母亲，因为我的孩子有梦、有爱、有担当，而且我们保持着非常好的亲子互动。

一、我的家庭教育观

我的基本的家庭教育观就是自己要做一个成长型的父母。心理学上有个词叫"成长型思维",我非常喜欢这个词。就是不给自己的人生设限,不要给自己那么多格式化。一定要不断地放开心态,不断地从环境中,从自己的社会实践中,从书本中,也就是前人的讲述中吸收养分,不断地成长,不断地开拓进取,一步一步地去创造人生的新的可能性。

1. 建设成长型的家庭

我特别强调建设成长型的家庭,我觉得这个成长型家庭一旦建立起来,当到我们这个年龄的时候会觉得非常受益,这个成长型的家庭滋养着我们每一个家庭成员。

在座的家长,你们的家庭建设也在路上。我相信,伴随着孩子的教育的过程,大家还会经历很多的摩擦,会有很多的冲突,我们孩子的存在是纽带,是契机,也是矛盾源,看你怎么解决。如果你解决好了,到我这个年龄,孩子大了,你还没老,真的会非常享受家庭带来的幸福。尽管如此,在我将近50岁的这个年龄,仍然在成长。我们每一个家庭成员也依然会伴随着很多的挑战,已经培育成熟的家庭文化,这时就成为我们每一个人的滋养。

2. 培育有爱、有担当、有成长内驱力的孩童

我觉得在两个成长型父母的支持下,在成长型家庭的滋养下,我们一定可以培育一个有爱、有担当、有成长内驱力的孩童。

我有一个基本观点是,无论我们处在社会的哪个阶层,只要我们有孩子,我们就拥有做一个成功人士的权利。父母用漫长的几十年来带一个孩子,从一张白纸到给他塑造成一定的人格,我觉得这个成功比任何事的成功都更有意义。

有一本我编的书叫《教育的启示——百位全国政协委员的成长感悟》，里面有著名的作家，著名的医生，著名的工程师，当他们成年之后，甚至到暮年，回想起人生的第一个导师，很多都提到自己的父母。父母给他们带来了非常深刻的影响，包括人生观、价值观、思维方式、互动方式等。所以，我们今天的成果将在几十年后被真正评判。

我们对中国社会有所成就的大人物、精英人物进行梳理发现，他们一定是有爱、有大的使命担当的人。如果一个人他爱自己、爱家庭，我们说他是个好爸爸、好妈妈，如果他爱更多的人群，他一定被更多的人群所尊敬、所爱戴，就是这么一个道理。

所以我对成功父母的定义是，孩子有爱、有担当、有梦想、有成就梦想的内驱力、心态开放、有不断成长适应各种挑战的学习力。其实最核心的就是有梦、有爱、有担当。一个孩子当他有了理想，有了梦，他一定会有内驱力。

我的父亲是 1945 年出生的，那一代的青年人是非常有理想的，但由于小的时候贫困，接受教育不足，导致他整个一生都处于非常不顺的境遇，即便如此，也不妨碍他成为一个非常成功的父亲。他非常注重理想教育，在我们很小的时候他就强调长大要为社会做贡献。我想说这个东西一点都不虚空，它让我体会到理想是非常强大的内驱力，理想一直在牵引着我。

二、教育愿景

我的博客有个"家有乖妞"专栏，我把我的所思所想所观都记录下来，有很多洞察、发现和处理。

其实无论你记录与不记录，无论你明确地说出来还是不说出来，我相信每一个爸爸妈妈都有自己的教育观，都有自己的社会观。

我今天突然意识到，孩子在成长的过程中有很多很多的遭遇，很多很多小的挑战，而让孩子真正走出困境，不是这种小的挫折的解决，而是要有系统性的、建设性的、正能量的东西给他，和他一起解决那些令人困惑的东西。

1.梦想和成长的内驱力

我们希望孩子是一个有梦想、有成长内驱力的孩子，我们不希望他的人生特别被动。整天看着他做作业，那是一件很累很累的事。但是在他小的时候，小学阶段，我们其实还是经历了这样一个有点累的过程，这也与我们的失误有关。我反思之后，在她小学毕业上初中之后，彻底地突破了。她自己把头发梳得光溜溜的，自己乘交通工具到离家很远的学校去上学，自己很主动地做作业。我们不再管了，孩子的梦想开始放飞。

2.探究与思考的能力

我们特别希望孩子拥有探究与思考的能力，这与我在工作单位的经历有关。我在带团队的时候发现，居然有很多人不习惯主动地思考，不能够从自己的工作中不断地发现、反省。在我们家里非常强调这个，我经常询问你有什么收获、有什么体验，我强调让反思成为一种习惯。

3.选择意识和能力

这是我在大学毕业的时候开始意识到的。大学毕业的时候我发现我可以上研究生，也可以直接工作，我可以选择在城市工作，也可以回到老家。研究生毕业之后选择就更多了，但是我发现，每一次选择的时候，我都会非常难受，不知道如何选择，几乎没有任何思维框架。导致的结果就是内心非常地不安、不平静。所以在孩子刚出生时我就明确，一定要让孩子学会自己选择。我当时不觉得什么是更有价值的，你是走公务员的道路，还是选择事业单位，抑或是去办企业，什么道路最好，我从来没有思考过。我认为走哪条路都可以，只是你选择定了，就应对自己的选择负责，所以我强调对选择意识和能力的培养。

4.规则意识和协商能力

我特别强调对规则意识和协商能力的培养。那是因为我们处于多元多样的社会，我们接触的资源不同，我们的思维方式也不同，一定要学会尊重规则，跟大家友好地协商、共处，而不是唯我独尊。

5.关注问题解决，培养乐观向上的精神

我非常关注问题解决，培养乐观向上的精神。社会变化是非常快速的，我觉得，你能不能跟上这个时代，你能不能尽可能地让自己跟上这个时代而不被时代淘汰，在于你有没有一种非常积极、乐观、向上的姿态，有不足去补足，有问题去解决。

6.正直包容、与人为善，具有爱的能力

正直包容、与人为善，具有爱的能力，是我在大概三四十岁时产生的比较强烈的意识。

名人谈家教

三、建设性的行动

对学教育的我来说，能够特别强烈地感受到生活无处无时不教育，你跟孩子每一句对话都在传递着你的一个选择，都在影响着他。下面所举的例子都是孩子小的时候我与她的对话。现在想想，小时候我对她的教育很粗犷，但却是有我的主导思想的。

1.选择

她早上起来说，妈妈，穿棉裤吗？我就跟她说，小马过河，自己试一试。我觉得自己试一试，跑出去冷了可不就回来穿上了。后来去商场买鞋，红的还是绿的，由她自己定，喜欢就好，基本上就是这个思路，我从来没去替她选择什么。一天她从学校回来说，妈妈，班里垃圾桶坏了。我跟她说你要么跟老师说，要么咱们买个带去。我记得她最后选择买个带去。

2.交友

她在幼儿园的时候，有一天回来说了这么一句话，妈妈，好不容易交了一个朋友，但是那小朋友又转园了。她很沮丧，这件事让我心里咯噔一下，我意识到，孩子可能交朋友有困难。因为我们当时住在一个新小区，那小区里孩子很少，而且我们很忙，也很少带她到大院里去，然后我就带她到门口那家餐厅，餐厅里其他家长也带着小朋友在那儿吃饭，我就跟她说，你就过去说我可以跟你交个朋友吗？她过去和小朋友一聊，她俩就玩了一会儿。可是不多时她就回来了说，妈妈，人家吃完饭就走了。我跟她说，宝贝，你的朋友可以遍天下。我记得那天晚上我们去看了场音乐会，有一个音乐指挥家，她看得特别激动，我说你上去跟这位老师交个朋友，最好可以跟他发邮件联系。

3. 正义

大概是女儿五六年级的时候，发生了一件贿选事件，他们竞争一个班委，有的小朋友说谁要是投我一票，我就给谁使用苹果手机一天。那个时候苹果手机刚刚上市，很流行。女儿当时没有和我讲这件事，恰逢她的一个闺密住在我们家，她说，黄可，好险啊。原来今天她上去跟一个男孩竞争，以一票优势胜出。女儿就和我讲了这个故事，这个小男孩贿选，而我女儿非常正直、正义，她就觉得，如果一旦这种情况发生，这个班风会成什么样呢？她本来是一个非常安静的小孩，她不怎么愿意参与班里的活动，但这个时候她走上了讲台。当时她与那个贿选的小男孩的票是平的，老师就上台引导了一番，最后她以一票优势胜出。我至今都非常感激那个老师，保护了她这种正义感。

初一的时候，老师要求家长给孩子写封信，我给她写了一封。当时我已经40岁，多少尝到了人生百态，已经看到了很多原来我的父亲给我的那样一种理想主义的教育所不知道的多样化的人性的存在。我当时就跟孩子说，其实在今天，在妈妈的身边，在社会舆情关注的范围内仍然在发生很多不公平的事件，就像你遇到的贿选的事件，这类事情会经常发生。但是妈妈仍然希望你的心里植入的是一颗正直善良的种子，我希望你长大后，不论是做一个小组的组长，或是一个普通的公民，都要尽可能地去维护社会正义。

4. 敬畏

大概是小学二年级的时候，我去开了一次家长会，开完家长会回到家，我有点喜怒形于色。我回去的时候她在看电视，我说宝贝，你知不知道妈妈刚开完家长会回来。她口齿非常伶俐地说，家长会家长会，就是开给家长听的，就是让家长了解孩子，然后帮助孩子成长的。原话大概就是这样。那时候大概我情绪控制得不好，隔了一阵儿孩子又来安慰我，给我背了一篇课文，背得非常流畅。她说妈妈你看，一个人对自己感兴趣的事情会特别投入，也特别愿意学习。

在她小学五年级的时候，我是她们班家委会主席，有一天老师把我们家委会的人员找去，听小朋友上台演讲。很多小朋友都准备了PPT，她没有，人家都很积极地举手，她没有，我真的一肚子气。如果是在家里，肯定会大发脾气，但现在我开始思考，我能不能以职业记者的态度去面对她，了解了解她心里是怎么想的？当时院里有一个小咖啡馆，我就把她带到那个咖啡馆，我问她，为什么别的小朋友都上去积极地争取机会，你不上去呢？她说，妈妈，我不喜欢《城南旧事》中成年人那个吵吵闹闹的世界。我说那你喜欢什么？她说我喜欢《城南旧事》中英子的世界。我没有看过这本书，但是她的回答提醒我，人家是有想法的。这件事提醒我对孩子要心存敬畏。如果我们能对孩子保持一份敬畏，我们就会多一点蹲下来倾听的耐心，从而了解他们，真正陪伴着他们成长。

当年莽莽撞撞，只顾发展，满心都是工作事业的我，其实并没有能够蹲下身来陪伴孩子成长。记得在采访中认识的一个朋友跟我说，春兰，陪伴是这个意思，你和他都在此岸，你想让他到对岸去，要过那个河，或者是要走那条路，你要陪伴着他从此岸到彼岸，甚至蹲下来拉着他，以他的认知走到你希望他达到的那样一个水平，而不是你站在河对岸说，来吧来吧来吧。我想是这样。

5. 丰富的环境

我在那个时候有这么一个价值观，就是要创造丰富的环境，让孩子的潜能和环境充分碰撞。我们早早地给她买了钢琴，带她去画画、滑冰、滑雪，在她小的时候多去尝试。她尝试后做不好的那些事，不要勉强，不要打孩子。我觉得孩子可以发展的地方有很多，往往发展得好的地方就是其敏感的地方。我有一个医生朋友，他给我讲了这么一个故事，他说他们亲戚家有两个小孩一块儿学钢琴，一个小孩学得特别好，一个小孩学得弱，妈妈就有点责怪学得弱的孩子。于是他们把小孩带到医院检查，发现学得好的那个小孩天生对音律很敏感，辨音能力强，而学得弱的孩子这方面要弱一点。所以我觉得，我们应创造丰富的环境，让孩子的潜能和环境充分碰撞，让其优势的东西尽可能地发芽，然后自我成长。而对于其劣势的东西你去关注，尽量弥补，不至于太短就行。

我女儿的18岁生日在图书馆度过，这是她自己要求的，她非常喜欢读书。这爱好是怎么形成的？我想主要是她爸爸的影响。爸爸虽然是个工科男，但是非常喜欢读书。多年之后女儿回忆说，阳光下爸爸坐在躺椅上看书的样子，让整个空气都甜蜜蜜的。现在我们家的四面墙壁都是书柜，书仍存不下。

6.协商

我们家长要有协商的意识，我们要建设协商型家庭。孩子想买猫时，我就给她设一个槛，让她阐述买猫的理由，最后我给她提要求，她要为买猫而奋斗。

在2012年的五一劳动节，她和她爸定了一份协议。那个时候她处于初中阶段，自我意识开始萌芽，她想独立、自由。她说我在家里，你可以给我做饭，你也可以做了饭给我端桌上，但是你不要干预我，他俩签了协议。

7.借力影响，激发梦想，传递爱

我始终认为，我们每个人的能力都是有限的，我们自己再优秀，也会有种种的局限和问题。我特别强调借他人之力创造环境，给孩子以影响。2012年女儿13岁，是摘下红领巾的那一年。我想在她摘下红领巾的日子跟她说些什么。我怎么说？我在工作中结识了很多社会上优秀的人，从教育部长到普通老师，从企业家到公益组织工作者，那天我特地给包括袁贵仁部长、俞敏洪、朱永新在内的教育工作者，以及很多普通老师，都发了短信，请他们给我女儿写一段话。实际上那个时候主要是一种勇气，并不是说我跟他们有多熟，没有人会拒绝一个母亲的美好愿望来帮助一个小女孩成长，如果有人需要我来做这件事我也会愿意。他们给黄可写来的寄语，很多都在强调这个阶段是一个开始有自己梦想的阶段。我记得她生日的那天晚上我租了一个KTV

的小包间，邀了一些亲朋好友，在现场我给她讲，妈妈在采访中遇到一些优秀的有爱有担当的人，他们是妈妈成长的榜样，也是你的榜样。不是因为他地位高，我请他写，而是因为他做了他这个位置所应该做的对老百姓、对人民有益的事。孩子说她感觉到了爱的传递，她感觉到了爱。她说我也要写，后来她写了一篇回应性的文章，说要把这样的爱传递下去。

四、焦虑、挑战和突破

1. 保持观察和对话发现问题的本质

我女儿在小学的时候，一二年级我们不大重视，她的幼小衔接我们也没有做好，所以错字很多，我们没当回事。大概是四年级的一天，我们被班主任叫去，说你这孩子情况已经很严重了，错字大王那种。我和她爸俩人就脸红脖子粗地出来了。那时候我经常办教育沙龙，先生就说你种了别人的田荒了自己的地，这句话我印象特别深。这个时候我就开始悉心地带她，纠错字。有一次她考完试了，我们俩进行了一番关于亡羊补牢的对话，因为我当时给她提的要求是考完试第一时间回来，回忆，对一下，写了哪些错字，及时补上。可是她回来说，妈妈，同学们都说你有病，我也在想你是不是有病。原来放学的时候同学留她一起玩，她说我不能玩，我妈妈让我回去补错字。同学就说亡羊补牢亡羊补牢，你这羊都丢了还补什么呢？女儿的话传递给我一个信息，孩子受同辈群体的影响很大，包括班级文化、班风，以及身边的朋友。你在关注孩子的时候也要关注孩子周边的一些情况。

2. 保持积极的家校沟通

刚才我讲的那个案例是我女儿小的时候困扰我们很长时间的一个问题，实际上反思起来责任在我们。孩子小的时候在一个非常好的幼儿园，主流的教育工作者都不提倡幼儿园识字，就是游戏化的教学。那个时候没有现在的幼小衔接，我们到了小学，就完全跟不上了。到四年级，老师很严肃地提醒我们的时候，我才开始关注这个问题。对于这个问题，第一，给孩子信心，我记得当时我和老师说，如果你在班里发现孩子有任何优点，积极地表扬她；第二，我认为她有语言天赋，在写作文、演讲这些事情上让她发挥优势。老师就开始实施，她的作文被当作范文在班级朗读。类似这样的举措很多，孩子的自信心一点一点地恢复。

3. 保持家庭影响的一致

记得女儿大概在五六年级的时候，我特别忙，我先生带着孩子报各种"占坑班"，我回来一看，很多很多的辅导手册放在她的书桌上，我随便拿来一数学题，我做着都非常困难。在这个背景下我给先生写了一封信叫《让我们在浮躁中淡定》，就是拒绝被裹胁。我跟他说，我们今天能够在重重挑战中坚持、坚守，并有所创造，还不是因为我们自少年时代以来养成的踏实的学风和向上的精神，而创业的体验更使我认识到，生命的活力和创造的精神更为重要。人生是一次基于自己信仰的长跑，特别是今天如此多元化的社会，所以我想我们不要追风，不要浮躁。同时，我们约定了一个行为规范，我承诺拿出时间陪孩子，并提出我们俩人的影响要统一，俩人拧成一股绳。

此外，我们不时地召开家庭会议，在家庭会议上营造一个比较正式的氛围，把要解决的问题拿出来。我记得会议记录本上有两条这样的记录：今年我们要过一个什么样的暑假？健康、快乐、读书的暑假。今年我们要改变什么样的毛病？爸爸要戒烟，妈妈心平气和，黄可学习要更主动。这样的家庭会议在我们家经常开。

4. 寻找梦想形成的内驱力

在黄可小的时候我就强调，我们每一个人都是独立的个体。我说妈妈也有自己的人生，也有自己的生命需要绽放，所以妈妈肯定不会一切围着你转。我从心里这样认为，一个两眼苍白的母亲没有办法带孩子走向远方。

　　　　　　　　　　　　　　　　　　　　　　名人谈家教

对比孩子小学和初中这两个阶段，我们忽然发现了孩子的变化，她能自己坐车去上学，学习特别主动，从要我学变成我要学。为什么发生了这样的变化呢？女儿很早就表现出了对文字的敏感，她的作家梦越来越强烈，而且被一个作家和他的作品激励，她常常为自己的梦想激动。她痴迷于自己的梦想中，而且为了这个美好的梦，开始萌发出强烈的学习动力。

其实我们能跟孩子共处的时间非常有限，在这有限的时间里我们给孩子植入了梦想，使孩子拥有了成长的内驱力、拥有健康有爱的人格，那我们就已经很成功了。

我们的原生家庭一定存在着这样那样的需要我们在未来突破的问题，都不可能是尽善尽美的，我们所有人都不是完美的父母。我们需要做的是建设一个非常好的、健康的家庭文化，培植健康的家庭氛围，然后去滋养一个健康的、有内驱力、为了适应社会的挑战而不断成长的孩子，这样就很好了。

家长收获

通过贺主编的分享，我更加坚定了要做一名成长型和支持型家长的信心。给孩子更多的尊重与鼓励、理解与包容、关爱与信任，让孩子从小拥有爱的能力，有美好的梦想，习惯于思考并反思问题，从而获得更大的内驱力，促进孩子的自主成长。一直以来是孩子成就了我们家长，我们家长更应该意识到家庭教育的重要性，用心陪伴孩子走好每一步成长之路。

——培英小学　谌蓥家长

主讲人：郭喜青

北京教育科学研究院研究员

北京开放大学家庭教育学院院长

北京市教委特聘家庭教育指导专家

引言

　　有人调侃说，好的老师和家长都是骗子，你骗这个孩子说你是一个熊孩子，他就熊给你看，你说你是个好孩子，他真的就成了一个好孩子。

郭喜青：好心态教育好孩子

　　各位家长，先给大家讲个故事，大家可以思考一下，故事中王女士的孩子，为什么发展得这么不理想。

　　王女士是一个初中男孩的母亲。她毕业于一所名牌大学，工作出色，人也漂亮，中年得子，视若珍宝。孩子还在襁褓中，她就给他读唐诗。孩子刚学说话，她就每天用汉语、英语两种语言和他说话。孩子天资聪颖，表现得聪明伶俐。王女士相信只要自己倾尽全力，一定能教育出一个优秀的孩子。

王女士对孩子的教育可谓事无巨细，大到英语算数，小到怎么用筷子拿勺子，王女士都要悉心指导。只要孩子哪些地方做得不好，就立即指出来，并告诉孩子应该如何做。

作为母亲王女士尽心尽力，儿子小学一二年级，在班里一直名列前茅，但随着年龄增长，成绩越来越差，性格也越来越沉闷，家里来了客人不知打招呼，在班里也没有朋友。

王女士很苦恼，孩子究竟是怎么了？

从这个故事当中我们不难发现，问题还是在妈妈身上。王女士确实是非常的用心，但是你仔细分析她的行为，教育的因素比较少，更多的是什么？是管理，是对孩子进行监督，对孩子下达指令，让孩子按照她的要求去做，以为这样做，一定可以教育出来一个比自己更好的孩子。但是儿童的教育，它是一个科学，仅仅有决心有信心、使满力，往往是不能够奏效的，相反还容易把事情越做越坏。

一、家长教育心态影响孩子的心理健康

家长教育心态影响着孩子的心理健康。有很多研究发现，有些孩子在性格方面不是很完美，甚至有些缺陷，或者说心理方面有各种各样的大大小小的问题和毛病。大多数跟他从小在家庭里所受的教育有非常密切的关系，也就是说很多孩子的心理问题，都带有所谓的家缘性。

家长的教育行为，来自自己的教育理念和教育心态。好的心态，能够教育出好孩子，为什么？就因为你的心态好，把孩子的优点看得比较重，对孩子的缺点，往往能够比较恰当地指出，同时积极地帮助孩子改正，另外，为孩子的发展提供更多的积极的能量。

二、家长常见的不良教育心态

家长不良的心态会成为孩子发展过程当中的一些障碍。我们的家长常见的不良教育心态有过度焦虑、急于求成、期望过高和牺牲自我。下面我们就逐一来对这几种不良的教育心态进行分析。

1.过度焦虑

过度焦虑，其实也就是咱们平常讲的过分担心。这种心态在孩子成长的过程当中，对一些可能会出现的不良因素，或者说小小的危险，都过分担心，过度焦虑，一点小的事情就把这个危险在内心当中放大，把不良后果设想得脱离现实。在行为上，就表现出对孩子百般呵护。为了不让孩子出现想象中的那些危险，对孩子有更多的限制。

（1）过度焦虑的危害。

一个人如果长时间处在一种焦虑心理的支配下，天天为了一点小事无休止地担心，设想不良的后果来吓自己，他的情绪一定是烦躁的，内心是不平静的，也不可能体验到幸福。时间长了，睡眠、饮食各方面也会受到影响，影响身心健康，影响生活质量。

过度焦虑的家长在行为上表现为对孩子的过度保护、过分干涉和包办，这样会限制孩子正常的、必要的活动和交往。你不让孩子去探索外部世界，不让他跟别的小朋友交往，总是担心会不会伤到自己的孩子，会不会耽误学习等。这样的心态下出现的行为后果，就是孩子失去了应有的学习、锻炼和发展的机会，形成了社会生活技能低下、缺乏想象力、缺乏开拓精神、依赖性强、胆小等性格特征，对孩子的发展是非常不利的。

父母过度焦虑会让孩子也习得过度焦虑的思维或行为方式。因为孩子在这样的家庭氛围当中成长起来，慢慢地就学会了，原来这点小事就值得我去这么担心，这么害怕，一些日常的生活、学习和活动，都必须是像我妈我爸一样，很担心，很焦虑，需要尽快地、及时地去解决。孩子会慢慢地学会父母这样的一套思维方式和行为方式。

（2）过度焦虑产生的原因。

首先是因为现在的孩子比较少，我们都把孩子当作宝贝，希望他能够健康成长，能够平安幸福。如果一个孩子出现了某方面的意外，我们作为父母，都是无法原谅自己的。所以导致哪怕花费更多的精力和时间，只要能够保证孩子的平安、健康，我们做父母的都愿意。

其次是知识经验的不足。我们很多的家长，没有去系统地学习过怎么样去教育孩子，孩子心理发展的过程，每个年龄阶段孩子心理发展的特点，孩子的心理现象或者是行为方式，哪些是正常的，哪些是不正常的。我们由于不知道这样一些知识，年轻的父母又没有更多的育儿经验，导致当孩子出现一点问题的时候，我们就由于不清楚它到底是不是正常现象而担心。

再次是某些家长本身高度焦虑的个性特点。这类家长在性格方面对自己要求比较严，什么事情都要求自己做到万无一失，这样的一种个性会影响到其教育行为。

最后是精神生活贫乏。很多的家长，除了工作，就是在家里教育孩子。

特别是现在有一部分的妈妈就是专职妈妈，她的所有精力都放在孩子身上，所以对孩子各方面的行为都表现出来一种过度的关注。同时她们会认为，我的任务就是教育孩子，我如果教育不好孩子，那就是我的罪过。她需要通过教育自己的孩子来获得一种成就感，因此她不允许自己在教育孩子方面有丝毫的疏忽和大意，所以对孩子身上表现出来的一点点所谓的不尽如人意也好，不理想状态也好，她都特别的在意，特别的焦虑。

（3）过度焦虑的心理调整。

那么我们怎样去调整这种过度焦虑的心态呢？首先，丢掉惧怕，充实内心。其次，建议大家去学习一些儿童教养、儿童家庭教育方面的知识。当我们明确了孩子的表现，哪些时候是应该重视的，哪些时候是正常现象，不必担忧，我们就能坚定自己的内心，能够判断孩子成长过程当中的正常或者是不正常，也减轻了我们的焦虑。最后，丰富自己的精神生活，充实内心，把自己的生活变得更加有条理，把自己的家庭变得更加幸福。

2.急于求成

急于求成这种心态表现在我们家长身上，就是缺乏耐心。家长无视孩子身心成长的规律，希望对孩子的教育和期望能够出现立竿见影的效果。他不知道孩子的发展成长是需要一个过程的。

（1）急于求成的危害。

有些家长急于进行某些宣传的早期教育，各种各样的训练，有的时候是碍于自己的面子，觉得我的孩子不能够比别人差。另外考试的名次、分数、获奖情况，家长都特别的在意，有些家长在方法上不考虑孩子的特点，用成人的理念、方法去教育孩子，所以出现了很多变了味儿的兴趣班，虽说是兴趣班，但其实孩子根本不感兴趣。

很多孩子被各种训练，挤占了时间、空间，他没有时间去跟父母聊天、谈心；也没有时间在父母面前撒娇；更没有时间跟同学、朋友游戏、交往。孩子与父母总是一种冷冰冰的关系，得不到父母的爱，感受不到父母的爱，所以自己也不会去爱别人。没有交往的经验，不会跟小朋友交往，内心是孤寂的，性格上是缺乏热情的。时间长了会形成一个闭锁、狭隘、冷漠的个性。

所以说孩子成长过程当中，对于学习这样一个观念，我们应该进行拓展。孩子跟小朋友玩耍做游戏，或者说跟父母之间的谈话，跟父母在一起的各种活动，都是学习，都是必要的。

在急于求成心态支配下的一些家长，往往有意识、无意识地限制孩子的活动时间，认为去做各种实践活动，去玩耍是没有意义的。时间长了，孩子就会产生一些逆反心理，对家长产生反抗、怨恨，然后出现一些悲剧。社会上一些出现不良行为，反社会行为的违法犯罪的少年，在受教育过程当中都或多或少的，有家长不良心态、不良教育方式的影子，所以说应该引起我们家长的重视。

发展心理学研究表明，每一个儿童的心理发展都有阶段性。每一个年龄阶段，都有特定的发展任务，而且每一种心理机能的发展都有关键期。所以说不了解儿童心理发展的规律，盲目地对孩子进行急功近利的，所谓的训练，不仅不能如愿，反而会使孩子失去智力发展的关键期，对孩子的智力发展造成不良影响。

（2）急于求成心态形成的原因。

首先是家长的名利思想和虚荣心。现在很多的家长有攀比心，你的孩子上了名校，我的孩子就一定也要上名校，不能上普通学校。为了自己能够在亲朋好友面前、在同事同学面前有面子，急于求成，想在短期内把孩子打造得非常优秀，通过别人羡慕的目光，来获得自己的满足。

其次是媒体宣传的一些影响。前段时间网络上有许许多多的家庭教育成功、成才的例子，宣传自己对孩子的教育方式，很多的家长受到这方面的宣传的影响。其实这些宣传更多的是有着一种赚取流量或者是期待的目的。他们教育孩子的成功方式方法用到我们自己的家庭里未必有效。

（3）急于求成心态的调整。

每一个家长都希望自己的孩子能够成为栋梁，但是总有一部分孩子要从事一些平凡的工作。这个社会需要高层次的尖端人才，但更多的还是需要普通的劳动者。因此在教育子女的问题上，我们要有一颗平常心。北京四中原校长刘长铭先生，对四中学生家长就是这么讲，要鼓励你的孩子做一个幸福的普通人，而不是对他进行一个高的期待，让他们都成为精英和拔尖人物。

3.期望过高

期望过高就是期望超出孩子的能力范围。在行为上的表现就是追求完美，提出孩子力所不及的高要求，或者无视孩子间的差异，将自己的孩子与别的孩子来盲目地攀比，并经常感到心里不平衡，时常为自己子女的前途担忧。这些家长看不得别人的孩子比自己孩子哪一个方面优秀，只接受自己的孩子比别人的孩子优秀，因此对孩子的要求一直非常的高。

（1）期望过高的危害。

有很多优秀的学生仍然很自卑，为什么？就是因为在自己的父母面前，自己永远不如别人家的孩子。即便是孩子考了99分，家长也会说你看看对门，李叔叔家的孩子都是100分，你这1分是怎么丢的？像在这样的教育心态，在这样的环境下长大的孩子，往往都没有自信心。他的自卑源于家长的过高期望。孩子无论怎么努力都达不到家长的期望值，孩子永远觉得自己做不好，永远认为自己不能够让爸爸妈妈满意。这种自卑感就根深蒂固于我们孩子的性格当中了。

有一个孩子，考试的时候作弊被老师抓住了，老师问他为什么作弊，这个孩子说这是我爸爸妈妈逼的，因为我爸爸妈妈说，我的成绩必须达到95分以上，如果达不到，就要惩罚我。为了不让爸爸妈妈失望，为了不受爸爸妈妈的惩罚，我只能作弊。其实我不愿意作弊，我只是想得到让爸爸妈妈满意的分数。所以这些现象，都是父母造成的，父母给压力导致孩子在行为方面出现了一些问题。这是我们每一位家长、老师都不愿意看到的。

期望过高的这些家长，一般是孩子考得好了，情绪一下子就会高涨起来，高兴起来，就会给孩子奖励；如果考得不好，马上就是另外一副面孔。长此以往，孩子就会认为，爸爸妈妈爱的是分数，爱的并不是我，我只是他们装点面子去炫耀的一个工具。

（2）期望过高心态产生的原因。

家庭教育目标理想化。据调查发现，有90%以上的家长存在对孩子期望过高的心态，80%以上的家长希望自己的孩子将来成为白领或者金领，这个可以理解，但是我们也要冷静，我们要客观地分析判断，假如这个社会是一个大厦，它固然需要栋梁，但是需要更多的还是普通的砖和瓦。

我们讲德智体美劳全面发展。现在很多家长就觉得，各科成绩都要一样，都要处在一个优秀水平，这才是全面发展。其实不是，我们要求的全面发展是素质方面，要达到一定的水平，在这个基础上我们需要有特长，有个性，每一个人都有自己的兴趣爱好，每一个人都有自己的天赋和才能。就是说多样化、个性化发展，才是对全面发展的正确理解。

竞争是客观存在的，有竞争才能够有进步，但不是说只要参与竞争，就一定要赢。不管是考学还是比赛，都是一种竞争，这种竞争我们重在参与，积累我们的学习动机和成长动力，而不是非要达到一个什么目标，非要拿到名次。

（3）期望过高心态调整。

调整期望过高的心态就是要找回我们的欣赏性。一位班主任给一个家长发了一条短信，他是这么写的，每一个孩子都是一株珍贵的花草，都有属于自己的花期、果期，你不必左顾右盼，只需满怀期待地守着你的那一株，他一直没有开花结果，也许是因为，他是一棵参天大树。

在这里我给大家讲一个积极心理学的理念，用积极的心态看孩子。有一个短板理论，假设一个人的发展，一个人的素质，就像一个木桶，那么这个木桶盛水的多少，是由一块最矮的板子决定的。因此在教育过程当中，很多家长瞪大了眼睛来寻找挖掘孩子到底还有哪些缺点，还有哪些薄弱的地方，将很多的精力和时间都花费在发现孩子的缺点、短处、隐患上。

但是后来人们开始反思，特别是积极心理学被大多数人接受和认可以后，大家开始反思，这是真理吗？我们做一个实验，把这个桶支起来，让它向长板子方向倾斜，你会发现桶的容量也能够增加，这给我们的启发是，我们能不能把精力用在发展长处、优势上边？那样的话，从事工作或者学习，就能把自己的优势发展到极致。

现在的新高考也是关注学生的优势和潜力。根据学生的兴趣、优势来选科，然后进行生涯规划，把学生的潜能充分发挥出来。

我们的目光、我们的关注点、我们的注意力就好像阳光雨露，如果我们关注孩子的优点，那么这些优点就好像沐浴了阳光，沐浴了雨露，它就会茁壮成长。

有人调侃说，好的老师和家长都是骗子，你骗这个孩子说你是一个熊孩子，他就熊给你看，你说你是个好孩子，他真的就成了一个好孩子。这说明我们需要用积极的心态教育孩子，鼓励孩子，对孩子采取一些积极的教育行为，那么你的孩子也就能成为好孩子。

4. 牺牲自我

牺牲自我的心理，其实是自己缺乏进取心。这种为了子女能够成功成才，愿意牺牲掉自我的心理。具体表现是一切以子女的学习为中心，全方位全身心地为子女服务。比如每天无微不至地照料其饮食起居、按时接送、督促作业、陪读，等等。凡是能够为子女做到的都尽全力去做，认为子女的一切都比自己重要。有些父母说，我这一辈子就这样了，下边就看孩子的了，所以自己在工作当中不求上进，在生活方面也没有更高的追求，把自己的一切都压在孩子身上。

（1）牺牲自我心态的危害。

首先，影响孩子独立生活和适应能力的发展。这种包办行为与保姆无异，造成孩子连最基本的独立生活的能力都没有。这样待他离开你的时候，他就无法生存。

说到学区房，咱们大家都清楚，中小学周围有很多的房子，划片招生时，能够让孩子到比较好的学校，享受比较好的教育资源。但是后来我才知道，有些大学旁边也有学区房。为什么呀？因为一些考上重点大学的学生什么都不会做，妈妈很早就不工作，在家里一心一意地培养他，一心一意地为他服务。那么待他考上大学要离开自己的家，到外地去上大学的时候，妈妈是不放心的，怎么办呢？妈妈就会跟着他到另外一个城市去陪读。像这样的孩子是很可悲的，父母的牺牲换来了他除了学习什么都不会。而且那种被从小照顾到大的孩子，因为习以为常，往往缺少感恩之心。

我们做考试焦虑这一方面的辅导的时候，在分析学生考试焦虑的原因的时候，其中有一条十分常见，就是怕考不好对不起父母。我们也做了好多这个方面的调查，发现学生学习压力很大，这个压力当中有相当一部分是来自自己的家庭，把自己未能够实现的理想压在了子女的肩头，有的父母为了子女的成功，牺牲一切，这让子女时时刻刻感觉到，自己如果达不到父母的要求，就对不起父母。在这种心理支配下，孩子会感到沉重的压力。

（2）牺牲自我心态产生的原因。

有些家长在现代社会激烈的竞争面前，缺乏优势和自信心，就说我的孩子需要辅导，我要把孩子培养成才，相比工作，孩子的学习发展更重要，所以干脆就回家了。在我看来，为孩子发展而牺牲自己只是一个借口，这样的一部分家长，对自己的未来没有远大的抱负，由此放弃自我建设和提升，把自己的后半生寄托在子女身上。

（3）牺牲自我心理调整。

其实我们中小学生的父母，都正是年富力强的年龄，正处于发展自己贡献社会的大好年华，为了子女的教育而放弃自己，对社会、对自己来讲，其实都是很大的浪费。

子女和父母都是独立的个体，每个人的生命都要由自己独立来完成，是不能互相替代的。同时我们父母工作认真负责，积极上进，对事业执着追求，本身对孩子就是一种教育，就是孩子的一种榜样。所以说父母有自我，孩子才能够有独立的意识。

　　这场讲座让我这颗焦虑的心平静了下来。作为家长，我们要学会接受孩子的各个方面，这其中包含他们的优点和不足。孩子的成长需要时间，家长要有耐心，不要急于求成。俗语有云，"数子十过，不如奖子一长"。在孩子的成长当中作为家长的我们要学会对孩子的优点进行鼓励及肯定。每一个孩子都是独立的个体，不要把自己的意愿强加到孩子身上，不要总是和别人比较，做好自己才是最重要的，"他强任他强，清风拂山岗"。相信总有一天阳光会照亮心桥，梦想会照进现实，时光不语，静待花开！

——育鹰小学　王博瀚家长

主讲人：施钢

中国农业大学心理素质教育中心主任

中国心理学会临床心理学注册系统注册督导师

首都高校"心灵阳光"专家讲师团成员

北京婚姻与家庭建设协会理事

长期担任中央广播电视总台、中国教育台、北京

电视台等电视台多个栏目特邀心理专家

引言

当前一直谈论的起跑线，什么是起跑线？科学的家庭教育就是孩子的起跑线。现实生活中很多家庭输在了起跑线上。

施钢：科学的家教培养身心健康的孩子

中国的爸爸妈妈是最爱孩子的，对孩子期待也是最多的。科学地教育孩子，不是简单地听一场讲座，读几本书就能够解决的事情。因为这里面有期待、有担心、有焦虑，更为重要的是父母要想十几年如一日，按照科学的方法陪伴一个小生命去成长，这绝对不是一件简简单单的事情。

当前一直谈论的起跑线，什么是起跑线？科学的家庭教育就是孩子的起跑线。现实生活中很多家庭输在了起跑线上。例如，2018 年 10 月 29 日，河南洛阳，因为和弟弟争执一口凉皮，17岁的女孩带着自己10岁的妹妹跳入了县城的水库，诸如此类的悲剧还有很多。案例中，姐姐并不是因为一口凉皮、一个批评或争执闹情绪，就轻易放弃自己的生命，而是因为这个孩子被诊断过患有抑郁症。大家要注意区分情绪障碍和闹情绪。抑郁症情绪障碍是心理不健康的表现，也叫人格不健全。

人是社会关系的总和，生命有三个本质属性，即生物学属性、社会学属性、精神学属性。在中国的传统文化里，生命的社会学属性和精神学属性更被看重，所以，清明节我们要祭奠哀思。不光是对孩子开展生命教育，还要对年轻人开展生命教育，因为现在的年轻人对生命的理解越来越趋于单薄，忽略了人跟人之间生命的链接还蕴含着太多的爱、责任和牵挂。对生命是否敬畏，孩子是否尊重自己，是否珍视自己，这是生命原初动力的问题，也是身心是否健康的表现。因此，家庭教育当中一个非常核心的问题，健全人格教育缺失，是现在我们整个家庭教育当中需要关注的重点。

一、家庭教育的现状与思考

1. 网一代孩子出现了什么问题

我从2012年开始，带着自己的团队开始做调研，调研幼儿园、小学共57所。调查结果显示，伴随着互联网和智能手机长大的孩子存在三方面的问题。

第一，注意力水平下降，六成学龄儿童偏离常态。在小学一年级和大班/学前班使用专业测量工具去测量，孩子们的注意力水平没有达到可以上学的水平。怎么办？家长想的办法是抢跑。因此，无论从经济投入、时间投入等方面来说成本都双倍增加，而这样的方法是不科学的。研究发现，儿童的注意力水平发展与儿童的智力发展相关性很高，是智力五要素中最核心的要素。因此，注意力的分布和智力的正态分布很相似，符合正态分布。很多时候并非孩子的智力不足，而是孩子的注意力水平、专注力水平不够，因此影响学业成绩和课堂听课效率。而我们家长和老师看到的是孩子学习能力不行，跟不上进度，写作业慢等问题。

第二，习惯养成问题，七成学龄儿童没有养成良好的学习习惯。学习习惯跟生活习惯紧密相连，生活习惯良好的孩子，学习习惯也会较好。因此，在日常生活中，父母要对孩子在生活习惯上进行训练，整个家庭的生活也要有规律。

第三，规则意识问题，超过八成的儿童缺乏规则意识。传统的家庭场景要求尊敬长辈、礼貌用语、举止文明等，体现在方方面面，例如，吃饭要等老人先动筷子、递东西要双手、不能对老人不敬、不能说脏话等。但是现在是吃饭先让孩子吃好、喝好，剩下的大人再吃，没有任何的传统规矩和限制，最有效的教育方式被我们抛弃了。

因此，我曾经总结过家庭教育最滋养生命、最有营养的三大要素：孝道、规矩、家务劳动。个人认为科学的学前教育应该把语数英三门主科换成专注力课程、积极心理品质培育课程、习惯养成课程，顺便依据孩子的接受习惯，再增加一些语数英的课程启蒙与渗透。当今的教育太缺乏一些科学的理念，总结一下网一代孩子三大突出问题，其一是专注力水平令人担忧，没办法静下心来做一件事，三分钟热度，容易放弃；其二是以自我为中心，不懂得分享，不懂得感恩；其三是行为拖延退缩，不担负责任。问题在于父母的过度呵护和关爱，过度包办，其实是剥夺了孩子成长的权利。

2. 家庭教育的核心问题与困境

这也映射出当前家庭教育的核心问题在于家校社三方主体严重脱节，主要体现在三个方面，一是家庭教育缺失，学校教育过度，社会教育急功近利；二是沟通不畅、合作不够、共育不成；三是家庭教育缺位，学校教育越位，社会教育错位，这是共性现象。

同时，当前家庭教育面临三大困境。一是应试教育弊端，传统教育教学习惯积重难返。应试教育的弊端在于学科分割，以知识灌输为主，以教师讲授为中心，以知识为中心，这个带来的学习就是被动学习。很多孩子认为学习是给家长学，选科是给家长选，因为是家长让我们学习，让我们选的，不是我想选、我想学习的，导致很多学生产生厌学现象。二是经验传承式的家庭教育习惯难改。大家有没有意识到，在座的各位家长都是20世纪出生的，而孩子们是21世纪出生的，家长跟孩子是跨世纪的，有很大差别，家长当时所用的方法用到当前孩子的身上不适合了，不管用了，就会出状况。三是社会大环境的影响无可避免，内卷严重，这是社会属性决定的。

无论是家教还是学校教育都要尊重孩子的身心发展规律，孩子该玩的时候就玩，该睡觉时踏踏实实睡觉。当前，家长不顾孩子身心发展规律，一味抢跑，孩子确实没有输在起跑线上，但是很多孩子却失掉了一辈子。什么是起跑线？家庭教育就是孩子的起跑线，而不是抢先报了个什么班。

当前非常严重的问题，一方面，把学校教育当作教育的唯一标准和模板，摒弃了家庭教育的独特属性和功能。不能按照家庭教育自身的特殊规律来教育孩子，而成为学校教育的附庸，导致学校教育过度、家庭教育缺失问题。另一方面，在社会功利选择的干扰下家长的期待异化。例如，中国父母争先意识强，望子成龙心切，期望较高；没有时间，难以坚持，困惑较多；两代人养育观念不一致，夫妻之间养育观念不一致等，干扰较多。而且，很多家长都认为教育是学校的事情，生活是家庭的事情。所以，孩子状况频出，跟家庭教育也有紧密关系，需要引起我们的反思。

二、家庭教育的重要性及规律

1.科学家庭教育的重要性

从国家层面而言，已经意识到科学的家庭教育非常重要。2015年10月，教育部印发《关于加强家庭教育工作的指导意见》，其中包括：中小学幼儿园要为家庭教育工作提供必要的经费保障；把家庭教育工作作为中小学幼儿园综合督导评估的重要内容，开展督导工作；各地教育部门和中小学幼儿园要与相关部门密切配合，推动建立街道、社区（村）家庭教育指导机构，利用节假日和业余时间开展工作，每年至少组织2次家庭教育指导和2次家庭教育实践活动，将街道、社区（村）家庭教育指导服务纳入社区教育体系。

　　家长们获取科学的知识，对于孩子的身心健康的培养比什么都重要。什么样的家庭教育是科学的呢？怎么样就科学了呢？这里面要处理好两对关系，一个是成长与成绩的关系，一个是成功与成人的关系。在很多家庭里，孩子的成绩成了夫妻关系的晴雨表，成了家庭氛围的晴雨表。这样很不利于孩子的心理健康，对家庭关系有很大影响。因此，科学的家庭教育规律是，成才比成绩重要，成才比成功重要。当成绩和孩子的成长发生冲突时，要放下成绩。孩子不一定要出人头地，但要健康；不求荣华富贵，但求快乐幸福。家长们要思考一个话题，千万别赢在起跑线上，输掉了一辈子。很多家长为了孩子什么都可以做，是孩子的勤务兵，有求必应。心疼不心疼父母不重要，重要的是学习好，长此以往孩子根本不理解父母的辛苦付出，不会心疼父母，没有感恩的心，没有理解的心，没有照顾的心。

2. 家庭教育的理念、规律、特点与功能

　　19世纪瑞士著名的民主主义教育家裴斯泰洛齐谈到，家庭教育不是学校教育的补充和助手，学校教育是家庭教育的辅助手段。这句话说出，人格培养在前，知识学习在后，特别指出家庭教育的功能在于人格教育、人性教育、人品教育，这些是一个人的立足之本。也就是说，一个人虽然没读大学，但是如果这三方面不出问题的话，他依然快乐幸福。即便上了大学，攻读硕士、博士学位，但是这三方面出了问题，那他可能依然不快乐不幸福。

　　什么样的教育是家庭教育呢？与学校教育有什么区别呢？家庭教育是自由的、温馨的、舒适的、随机的、生活化的、个性化的，跟学校教育不同，学校教育是机械的、刻板的、功利的、共性的、通识化的、集约化的。那怎

样满足孩子个性化的成长呢？不是让学校满足的，只有家庭教育才能真正满足每个孩子那种独一份的成长。

要深刻理解规律感，基于家庭活动服务于家庭和全员参与个性化、终身性，以陪伴、分享、支持为主。所以陪伴是最长情的告白，一般家庭教育的责任都落在了妈妈身上，学习家庭教育也是妈妈占多数，但是爸爸和妈妈在养育孩子过程中所起的作用是不同的。可以把孩子的教育比喻成一棵树的成长，家长教育是树根，家庭教育是树干，学校教育是树枝，社会教育是树叶，孩子的成就是结出的果实。从这个比喻中可以看到，家庭教育、家长教育十分重要。

21世纪家庭教育的奢侈品：陪伴、分享和尊重。手机虽然方便了大家的生活和工作，但是也把每个人的时间偷走了。虽然大家都在家里面对面坐着，但是每个人都盯着手机，缺少了陪伴的温情，每个人都沉浸在网络世界里，缺少了拉家常、讲故事的时间和机会，缺少了相互尊重和平等。所以，我们可以想象一下，如果晚上7点以后没有手机，会发生什么事情？

有调研显示，当前我们称之为家庭教育危害品的，包括互联网，网络成瘾；朋友圈的刷屏和网聊等，里面充斥着娱乐、八卦、猎奇、新鲜、刺激，让你上瘾，无法停止；妈妈的唠叨、比较、控制、情绪、强势，以及爸爸的急躁、粗暴、逃避、懒惰、恶习等。

调研中同学们最不喜欢的爸爸妈妈的特点排在前五位的是：妈妈的唠叨、强势、发脾气、情绪化、挑剔、控制、固执；爸爸的易怒、固执、粗暴、强势、发脾气、不爱交流、抽烟喝酒。而同学们喜欢的爸爸妈妈的特点排在前三位的是：妈妈的温柔、理解、善良、耐心、细心、善解人意；爸爸的责任心、乐观、宽容、幽默、有耐心。

新世纪家庭教育的主要问题，其一是重视有余认识不足。中国的爸爸妈妈高度重视孩子的教育，甚至是有些过度，但是认识不足，体现在目标不明确，方法不科学。其二是缺乏学习意识，家教中经验传承的惯性思维使得父母学习不够，没有科学的方法。其三，时间投入不够，上有老下有小，工作忙，养育孩子最需要投入时间和精力的时候，也是爸爸妈妈们最繁忙的时候。因此，养育孩子的重任往往就落到了妈妈身上，爸爸缺位严重。

大样本的调查显示，中国式的家庭教育中，爸爸时间投入足够的占 15%，这是非常严峻的一个数据。《三字经》中有一句话叫"子不教，父之过"，父亲在养育孩子中的重要性不言而喻。孩子的人格养成跟爸爸对孩子的陪伴过程高度正相关。爸爸的参与对于孩子的社会适应性、人际交往，尤其是复原力是非常重要的，有很多内容是妈妈的陪伴无法替代的。一个女孩子的婚恋的好和坏，跟爸爸对孩子态度的好和坏呈高度正相关。

三、如何开展科学的家庭教育呢？

1. 什么是心理健康的孩子？

2016 年 12 月 30 日国家卫计委、中央宣传部等 22 部委联合印发的《关于加强心理健康服务的指导意见》中指出，"心理健康是人在成长和发展过程中，认知合理、情绪稳定、行为适当、人际和谐、适应变化的一种完好状态"。如果一个人过度地"主观、偏执；敏感、多疑；懒散、拖延；孤立、讨好；被动、消极"都可能存在健康隐患。

要开展科学的家教，就要跳出三大怪圈。第一，经验传承与传统习惯难改，严重缺乏科学性。例如，身心失衡，传统的智育重于心育的观念，忽略了心理成长和人格健全的教育；无法回避孩子与家长跨世纪造成的鸿沟等。第二，缺乏育人意识，很多来自成长性的问题存在严重的滞后性，具有隐蔽性。如果家长不敏感，没有意识到，问题一般会在入园入学、青春期、遭遇困难挫折时暴露出来，此时再去做工作就相对比较困难了。第三，由于当前社会急功近利、恶性竞争、内卷严重，导致揠苗助长现象普遍。

大学生普查中，采用国际通用的大五人格问卷来测量学生的心理健康状况。大五人格通俗来讲，一是自知情况，二是环境适应情况，三是人际交往情况，四是情绪管理情况，五是复原力，即抗压抗挫能力。普查数据得出的重要结论是，大学生人格健全堪忧，稳中有降，而且，结果中30%的人格健康的学生，与学业优秀率30%相吻合。普查中存在的问题主要表现在：行为拖延、自律情况异常严峻，网络依赖突出；社会适应、人际交往呈现时代特点，如自我中心、人际关系高度敏感等；情绪管理、抗压抗挫能力、自我管控问题多多。

给我们的重要启示是，家庭教育要通过三全育人促进孩子身心健康全面发展，全面开展健全人格教育，全方位培育积极心理品质，全过程提升综合学习素养。这里所说的综合学习素养是指：第一，学习认知，第二，学习兴趣，第三，学习习惯，第四，学习方法，第五，学习力带来的学习成绩。家长有三门心理学需要学习，一是发展心理学，二是人格心理学，三是积极心理学。

2.如何进行人格教育？

人格又称个性，是个人带有倾向性的、本质的、比较稳定的心理特征的总和，包括性格、气质、品德、品质、信仰、良心、兴趣、爱好、能力等，是由先天遗传和后天教化相互影响形成的。人格教育由两个阶段组成，一个是0—14岁的人格培育阶段，一个是30岁以后的人格完善阶段，人格培育是一个终身话题。

家庭教育中滋养生命的三大要素包括讲孝道、懂规矩和做家务。家庭教育中开展五心教育，即感恩之心、恻隐之心、敬畏之心、同理心、上进心。因此，健全人格即尊孝道、重善行、知廉耻、尽人情、求上进。

3.科学家教中的关键期和差异性是什么？

严格来讲孩子的教育体系中，应该是胎教、家教、早教、幼教、小教，然后到中学、高中、大学。每个年龄阶段孩子发展变化的速度不同，满月以内的孩子按天计，周岁以内的孩子按周计，2岁的孩子按月计，3—5岁的孩子按季计，7—9岁按学期计，10岁以上按年计。孩子的成长教育体系中最为关键的人格形成的敏感期是什么时候呢？大家常说，"三岁看大，七岁看老"。3岁看大指的是情商，即孩子的人格发育健全情况，到3岁时就接近了成人的80%，3岁以后就是修修补补的事情。所以，为什么说父母是孩子的第一任老师，要帮助孩子扣好第一粒扣子，那个扣子就是人格健全。为了验证这个结论，美国的一个教学团队研究了50年，对1000多个3岁左右的孩子，连续追踪了50年，13岁、23岁、33岁、43岁，到53岁得出来结论。3岁时的人格测试结果同53岁时的结果近似程度是80%。7岁看老是指智商，一个孩子7岁时智商接近成人的80%，7岁以后又是修修补补的事情了。

因此，家庭教育对孩子的人格健全，对孩子的起步非常关键，并且无法替代。在养育孩子的过程中，要抓住以下几个关键期。首先，0—1岁叫肌肤之亲期，是培养安全感的时期。第二个关键期是入园时，3岁入园叫人际关系的敏感期。第三个关键期是入学时，属于社会适应的关键期。第四个关键期是12—14岁青春期，在此阶段，孩子遇到亲密关系、身份认同和人格独立等挑战。

孩子的成长过程及其影响因素是有差异的，家长要了解差异，才能开展科学的家教。第一，家长要高度重视孩子的年龄差距导致的个体差异。例如，入园前导致孩子个体差异的关键因素是年龄差异，这个差异会随着年龄增长自行缓解。但是对于学龄前孩子的年龄差异，要注重调整，否则没办法适应小学的学习与生活。第二，性别差异非常普遍。建议6月以后出生的男孩没有特殊情况最好晚一年上学，9月以后出生的最好都晚一年上学。如果有特殊情况例外，如，身心发育超前、家教模式突出、学前教育优质等。第三，家教模式导致的个性化差异千变万化。例如，家庭氛围、家教模式、沟通情况不同，有些家庭采取说理、管教、批评、阻碍等家教方式；有些家庭采取示范、启发、陪伴、滋养生命等家教方式等。家长们要了解年龄差异、性别差异和家教模式差异，以便更好地开展科学的家庭教育。

4.科学的家教如何开展?

我将科学的家庭教育方式总结如下。一个核心目标。健全孩子的人格，关键在家教。1—3岁，三年时间，特别是周岁以内，是肌肤之亲关键期。心理学有研究表明，一个孩子在周岁里，连续7天离开自己的妈妈，对人格安全感的损伤可能是不可逆的。所以，总结两句话叫作，三心二意做家教，一心一意养孩子。三心是指平常心、耐心、恒心。贵在平常心，关键有耐心，最难是恒心。二意是指，沟通意识和规则意识。养育孩子是一个长期的陪伴过程，良好的沟通是解决一切问题的开始，没有规矩不成方圆。一心一意是指，父母的初心和父母的本意，希望孩子健康、快乐、幸福。带着这个本心去陪伴孩子，去看待孩子的行为表现，看待孩子的成绩，你的家教就是科学的，这叫一心一意养孩子。

科学家教的三大关系四原则。这三大关系是代际关系、夫妻关系、亲子关系，最核心的是家庭教育当中夫妻关系的好与坏，直接影响到孩子的成长质量。那么好的关系是什么? 有底线有边界，善于沟通。四原则是指信任，底线，一致，实践。对应的家教的四大毒素是急躁、比较、悲观、期望。对待孩子最怕闹情绪、做比较、爱面子、高期望四大毒素。所以，我们带着初心教育孩子，遇到冲突时，就知道该怎么办。

科学家教五步法。第一步，不急不躁，管控情绪最为重要。所有孩子的问题都带有后置性，所以，家庭教育是慢功夫、精细活、持久战。第二步，接纳。无条件接纳是积极心理学当中非常重要的一个理念。如何接纳呢? 要接纳孩子与我们期望的不一样，接纳孩子不如别人家孩子优秀，接纳孩子的不完美。第三步，沟通。心理学有一句话，家庭教育当中一切问题都源于沟通不畅。解决问题从有效沟通开始。第四步，改变。大家觉得谁先改变呢? 大人先改变。第五步，坚持。十年树木百年树人，教育不可能一蹴而就。

5.家教中的几个误区

在家庭教育中父母要注意以下八个方面。第一，太多的呵护，使得孩子无法成长，缺乏自尊；第二，太多的唠叨，使得孩子逆反对抗缺乏自省；第三，太多的包办，使得孩子无法独立，缺乏自主；第四，太多的期望，使得孩子畏难逃避，缺乏自强；第五，太多的责备，使得孩子失去动力，缺乏自信；第六，太多的迁就，使得孩子不知约束，缺乏自律；第七，太多的比较，使得孩子缺乏快乐，网络依赖；第八，太多的给予，使得孩子无法满足，内心空虚。这几个方面也就是积极心理学倡导的自尊、自信、自立、自强的积极行为品质。

总之，家庭教育是一个慢慢陪伴和成长的过程，不能急功近利。每个孩子虽然不是最完美的，但却是最独特的。卡尔·荣格曾说过一句话："不要期望把孩子培养成为最好的、正确的、完美的，而是用心陪伴孩子成为和谐的、健康的、充满活力的。"

家长收获

家庭教育中一个非常重要的问题，即人格教育、人性教育和人品教育，这是学校教育不能替代的。孩子从小要形成规则意识，要尊重父母长辈、与兄弟姐妹和睦相处、尊重生命，这是作为社会人应具有的基本品质和情感。

家庭教育就是要给孩子树立正确的榜样、惩戒其错误的行为，帮助孩子向善、向好；不能觉得孩子岁数小就放纵他的无理、无视他的错误，甚至歪曲事实去迎合孩子的心理，满足孩子的无理要求。

——北京一零一中学矿大分校　孙蕾家长

老师讲到了科学的家庭教育是孩子的起跑线，并谈到了家庭教育的重要性。同时也纠正了我认识上的一个误区——我总认为把孩子交给学校，只要孩子听老师话就可以了。经过学习后，我觉得作为家长有更多的责任，联系到生活中平时对待孩子的方式方法，我觉得自己有很多方面还需要调整。

施老师还谈到了家庭教育中爸爸对女儿的影响。大多数的家庭都有"爸爸在家时间很少、对孩子陪伴少"的情况存在。孩子对父母陪伴的渴望，有时候从眼睛里看得出来，而我们往往因为现实的原因，即使看到了，也顾及不到。作为家长，我们应该重视这一情况，尽可能去改变这一现象。

——中关村外国语学校　张明阳家长

作为一名家长，学习家庭教育大讲堂第三十一讲课程，有了许多新思考。面对现代社会的信息爆炸，孩子们随时都能接收到很多信息，信息的良莠不齐时刻威胁着孩子们的健康成长。顺应时代的科学家庭教育，是学校教育、社会教育的必要基础。抛开家庭教育谈教育是不成立的，是不科学的，是没有未来的。作为家长，清醒地认识到家庭教育的重要性，是帮助孩子健康成长的必要前提。

——首都师范大学附属育新学校　司浩男家长

讲座中，我印象最深刻的是一组大学生调研数据，我看到了孩子形容父母的褒义词和贬义词，我们希望成为的父母和孩子眼中的父母，形成了强烈对比。可想而知，我们期待的孩子的未来未必真如我们所愿，接受孩子的平凡，放低对孩子的期待是个重要命题。父母本意，不忘初心，别忘了孩子到来时，我们只是期望一个健康、快乐、幸福的未来。趁现在，一切还皆有可能。

——八里庄小学　朱琤家长

印象十分深刻的一句话是，不要期望把孩子培养成为最好的、正确的、完美的，而是要用心陪伴孩子成为和谐的、健康的、充满活力的。真正重要的健全人格培养，需要经过人格培育和人格完善两个阶段，注重孝道、规律、

　　　　　　　　　　　　　　　　　　　　　　　　　名人谈家教

家务三大要素，一心一意养孩子，坚持五步走的科学方法。以身作则，根据孩子的不同性格和现有阶段，培养自尊、自信、自强、自律、自省的人格健全、身心健康的孩子。培养教育孩子的路途漫漫，每个家长都要在不停的学习摸索中前进。

——智合幼儿园　翟元溪家长

主讲人：聂震宁

全国著名阅读推广人

著名出版家、作家

全国政协委员

中国作家协会全国委员会委员

现任韬奋基金会理事长

引言

    21 世纪的文盲不是那些不会读写的人，而是那些不会学习的人。当今高端的理科知识，三五年就有很大的变化。人文社会科学五年左右就有很多新的观点出现，所以必须保持学习的能力，才能够与时俱进。

聂震宁：阅读力决定学习力

    "立学以读书为本"，这句话出自北宋欧阳修的作品集《欧阳文忠公文集》。我们先说阅读是为了什么。第一，阅读是读以致知。古希腊著名的哲学家亚里士多德有句名言："求知欲是人类的第一天性。"我们想知道火星上是什么样子、我们的航天的旅途是什么样子，我们想知道万米深海到底有什么东西。第二，阅读是读以致用。书到用时方恨少，读书对我们所有同学都有用。书没有读好，就不可能把作业做好，考试就很难取得好成绩。第三，阅读是读以修为。腹有诗书气自华，"一日不读书，尘生其中；两日不读书，言语乏味；三日不读书，面目可憎"，这是黄庭坚的理念。孔子有云："好仁不好学，其蔽也愚；好知不好学，其蔽也荡。"说的就是一个人喜欢仁义道德，做正人君子固然很好，但是他不读书很可能会受人愚弄。第四，阅读是读以至乐。"知之者不如好之者，好之者不如乐之者"，要想让孩子成为一个爱学习能学习的好学生，我们要建设一个书香社会，读书必须要乐在其中。1995 年，联合国教科文组织宣布 4 月 23 日为世界读书日，同时发表了一个宣言，希望散居在世界每一个角落的人，无论你是年老还是年轻，无论你是贫穷还是富有，无论你是患病还是健康，都能享受阅读的乐趣。习近平总书记在致首届全民阅读大会举办的贺信中强调，"希望孩子们养成阅读习惯，快乐阅读，健康成长"。

一、阅读力与学习力的关系

1. 什么是学习力

　　未来学家托夫勒有句名言，21 世纪的文盲不是那些不会读写的人，而是那些不会学习的人。当今高端的理科知识，三五年就有很大的变化。人文社会科学五年左右就有很多新的观点出现，所以必须保持学习的能力，才能够与时俱进。学习力包括三个层次：第一，学习动力，第二，学习毅力，第三，学习能力。

　　学生的学习动力来自各个方面，有的来自家长的鼓励，有的来自家长的批评，有的来自老师的教育，有的来自同学之间的竞争，有的来自各种各样的吸引，也可能来自各种各样的压力。学习动力必须要有，否则的话就会厌学，不想看书，什么也不想做，这是很致命的。同时，学习会有很多困难，即便是读小说的学习，读完小说还要准备测评能不能够把这个书读懂，所以学习需要有毅力。另外，学习还要有很具体的能力，经由教育和训练获得，包括阅读、听课、理解、积累、思考、讲述、写作等方面的能力。

2.什么是阅读力

阅读力包括三方面的内容：第一是阅读兴趣，第二是阅读习惯，第三是阅读能力。阅读兴趣是什么？哪里有兴趣，哪里就有记忆，哪里就有阅读，哪里就有思考。兴趣非常重要，没有兴趣，书都不想拿，更不会有阅读。有阅读兴趣的人看到地上有一个纸片，如果当时手上没有什么东西可看，也会把纸片拿起来看一看上面写了什么内容。获得诺贝尔文学奖的中国作家莫言，曾经为同学家推磨一个下午，换取读同学家的一本书的机会。有了兴趣就要想办法把它变成习惯，一段时间的兴趣可能会消失，但是一旦养成了阅读习惯，就永远会出门想着带一本书，旅行想着带一本书，一天到晚没看书，心里就没着落，总要拿起书来看一下。再一个是阅读能力，阅读能力也分三个层次：第一层次是阅读和理解知识的能力，看一本书能够基本知道它说的是什么。第二层次是分析和判断知识的能力，这本书说得对不对，写得好不好。书写得对不对是一个基本的、正误的判断。书写得好不好，就进入了审美认知的判断。还有一个最重要的能力，是联系实际乃至联想创新的能力，这是阅读能力的第三个层次，也就是我们常说的举一反三的能力。《论语》有言，"举一隅不以三隅反，则不复也"。就是说，你跟一个学生说一件事情，他没有联想到三件事，他就是还没学会。

3.阅读力决定学习力

阅读力和学习力什么关系？这里做了一个判断，当一个学生有了良好的阅读兴趣和阅读习惯，将有助于增强他的学习动力和学习毅力。不是父母的责骂，不是老师的批评，不是同学的竞争造成的这种挤压，而是自己有阅读兴趣，到时间我就想学，到时间我就想做作业，到时间我就想拿书看。所以，阅读力是决定学习力的。

名人谈家教

新时代以来，以习近平同志为核心的党中央高度重视全民阅读。阅读可以提升人民的思想境界，增强人民的精神力量，使民族精神更加厚重深邃，使国家更有力量。通过经典的阅读才能实现厚重深邃，如果只是看一些手机信息，只是看抖音，恐怕是很难厚重深邃起来的。我们需要读整本书，读一些有思想有文化内涵的好书。从人才培养和个人成长看，青少年强烈的阅读兴趣，可以增强他们的学习动力，良好的阅读习惯可以支撑他们的学习毅力，增强阅读能力则直接提高他们的学习能力，这就是阅读力决定学习力。

二、阅读力如何决定学习力

1. 阅读可以提升学生写作业效率

2017年我的一本名为《阅读力》的书出版后一些全民阅读的机构邀请我去做演讲，在江苏省盐城市图书馆演讲完后跟读者交流，一位中年男子站起来说，阅读很重要我承认，但是孩子十点多做完作业，拿什么时间读书？我回答说，按说学校不会布置那么多的作业，除非是特殊情况，你的孩子学习能力可能不足。这位家长又说，那该怎么办？我说，增加阅读，回过头来还是阅读问题，如果你的孩子读得好了，那么他的学习能力就能加强，学习能力强写作业就会快。

苏联著名教育家苏霍姆林斯基说，使学生变聪明起来的方法，不是补课，不是加大作业量，而是阅读、阅读、阅读。我国著名的语言学家、《现代汉语词典》的主编吕叔湘先生，有一个说法，语文水平较好的学生，你要问他们的经验，他们会异口同声说，得益于课外阅读。国际著名数学家、清华大学求真书院院长丘成桐先生做过一个演讲，他说青少年要热爱数学，可以引导他们先读一些数学家传记和数学故事，激发他们对数学的兴趣。对于喜欢数学的人来说，数学是极美的，可以说任何一门学科都无法与之相比。他说，我 12 岁的时候看到了一本书，讲的是意大利几位天文学家，通过运用数学办法解决了天文的一些问题，我觉得太有意思了，自此坚定了我要学数学的信念，因为数学里面充满了聪明的发现。一位伟大的数学家是从 12 岁，因为读了数学家的传记、数学家的故事，而产生了学数学的强烈的冲动和此后的持续学习。

2. 阅读可以提升学生的学业成绩

徐州有一位全国著名的特级教师叫于永正，于永正老师对学习能力和阅读能力有一个很重要的观点，他说学习成绩好的学生，他的学习能力不一定强。家长要注意了，孩子学习成绩挺好，学习能力是不是很强？学习能力很强，那就是要阅读、听课、理解、研究、分析，然后还要写作。而阅读能力强的学生，他学习能力就一定也是强的，因为阅读是最重要的一种能力，有了阅读能力就有了比较好的学习能力，再加上学校的引导、老师的指教，就会有更大的进步，所以阅读能力强是一个最重要的基础。于永正老师关于语文教学还有一个说法，提高孩子语文成绩其实很简单，少做题，多读书，好读书，读好书，读整本书。读整本书最早是著名的教育家、作家叶圣陶先生提出来的。只要抓住读写这两条线不放，也就是按照语文教学的规律去做，孩子就一定会有好的语文素养，孩子语文成绩未来一定会提升。

吉林省教育厅调研中心的老师跟我说，吉林市丰满区的中学老师埋怨小学生的素养不高所以很难教，小学老师又认为是初中教育质量不高使得我们的小学生到你们那里没有得到好的发展。于是教育局决定对全区小学六年级学生做统一测试，结果 3000 多名学生排在前 17 名的全出自丰满区第二实验小学杨巧云老师所教的班，杨老师班上其他学生排名也都靠前，而且这个班的学生的数学成绩也不错。吉林省教育厅教研室主任听说了这个情况，就带了一个小组来做调研。调研当中杨巧云老师汇报说，6 年来我带这些学生主要做了两件事：第一件事读书，大量地读课外书；第二件事是写日记，有话则长，无话则短，但要坚持写。别的家庭作业基本不布置。省教研室主任总结杨老师的经验就两个字"读写",多说一点的话就是"多读多写"。教研室主任看学生写的日记,有一个男生读了《三国演义》以后写了一篇1000多字的《论关羽》,说到关羽这个人武艺高强,为人忠义,成为中华民族文化里面一个被人崇拜的形象,但是关羽为人刚愎自用,骄傲自大,最后毁坏了蜀国的大业,并举了若干的例子。一个小学六年级学生能一口气写1000多字的读后感,那就是练出来的。

3.阅读可以发展学生的综合素质

现在教师家长都知道,教育一定要立德树人。事实上,读人物的传记可以激励青少年沿着英雄的足迹成长。为民族、为社会、为人民大众我们要献身,仅仅讲这些口号,学生是不是就会得到一种激励?如果看完了一本英雄人物的传记,他的内心就会心潮涌动,产生"我真要做英雄"的想法。像我们这些20世纪六七十年代成长起来的学生,那个时候读完英雄传记,就觉得要做什么事,现在也一样。我们的孩子对时代楷模,对历史英雄都充满了一种崇敬的心情。读一本优秀的历史书籍,可以帮助青少年学史明理,学史增信,学史崇德,学史力行,热爱我们的中华民族历史,同时对我们的革命历史充满崇敬的情感。

读一本优秀的文学作品可以提升青少年的人文精神和审美能力,读一本优秀的传统文化经典可以使得青少年更加热爱中华民族,传承中华优秀传统文化。读一本科普佳作可以提高青少年的科学素养,增强他们向科学进军的决心。阅读可以帮助学生亲社会,有些孩子有逆反心理,对社会可能有一些不满,这种情况下,通过读书他们可以对社会有更多的亲近,可以更好地理解社会。阅读比说教更能深入青少年的心灵,这一点我想我们的老师家长应该有深刻的感受,我们的同学也都有亲身的体验。

三、如何提高学生的阅读能力

1.阅读兴趣是阅读力的核心

怎样提高阅读能力？我将坚定地围绕着阅读兴趣来讨论。一二年级是起步阅读阶段，这个时候重在激发阅读兴趣。三四年级是过渡阅读阶段，从图文书、绘本书转入全文字书，这个时候我们的阅读策略是保持阅读兴趣。五六年级是基础阅读阶段，要为上初中做全面准备，这个时候要扩大阅读兴趣，不要只读推荐阅读的书，也要读一些杂志。初中阶段是成熟阅读阶段，要深化阅读兴趣，我对七年级到九年级的阅读特别感同身受。我曾经插队做了7年的知识青年，我虽只是初中文化水平，但是我有非常好的阅读追求。20世纪60年代我们同学之间互相借书，我和另外一个男同学去废品收购站，跟废品收购站的工作人员说，有人卖书就卖点给我们行吗？我们一斤给你加两分钱，于是我们就买到了很多文学名著阅读。后来我那个同学成了哈佛大学医学博士，我是一不小心进了北京大学中文系，我就是一个初中生的底子，但是由于学校给我打下了比较好的基础，有了比较成熟的阅读准备，我最终把书读了出来，所以我认为初中是深化阅读兴趣非常重要的一个阶段。十年级到十二年级是思辨阅读阶段，阅读的兴趣在思辨，能思辨就会不断地读下去。

（1）激发阅读兴趣。

山东省诸城市府前街小学姜蕾老师给我提供了她的一个教案。第一周带领一年级学生做阅读课程，开学第一天为父母和孩子讲故事——《我的名字克丽桑丝美美菊花》。这是一个绘本，讲的是一只小老鼠去上学，他的名字叫克丽桑丝，同学说他的名字太长了，老师也觉得长得有点怪，然后他回到家跟父母说他很不开心，因为他的名字长。父母说你的名字很好，叫美美君，是美美菊花的意思，请你去跟老师和同学解释。第二天克丽桑丝就跟同学老师解释，老师同学就理解了。老师对学生说，他的名字很美，是菊花的意思。老师说，接着我们每一个同学都来讲讲，我们自己的名字是什么含义。李志强，志气要刚强；王爱国，要为国家作贡献……带领学生们共读诗歌《今天不一样》，在融洽的师生、生生互动中，使学生们提升阅读兴趣。

带领同学们共读故事《好饿的毛毛虫》，讲授不断"吃"书慢慢成长的道理。毛毛虫什么叶子都吃，事实上是长不好的，只有吃到桑叶它才能够健康成长。那么作为学生，我们缺知识，我们要听老师的话，上好课，读好书，然后我们才能健康成长。这是鼓励学生要学习。

开学第三天，与孩子们分享故事《乱挠痒痒的章鱼》，解决有些同学随意干扰其他同学的问题。章鱼在鱼群里面乱挠痒痒，把鱼群搅得很乱，我们同学可不要做乱挠痒痒的章鱼，影响旁边同学听课，要守纪律。

第四天和同学们共读《我有友情要出租》，增进同学之间的友谊。一只黑猩猩很无聊，他陪别人玩但是收费，到后来没人跟他玩了，他愿意不要钱也跟别人玩。告诉我们每一个同学都应该跟其他同学建立友谊。

第五天邀请科任老师、学生和学生的父母来班上共读绘本故事《小阿力的大学校》，加深老师、家长、学生间的交流，使得学生从一开始就兴趣盎然。姜蕾老师还发动学生的父母建立"红月亮童书基金"，买来300多本绘本图书，组织孩子们阅读，并与同学共读。

（2）保持阅读兴趣。

三四年级是过渡阅读阶段，从绘本到了文字阅读。要保持阅读兴趣，这个时候要尊重孩子的自主权。孩子说我想读这一篇，那就别让他读别的书。最怕的是什么？家长要求孩子每一篇都读好！他特别喜欢读哪一篇，就多读两遍。要避免低效阅读，随便浏览，读完就忘，三四年级学生最容易发生这种低效阅读。要关注孩子阅读效率，设法增强阅读乐趣，引导孩子最好大声诵读。

三四年级的学生精力充沛，能说会道。家里面可诵读，班上也要经常诵读，然后还要建立简单有趣的激励机制，哪怕只是一个小文创、小礼品、小奖品都能够使他们感到阅读是很快乐的事情。

（3）扩大阅读兴趣。

五六年级称为基础阅读阶段，在整个小学 6 年中，这个阶段学生正式开始自主阅读。我看到学生书包里面有各种各样的书，不完全是我们推荐阅读的书。有专家研究指出，这个阶段学生课外阅读量只有达到课本的 4—5 倍，才会形成比较好的语文能力。这个时期的学生的阅读特点是阅读兴趣的扩展，五年级是个性化自由化阅读期。别的同学在读一本书，我也想办法把它找到阅读。别的同学这本书特别好看，我也要想办法看到这本书。六年级是自由化广泛化的阅读，从小有了爱好非常好，千万不要说先把作业做好，别的事情不考虑，不要这么对待学生的这种自由化广泛化的阅读。

五六年级学生应该要有比较好的交流习惯，独学而无友，孤陋而寡闻。开读书讨论会是一个让学生得到锻炼的机会，但最好帮助学生做好事前准备，使之不打无准备之仗。我尤其担心的是，学生站起来后张口结舌，这会使他很受影响，对他来说成就感是最重要的。所以一定要求学生，写好一个发言稿，哪怕是提纲也行。我曾经去江苏参加凤凰十佳文学少年的推荐选拔，有孩子基本上做好了面试的准备，但也有孩子说到一半便停下来了。我当时说，你今天要参加面试，我建议一会儿不妨拿出一个纸条来讲一讲，不一定要出口成章，但是要做准备。

（4）深化阅读兴趣。

初中是深化阅读兴趣的阶段，学生已经进入成熟的阅读阶段，同时也进入人格独立期和完善期。学生的阅读兴趣将逐步深化到对社会人文的关注和思考，我们的老师和家长应该尊重他们的关注和思考。对待处于成熟阅读阶段的初中生，家长和老师的策略是既要讲规矩，还要注意规矩和自由协调相处，要尊重学生的阅读兴趣，帮助学生深化阅读兴趣。初中生不同于小学生，他们要面临中考，面临上高中这种更重的学习任务。

（5）阅读兴趣在思辨。

这个时候我们就要再讨论一下思辨阅读，在我的《阅读力决定学习力》

这本书里，我特别强调高考决战不只是在考知识。事实上阅读一开始就有思辨，只不过是我们不能够在小学一年级二年级甚至在学龄前，就不断地要学生思辨，但是要根据他们的兴趣，根据他们的认知能力，提醒他们要思考。

西安的高新一中是陕西省连续几年上北大清华的学生最多的学校，他们的教学楼上写着一排字：学而不思则罔，思而不学则殆。他们要我去做了一次演讲，跟高一学生我讲的就是学而不思则罔，思而不学则殆，立学以读书为本，就要思考。五六年级的阅读会涉及四大名著，但是这个时候可以不求甚解，因为我认为阅读兴趣最重要。这个时候学生不是要认知这本书里面的若干概念，而是要对西游记里面的人物故事，以及情节发展有认知。

2.善用读书方法才能高效阅读

（1）处理好学与"习、行、思、问"的关系。

孔子读书法大家都比较了解，特别注重"学与习、学与行、学与思、学与问"之间的辩证关系。"学而时习之不亦乐乎"，这是论语开篇的第一句话，实际上还有一句话也非常重要，是"温故而知新可以为师矣"。山东青岛的一个学校，发生了一件很有意思的事情，有一个学生成绩很好，平时在班上也不怎么说话，然后老师要家长介绍一下，他们在家里是怎样帮助孩子学习的。家长说，我都不管他，他就是自主学习。后来有一次老师去他们家里家访，发现他家里有一块儿黑板，上面写了好多读书的内容。那个老师对家长说，你说你不管孩子，这不写了那么多吗？家长说，老师你别弄错了，这是我儿子自己写的，他每一次读完书都跟我们讲，这本书讲的是什么，作者是谁，就写几个关键词。上学回来以后跟我们说今天上的第几课，这一课讲的是什么。今天要做一道题，题目是什么。"温故而知新可以为师矣"，一个学生读完书跟你讲述一遍，就是阅读回想能力，有比较好的阅读回想，成绩一定会好。这个过程也有阅读推理能力，所以让学生讲述他今天学了什么，对于促进学生学习很重要。

（2）好读书有所会意。

陶渊明的读书方法——"好读书不求甚解"。我曾经在育才中学跟高中一年级学生交流读书这个话题，有个学生说我很喜欢读书，我读得很快，可是我觉得读书没什么用。我说，你是好读书不求甚解，古人也有像你这样的，就是陶渊明先生。但是陶渊明先生还有一句话，"每有会意便欣然忘食"。读一本书一定要有所会意，不然就是玩物丧志，根本就没有好好读书。好书都是经典，怎么能说没有会意呢？当然，有些书真不感兴趣，要先放下，但是不要说没用。读过的书都要会意，哪怕是记下一点，记下一些美词美语、一些个人感想，对你的高考都会有很大的帮助。

（3）从书本要走向实践。

朱子读书法尤其重视循序渐进，熟读精思，虚心涵泳，切己体察，居敬持志，着紧用力。所谓循序渐进，告诉我们的孩子一定不要好高骛远。阅读尽可能选择符合年龄段的书籍，把好书读熟，要深入地思考。然后还需要虚心涵泳，不要认为这个书太一般了，不要太早就断定人家的书不好，要好好地把别人的书读完以后再下定论，因为开卷是有益的。要切记体察，要有联系实际、联想创新的能力。当然了，不是说虚心涵泳就不允许有疑问，因为学起于思，思源于疑，读书没有疑问也是不对的，但是先要学书里有用的东西，找到有用的，要切己体察联系实际。居敬持志就是要保持一种非常好的、坚持阅读的志趣。最后还要着紧用力。

（4）读书要做好读书笔记。

曾国藩读书法重在"恒、勤、专"这三项，具体来说有以下几点：读经典，重兴趣，能执着，要从容，有小抄。最重要的是最后一句话——有小抄。古人说不动笔墨不读书，曾国藩是大学士，他自己就有个小本子，用来抄古今圣贤名言。

有一本书叫《如何读懂一本书》，是二战期间的畅销书，1978 年重新编排，再出版后又成为畅销书。商务印书馆 2014 年出版到现在，已经销售百万册。作者是艾德勒，他说如果你想真正读懂一本书，我建议你在书页上做些

　　　　　　　　　　　　　　　　　　　　名人谈家教

批注。你必有自己的理解和见解，通过批注可以很好地表达出来。通过梳理思路并且把它写下来，可以更好地内化书中的内容，使其成为自己记忆中更加清晰的东西，这是非常重要的。

学生可以通过阅读厚积而后发，经过思维历练，养成良好的阅读理解力、判断力和悟性，形成综合素养，拓展文化视野，积淀人文素养，丰富思想内涵，优化语言运用。阅读在青少年的成长过程中具有极其重要的作用，不仅对他们的语文学习产生重要作用，甚至影响到整个学习状态。提高学生的阅读力是课程改革的新突破。韩国青少年读书教育专家金明美说，培养阅读能力可以提高各科成绩。在任何学习中阅读能力都是最主要的基础。一个人的学习可以从课堂而来，也可以从实践而来，但最主要还是从阅读而来。无论在学习期间还是在未来的工作生活里，学习完整的知识都需要从阅读书籍开始。因此，提高阅读力，就能提高学习力，从而使得青少年成为学习型人才，而且终身受益。阅读力决定学习力，正在成为被教育界和阅读界专家普遍接受的重要理念，是关系到文化强国、教育强国、科技强国、人才强国建设的积极探索。这是青少年学生提升思想道德素质、科学文化素质，培养独立思考能力、创新创造能力、终身学习能力，实现全面发展健康成长的重要路径。

家长收获

通过阅读，孩子们可以拓展知识，激发想象力，提高思考能力，培养良好的自学能力。作为家长，我们可以通过为孩子营造一个充满书籍的阅读的环境，鼓励他们自由选择喜欢的书。通过定期阅读并与他们讨论所阅读的内容，来帮助他们培养良好的阅读习惯。

——十一实验中学　翟予彤家长

阅读力乃文史类学科之学业根基，亦为理工类学科理解力之源泉，是立学之本。科学提升阅读力是促进孩子全面健康发展、推进学习型社会建设的有效途径。我们也要努力营造书香家庭的阅读氛围，通过阅读将彼此间思想融合升华，不仅做血脉上的一家人，还要成为思想上的一家人。

——五一小学　任安华家长

立学以读书为本。如果没有阅读，就没有真正的学习，一旦有了阅读的兴趣，继而养成良好的阅读习惯，相当于拥有了阅读力。有了阅读力，就会产生学习的动力，增强学习的毅力。通过阅读，孩子们可以拥有举一反三的思辨能力。我一直都坚信，读书可以改变人的思维和认知，作为家长，我要陪着孩子一起读书，培养他阅读的能力。

——太平路小学　张书豪家长

通过学习，我了解了培养孩子阅读习惯的重要性，家长要陪伴孩子阅读，在家中建立良好的阅读氛围，培养孩子的阅读兴趣、阅读习惯，老师在幼儿园指导、引导孩子，形成家、园同频共振，从而提升孩子的阅读能力，为将来打下坚实的基础。

——国防大学幼儿园（复兴园）　熊书钧家长

主讲人：刘翔平

北京师范大学心理学院教授、博士生导师

北京师范大学临床与咨询心理研究所所长

中国学习障碍研究会副会长

中国心理学会积极心理学专业委员会学术委员

中国心理学会认证心理学家

引言

　　大脑也有生物钟，有生物周期，是螺旋式上升的。所以，遇到一些暂时的瓶颈效应，遇到暂时的下滑，要有耐心，要相信困难会过去，要接纳自己在高原期的停滞状态。

刘翔平：战胜考试焦虑

　　每年的六月份被考生们称为黑色的六月，为什么呢？因为要过关，中考、高考，考验人生观、心理观、压力观。因为，中考、高考不仅考知识、能力、复习效果，而且也考验一个人心理健康水平、抗压能力、抗挫折能力、心理素质。有的学生比较稳定，不论是大考、小考一如既往，有一些同学就特别不稳定，尤其是一些学习尖子生，心理素质比较差，波动性特别大，其差异主要在于情绪调控能力的高低。所以，家长在这个阶段一定要给孩子创造一个良好、宽松的家庭氛围，不要把高考妖魔化。在考前阶段，大概有以下几个问题值得分析、思考和应对。

一、考前心理辅导

1.担忧心理的分析

（1）悲观预期妨碍考前复习。

考前看不进去书，心烦意乱，拿起书本觉得有许多东西要学，但一解题就浮躁，注意力不能集中在任务上，总是不自觉地去想考得不好的结果，这种情况叫悲观预期，或者叫担忧。担忧的人往往会过多地考虑过去与未来，出现视觉灾难化想象，而且把这种主观想象当真，还没考试，就觉得自己考不好，总想象自己考试失败的情境，想象家长失望的目光、老师批评的目光、同学们嘲笑的目光等，过度焦虑。心理学家发现，大部分焦虑都是实现不了的。心理学家做了这样的研究，把焦虑的事情都写在小纸条上，然后把它们放到一个瓶子里封上，过一个月或者三个月，打开这个瓶子后发现，90%的焦虑都没有实现，只有10%的焦虑实现了。

许多考生属于悲观主义。悲观主义的人，人生占主导性的动机不是追求成绩、追求成就、追求卓越，而是害怕失败，只要不失败就是成功。这些考生一般学习成绩好，自觉性高，智商较高，但是害怕失败，他们虚构了现实，把困难夸大，还把主观想象作为现实，自己吓唬自己。因此，他们需要摆脱这种超越现实的、对未来过度策划和想象的心理，把握一种平衡，既要规划未来，又要活在当下。

（2）人际比较：担心自己的操作，尤其是与别人的比较。

很多家长喜欢将自己孩子的成绩、能力等与他人进行比较，久而久之，学生就内化了家长的要求和比较，自己也会不自觉地跟同学比较，进而产生考试紧张和焦虑情绪。因此，中高考复习阶段，应鼓励自己跟自己比，自己设定一个目标，不要去关心别人，不要去管别人的成绩，努力把自己内心的愿望、意志、想法——实现，做最好的自己。

（3）逃避困难，抗压能力弱，效率低下。

很多学生心理素质较差，抗压能力较弱，他们会把中高考当作特别大的压力，一想到学习、考试就会过度焦虑。对这部分极为焦虑的学生而言，单靠家长的安抚和亲朋好友的疏导，效果不一定好，应该寻找专业人士进行心理辅导。

2. 如何拥有积极心态

（1）用乐观战胜悲观。

要想拥有积极心态，并战胜悲观主义，一个方法是对失败进行重新解释。有研究发现，乐观的人和悲观的人面对失败的时候，他们的解释方式和解释

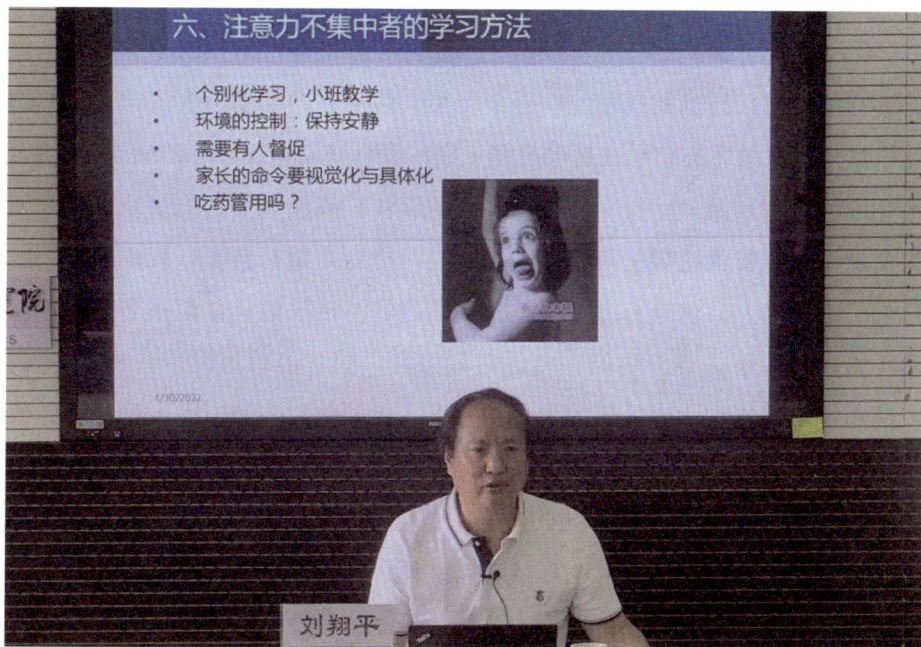

刘翔平：战胜考试焦虑

风格是不一样的。第一是永久性和暂时性的解释的区别。乐观的人认为失败是暂时性的，而悲观的人认为失败是永久性的，对永久性认知改变的可能性比较小，而且持续的时间较长。第二，普遍和个别的解释的区别。悲观主义者一般会夸大失败及所带来的后果，一旦时间持续过长，就会将其归结为永久性的，并对自己进行否定，而乐观主义者能苦中作乐，将失败的时间缩短，将失败的程度减轻。第三，失败的内部归因与外部归因的区别。例如，考试失败后，乐观主义者会把考试失败归因为外部因素，考题偏难、发挥失常等，而悲观主义者会把考试失败归因为内部因素，自己没有努力，开始自责、内疚等。成功或失败并不一定全部由自己决定，还会受到环境、运气等客观因素的影响。家长对孩子的期待也要符合现实，符合孩子的真实水平、孩子的兴趣、客观的环境等，任何事情都不能一概而论，学会使用乐观的方式来解释失败，这样就会减轻压力，快速从失败中跳出来。

（2）积极的自我暗示。

家长要教孩子进行积极的自我暗示，其中，阻断复习中的悲观主义的焦虑、担忧、联想是一个很好的方法，集中想一些最坏的结果是否可以接受。

例如：有一次我到一个学校给学生们做心理辅导，学校的学生都特别优秀，有些自视甚高。我就跟他们开个玩笑，假定你们都没考上大学，最坏的结果是什么？最坏的结果就是没有好工作。没有好工作，最坏的结果是什么？最坏的结果就是做一些特别叫人瞧不起的工作。我说最坏的结果是什么？如果做这种工作我就跳楼，我不活了。我当时把窗户给打开了，我说好，假定你们都没有考上，名落孙山，我是招扫马路的清洁工的，你们报名吗？你们要不报名就跳下去，给你们一分钟时间思考。同学们鸦雀无声，想了半天，我问想好了吗？刚才嚷得最凶的也想好了，我问你跳不跳？他说我不跳，我跳下去万一摔不死，摔成植物人咋办？另一个说我也不跳，我跳了对不起我妈。还有一个说我也不跳了，明年再说吧。我说最坏的结果你们现在都能接受了，无非是失去一个美好工作或者是复读，你们都接受了，那好，从今天开始我们就不想这件事了。

　　　　　　　　　　　　　　　　　　　　　　名人谈家教

此外，可以在规定的时间内想最坏的结果。如果很多同学实在没办法控制自己的想法，建议在规定的时间内想最坏的结果，想过之后就专心复习。还有一个更好的方法是，晚上睡前想好的结果、好的事情，早上想最坏的结果。

（3）用尽力代替必须：重视努力过程，不想结果。

考试紧张的人往往认为志在必得，志在必成，必须成功，从而导致紧张。所以，不太主张学校搞中考、高考誓师会，鼓励努力，鼓励尽力，人就不紧张，还能提高成绩。

心理学家德韦克给学生们做智力拼图测验实验，第一轮很简单，大家都做得很好。紧接着把学生分成两组，一组表扬他们很聪明，智商高，所以做得好；二组表扬他们很努力，所以做得好。第二轮拼图测验难度很大，大家都失败了。德韦克问大家两个问题，第一，你们为什么失败？第二，你们以后还想不想做这个活动了？表扬努力这组回答：我努力不够，所以没打好，下次有这种机会我还愿意参加。表扬聪明这组回答：因为我太笨了，下次我再也不愿意参加了。第三轮实验又特别难，实验意图是看哪组坚持时间长。研究发现，表扬努力这组，孩子们坚持的时间较长才放弃，而表扬聪明组坚持了很短时间就放弃了。第四轮实验结果最惊人，同样是一个简单的测验，表扬聪明组成绩下降了3分，而表扬努力组成绩提高了6分。

由此可见，当孩子将专注力放在材料上，不想其他的结果，不想别人的评价时，就容易答好。所以，中高考虽然有很多因素无法控制，但复习阶段只专注复习，考试阶段只专注于自己的任务，努力了、尽力了就能取得理想的结果。

（4）接纳与矛盾意向法。

如果使用了以上三种方法还是无法缓解焦虑，无法减少消极想法，就要接纳这种不好的情绪，接纳一些我们无法改变的事情和环境。考试焦虑的人往往认为控制了消极情绪，才能进考场，控制了消极的想法，才能进考场，注意力100%集中，才能进考场。越是有这种想法，越是紧张。接纳的态度是虽然有焦虑，但是仍然可以复习；虽然偶尔注意力不集中，但是仍然在努力地答题；虽然遇到不会的题，会出汗，会难受，但是仍然可以带着这些消极的症状去答题。所以要尝试接纳一些不好的情绪，接纳一些失败的可能。

二、克服认知偏差，接纳自我

为什么复习时觉得不错，但考试时却觉得自己很多复习都白费劲了？这是考试紧张导致的认知偏差。

首先，不要一味做难题，要勇于舍弃，用减法复习，防止搞题海战术。在焦虑时，思维就变得特别窄，所以，复习的时候，如果特别紧张，就特别容易跑偏。平时没有中高考，复习得就比较均匀。而到了中高考之前，有一些学习好的同学志在必得，坚定地认为一定要考好，就会找难题做，搞题海战术。如果总做一些自己够不着的题，就会焦虑。所以，挑战跟能力一定要匹配，要控制好自己的节奏。

其次，发挥优势。在复习阶段，不要老找不足，不要老补短，建议大家每天晚上想自己的优势，想自己取得的进步，这个优势就是你渴望，而且你有能力做成的事。

最后，补短要降低标准。补短当然好，但是一定要给自己的短处制定一个较低的标准。因为短处是长期形成的，弥补具有一定的难度，而倘若学会转换角度，有时候劣势也会变成优势。

三、积极情绪的力量

积极情绪具有扩大人的思考和行动范围，使人更加有创意和灵活性，愿意接纳新经验的作用，而负性情绪缩小注意范围，使人僵化。所以，遇到理科题，遇到作文题，积极情绪就很重要。积极情绪包括快乐、喜悦、自豪、欣赏、宁静、专注等，学校很少去鼓励孩子们有这种自豪感、宁静、喜悦、自我满足感，而总倡导谦虚使人进步，骄傲使人落后，要找不足，其实这样不利于积极情绪的发挥。

　　心理学家发现，诱导积极情绪后，人们会变得积极、有创造性。比如，用"我是什么人，我是谁"来造句。第一组，看风光片诱导中性情绪。第二组，看幽默、喜剧片诱导积极情绪。结果发现，诱导积极情绪组，平均能造出 10—13 个句子，而诱导中性情绪组平均造出 6 个句子。所以，拥有积极情绪，思维就变得特别广，能看得更远，有正能量，有创造性，而负性情绪使人逃避，使人抑郁焦虑。

　　关于如何拥有积极情绪，有很多策略和方法。例如，每天让孩子们记三件好事，诱导积极情绪；学会幽默；锻炼身体；确保充足的睡眠；营造和谐的家庭氛围，尤其是夫妻之间的关系要融洽。在中高考前这段时间，孩子学习比较紧张，家庭成员要齐心协力，共同度过这段关键时期。

四、如何合理用脑，对抗心理疲劳？

　　这个阶段，连续作战，大家都很疲惫，要学会合理用脑对抗心理疲劳，谁笑到最后谁笑得最好。接下来我向大家简单介绍一些方法。

1. 接纳学习中的起伏和高原现象

　　考试前，有很多同学说一段时间状态好，一段时间状态不好，有起伏，这叫高原现象。有些同学到了这里就上不去了，这些都是正常的，因为大脑也有生物钟，有生物周期，是螺旋式上升的。所以，遇到暂时的瓶颈，遇到暂时的下滑时，要有耐心，要相信困难会过去，要接纳自己在高原期的停滞状态。

2. 普里马克原则

　　普里马克原则就是用发生概率高的活动奖励发生概率低的活动。什么是发生概率高的活动？比如说孩子特别喜欢数学，特别讨厌语文，应该先复习数学，还是先复习语文？这是一个好问题。如果喜欢数学，选择先做数学题，把语文放到最后，导致最后精力衰退，语文完成得马马虎虎，语文成绩越来越差，数学成绩越来越好。遇到这种情况，如何运用普里马克原则呢？既然喜欢数学，那么就先做语文，做完语文，想着待会儿能做自己喜欢的数学了，就会感觉良好。所以，一定要把喜欢的活动放在后边，作为完成枯燥活动的一种奖赏，这样学习就不那么累了。

3.换脑区学习、多重感觉通道法

据研究发现，左脑负责的是语言，右脑负责的是空间。一般学几何、物理，都用的是右脑，学英语、语文用的是左脑，文理可以交替学习，这样左右脑可以轮流放松休息。还有一个多重感觉通道法，有人听觉记忆比较好，有人视觉记忆比较好，有人触觉记忆比较好，多重感觉就是在学习时，将各种通道整合起来。例如，阅读障碍就是跨通道的问题，视听整合不行，所以，建议阅读不好的人要大声朗读出来，眼到口到。有的时候眼到口到效果不好，可以使用触觉。

五、注意力不集中者的学习方法

学生注意力不集中怎么办？小学阶段注意力不集中的学生比较多，中学少一些。导致注意力不集中的因素中遗传基因占主要因素，这类学生大脑同一般人不同，不能计划未来以及设想将来的目标去控制自己的冲动。对于这类学生而言，说教无效，因为不是他们学习态度的问题，而是大脑工作模式的问题。一般而言，注意力不集中的学生创造性思维比较好，对于这类学生有以下几种教育方法：第一，小班教学，个别化学习，不适宜大班学习；第二，保持环境安静，这类学生抗干扰能力较弱，学习时要收起与学习无关的物品；第三，需要家长监督和督促，他们需要陪伴。研究发现，一对一的时候这类学生的注意力障碍就没有了，所以，在这个时候家长可以是自己，或者是找亲朋好友、同龄人等去督促和监督，效果就会好很多；第四，对于注意力严重不集中的学生，需要就医，采用药物治疗。

六、考场上的积极心理

1.考前心理调节

考前一个星期如何度过呢？考前一周，尤其是考前三天，不能过于放松，也不能过于疲劳，既不能懈怠，也不能做难度太大的题目，还是要正常、规律地学习。考前复习以浏览为主，浏览平日的笔记，对之前的卷子进行总结，错题需要专门练习，效果会比较好。

考前失眠怎么办？考前常见的问题就是失眠，尤其考第一门时失眠的同学比较多。此时要接受这种状态，睡不着就安静地躺着休息，切忌起床继续复习，这样会影响第二天的考试状态。针对失眠也可以采取矛盾意向法，即不去关注睡眠本身，不去有意识地控制自己的睡眠，反而能放松下来。

2.考前等待时的心理调节

如何对考前等待时的心理进行调节？有些学生进了考场之后会比较紧张，心跳加快、血压升高、出汗等，此时需要对身体的反应进行接纳，进行无害化的解释。例如，心跳加快、血压升高、出汗很正常，说明要应对危险了。人类面对危险的时候，都会心跳加快，血压升高，这是正常现象，不要排斥它，要接纳它，暗示自己，我要上战场了，心跳加快给我提供更多的血液。此时可以进行一些动作和学习策略的想象，比如，如果英语考试紧张，可以想象一下拿到卷子之后怎么做，拿到卷子之后，先浏览一下听力题的答案，此时就有方向和准备了。

3.考场上如何应对大脑空白现象

在考场上最严重的一个问题是大脑空白，我把它称为"嗡现象"。每年中高考都有人晕过去，因为太紧张了，而很多压力是家长传递的。万一出现"嗡现象"怎么办呢？有几个方法。第一，你可以请假，"嗡现象"出现之后就不能去答题了，因为肯定越答越糟糕，产生恶性循环，此时可以中止自己的思维，出去慢慢溜达一下或去趟卫生间，调节一下自己的情绪。第二，改变想法，这道题不会还有后面的题目，我尽力而为就行，努力了就行。第三，平日练习深呼吸。心脏呼吸跟情绪密切相关，遇到这种情况调节认知不太管用，比较有用的是调节呼吸，平时练习深呼吸，吸气的时候数一，呼气的时候数二，用腹部呼吸。尤其是紧张的时候，出汗、血压增高，可以调控呼吸，同时给自己一些温柔的暗示，"这个困难的考试会过去的""前面总体答得还不错，万一这道题不会也没关系""谁都有不会的时候，努力了尽力了就行"，边做深呼吸，边去说这样的温柔的话，自我宽慰，就能够摆脱这种"嗡现象"。

4. 防止认知过度

什么是认知过度？就是对选择题或答案做长时间无效的思考，导致不能在规定的时间内完成任务。认知过度往往是无意识的，是成绩好的学生经常出现的一个问题。这类学生对自己要求较高，分分必得，然后就会出现认知过度现象，从而浪费很多时间。所以，考试时要遵循先快后慢的原则，前面一定要抢时间，把时间留给后面需要长时间思考的题目，这样就会比较主动。还要具备抗干扰的能力，看到别人交卷，不要紧张，安慰自己，别人是因为都不会才提前交卷的。但如果自己提前做完了，也不能交卷，要仔细认真检查，是否有漏题、错题。遇到不会的题目，可以跳过去，但是不要轻易跳过去，因为跳过去自信会受到打击。如果遇到难题，应努力做，可以把思路、能想到的步骤写上，评卷老师会酌情给分。如果遇到干扰，在允许的情况下可以跟监考老师提出来。

5. 如何检查

如果有时间检查的话，要遵循下列原则。第一，先检查大题，有没有漏的题，每一年中高考都有人漏题，因为人在紧张的时候，思维会变得狭窄，从而导致漏题现象发生。第二，检查选择题、填空题以及论述题，论述题重点检查关键词和要点，把遗漏的要点补充上。第三，检查选择题的填答情况，要注意两点：千万别涂错行，尤其听力；如果有题目不会，可以根据前面每个答案出现的频率进行猜测，猜测时填写前面出现次数较少的答案。

6.考试之后的心理问题及应对策略

考完之后，切忌跟同学对答案，考完之后要休息，即便发挥失常，也不能复盘，应积极准备下一门考试。因为是否考砸，还要看题目是否整体偏难、看所有学生的水平如何等。所以，无论考得如何，自己不要随意猜测。

竞争不相信眼泪，只相信实力，中考、高考是孩子人生的一次巨大挑战，是成年之前的两个关键时期，越是在这个时候，越是要培养孩子的坚毅力、主动性、勇敢性、承受压力的能力。现在孩子的压力比过去多，不仅中高考有压力，上大学、考研、出国等，都有竞争，都是压力，而这些实际上考验的是抗压能力和心态调整。所以，家长在这个阶段要理解孩子、陪伴孩子，要稳住情绪，不要表现出过度焦虑，要给孩子一种积极暗示，在言行上给孩子一种信心，这样我们的孩子就能够经风雨、见世面，走向成功。

家长收获

家庭是教育孩子的第一课堂，作为家长，肩上的责任重大，必须不断地学习，完善自己的教育经验和理念。刘教授的讲座让我系统全面地了解了考前焦虑的产生有很多的原因，也知晓了原来在家庭环境中也能给孩子带来焦虑。

作为家长，首先，要做好家长的职责，帮助孩子找到真正的自我、接纳自我；其次，调整好心态，用积极心态面对可能发生的失败；再次，发挥自己的优势，不要沉溺在补短中；最后，换一个角度用积极的情绪看待自己的一切。让我们引导孩子的积极情绪，让孩子在学习的过程发现自我、发展自我，找到学习真正的乐趣！

——北京市第二十中学　冯佳琪家长

父母是孩子的第一任教师，也是孩子成长中最重要的伙伴，父母对孩子的影响决定着孩子的未来。感谢海淀家长课堂的持续指导，让我们更加清楚如何科学养育孩子，成为专业且智慧的父母。

通过今天的讲座，我清楚地了解了孩子产生考前焦虑的原因，也明白了父母的行为和语言会给孩子造成焦虑。作为家长，我们需要明确自己的职责，鼓励孩子，逐渐帮助孩子找到真正的自我、接纳自我；同时，我们要关注孩子的内心发展，引导孩子用积极的心态面对可能发生的失败，从而能够用积极的情绪看待自己的一切。

——北京外国语大学附属外国语学校　季维瑄家长

孩子焦虑有本身的性格、家庭的期待和焦虑、学校社会环境的压力三个方面的原因。父母首先要稳住自己，降低期待，去理解孩子、相信孩子、接纳孩子的全部，别把自己的焦虑投射在孩子身上。同时，父母需要帮助孩子看到自己焦虑是因为自己想做好，在乎考试这件事，这是非常正常的心理状态，我们需要做的是接纳这种状态，将焦虑转化为动力。

帮助孩子用积极心理看待考试状态及结果。考试只是一个阶段的检验，如果失败了，说明现阶段学习的方法和状态需要调整，并不代表你这个人是差的，你的人生是失败的，要用一颗平常心应对考试。谢谢刘教授的讲解，给了我们科学的指导，期待更多的讲座。

——北京市清河中学　邓梓琦家长

可以说考试焦虑及烦恼是中小学生中最为普遍的问题，学生们也迫切需

名人谈家教

要这种训练，让他们远离怯懦，勇敢地直面考试、迎接考试的洗礼，而用心理学的知识和技巧来武装自己，不失为明智的选择。

作为家长，我们也没必要在考前对他们过于关注和担心，把焦虑传给孩子，这样只能徒增他们的心理负担。所以，对于考前的孩子，我们应该给予更多的信任。我们要作为孩子的定心丸，以自己的沉稳给孩子烦乱的心以慰藉。要像一个宽阔的港湾，安静地等待远航的渡船归航，告诉他：放心去吧，孩子，无论如何，我都会以鲜花迎接你的归航。

——北京市海淀区第二实验小学　蔡孟桐家长

今天听了刘翔平教授讲解的《战胜考试焦虑》，这些应对中高考的心理学和方法论，不仅适用于中高考，也适用于日常学习以及人生面临的各种考验。积极的心理素质、科学的应试方法，需要在日常学习中养成，需要在平时大大小小的考试中实践。

刘教授讲了很多问题和方法，有些未曾遇到，有些感同身受。我特别注意到两点：一是"认知偏差"，二是"拥有积极情绪的方法"。"认知偏差"是低年级孩子很容易发生的问题，他们认知有限，有时候高估自己的能力，觉得什么都会，其实是一知半解；有时候难以发现自己的不足，难以进行有针对性的改进。所以，家长要密切关注孩子的状况，及时纠正"认知偏差"，认知对了，才能正确地应对。

"拥有积极的情绪"，需要家校共同配合。例如"每天记三件好事"在学校就有实践，同学们轮流分享每天的好事，就是培养积极情绪和心态。而"充足的睡眠、积极的家庭氛围"就需要家长的支持。其他更多的心理调适方法和应对考试方法，我们将在日常辅导孩子学习中贯彻和实践。感谢刘翔平教授的专业指导！

——清华大学附属小学清河分校　甘敏弘家长

主讲人：赵宏玉

北京市海淀区教育科学研究院高级教师

北京师范大学心理学博士

北京市海淀区心理学科带头人

中国地质大学附属中学心理副校长

北京市海淀区紫禁杯优秀班主任工作站负责人

引言

　　面对重大的考试压力，并非所有家长都能提供信任、理解、支持、包容、温暖的家庭环境与氛围，有的家长过度焦虑、紧张、担忧、害怕，甚至情绪起伏不定，这些消极情绪通过各种方式传递给孩子，进而对其考试带来很大的消极影响。因此，孩子们要想取得理想成绩，除了自身要努力复习冲刺，调整好考试状态，父母的情绪稳定、积极陪伴和正向支持也是非常重要的影响因素。

赵宏玉：陪伴孩子平稳度过"焦虑考试季"

　　考试季，很多家长出现失眠、心情烦躁、过分担忧、过多唠叨、批评指责、胡思乱想等焦虑表现，压力主要来自期待过高，将自己的发展与孩子绑定在一起，具有不合理信念。面对如此压力与挑战，是好还是坏呢？家长该如何善用这些压力？家长该如何陪伴和支持孩子度过这样一个考试季呢？下面从这几个方面跟大家分享。

一、考前家长的压力及其来源

1. 压力及其表现

压力是要求和能力之间的差距造成的。例如，一个初中的孩子，家长的要求是全年级前三名，这是期待和要求，但是孩子的能力只能达到年级的前五十，这时候，他们之间就会形成一个差值，这个差值就是压力，差值越大，压力越大，进而焦虑程度也越高。

如果家长长期处在一种比较大的压力情境下，就会在认知、生活、行为、学习等方面有所表现。在生活上，会失眠，食欲下降或者是食欲猛增，短期内体重会下降或者上升。工作上，工作质量会下降，对其他事情的关注度也会下降。心理上，对孩子的身体状况过分地担忧、紧张、害怕，而且还会借此机会，对家庭的其他成员乱发脾气。父母会产生各种担忧，例如担心孩子在最后时刻不努力，担心孩子在没有父母监督的情况下不学习，玩游戏等。行为上，对考生过度关照，过多地唠叨、批评，频繁地嘱咐孩子，疏于照顾其他的家庭成员。在想法上，总是会胡思乱想，产生很多不切实际的想法，如初中不好好复习，就考不上重点高中，高中不好好复习，就考不上好的大学，考不上名校，孩子一辈子就完蛋了。诸如此类的各种各样的想法在脑子里面充斥着，进入到一个"如果的世界"，如果考不好怎么办？如果发挥失常怎么办？如果上考场晕场了怎么办？孩子晚上睡不好，如果影响复习怎么办？如果影响考试怎么办？如果考试失败，亲戚朋友怎么看待我，等等。

所以，面对压力或者是挑战其实并不可怕，可怕的是在这种压力和挑战下，产生很多消极的想法、消极的情绪、消极的念头。如果这些消极的想法和信息没有得到有效的缓解，可能就会使得我们的焦虑越来越严重。我们之所以考前关注家长的焦虑，是因为家长的焦虑可以传递给孩子。如果家长无法排遣这种焦虑情绪的话，就会通过言语的、非言语的信息，把这些焦虑传递给孩子。孩子对非言语的行为是非常敏感的，他能非常敏感地捕捉到你的姿态、语气、语调、表情、语速等非言语信息。

2.家长焦虑的来源

（1）家长焦虑来源之一：父母将自己的发展与孩子绑定在一起。

父母将自己的发展与孩子绑定在一起具体表现在，将自己或家族未完成的期待寄托在孩子身上，这种期待是不合理的。例如，孩子上学是要为家族争光，为父母挣得面子。如果孩子发展好，父母就有光彩，如果孩子发展不好，父母就颜面扫地，父母的一切就完了。还有一些经济条件不太好的家庭，期待孩子能考取一个名校，为家庭承担更多的责任。因为现在家庭为孩子付出了全部，父母为孩子付出了一切，没有自己的生活，完全牺牲自己、奉献自己，因此，这种情况下，孩子如果考试失败，或升学失败，最先崩溃的肯定是父母。

第二种期待不合理是指，家长的期待未随环境变化而变化。例如，有的孩子在小学是佼佼者，升入了重点中学后，由于重点中学是佼佼者的汇集地，所以，之前的佼佼者就会变成这个班级中的普通孩子，取得中等、中等偏上或偏下的成绩。因此，家长的期待要随着环境的变化而变化，不能一直停留在过去。

（2）家长焦虑来源之二：不合理信念。

不合理信念是指个体内心中不现实的、不合逻辑的信念。不合理信念包括绝对化的要求、过分概括化、糟糕至极三种。绝对化的要求是将"希望""想要"等绝对化为"必须""应该""一定要"等。过分概括化是一种以偏概全的不合理思维方式，常常把"有时""某些"过分概括化为"总是""所有"等。糟糕至极或叫灾难化思维是认为如果一件不好的事情发生，那将是非常可怕和糟糕的。

不合理的信念也会导致家长焦虑。例如，认为孩子如果升不到一个好的初中，一个好的高中或者是考不上北大、清华这样的名校，就完蛋了，就前途渺茫了。这种想法只存在于家长头脑中，大概率不会发生，因为，考试的成绩是孩子平时积累的结果，并不是考前突击得来的。也就是说，孩子从小学一年级到六年级，平时成绩是什么水平，考试大概就会取得相应水平的成绩。

二、如何善用压力？

1. 压力与动力

中高考属于压力事件，在这种压力情境下，我们会产生焦虑情绪。任何情绪都既有积极意义也有消极意义。焦虑情绪的积极意义是促使你集中注意力应对危险，此时需要把所有的注意力从外界收回来，然后集中身体所有的资源去应对这个危险，精心准备，迎接挑战。但是，如果高压力一直没有减轻，高焦虑一直没有缓解，就会过度消耗资源，对自己造成伤害。

心理学家耶基斯和多德森的研究发现，动机强度与工作效率之间不是线性关系，是倒 U 形的曲线关系，动机过高或过低都不利于工作效率的提高，只有在动机处于适宜强度时，工作效率才是最高的，该定律被称为耶基斯－多德森定律。有压力才有动力，适度的压力才会产生适度的动机，也才会产生最好的学习成绩。压力过高，动机过强，就会产生过高的焦虑、紧张和担忧，需要适当缓解；压力不够，动机不足，就会松散、懈怠，需要适当施加压力。

2. 家长如何善用压力

（1）运用系统视角，正确理解考试分数。

最终考试分数受到学习积累、学校、老师、学生的努力、家庭、运气、考题的适应性、判卷老师风格等因素的影响，既包括确定性的、可控的因素，又包括不确定性的、不可控的因素。虽然考试分数是平日复习和知识的积累，平时的功夫下到了，考试就会取得一个比较理想的分数，这个是大概率事件，但是，也会存在一些小概率事件，比如我们上面谈到的不确定、不可控的因素。因此，家长要学会运用系统视角，理解考试分数，要学会更加全面、客观地分析原因，把视野放宽一些，把眼光放长远一些，避免将考试的成功或失败归结为单一因素，产生自责与内疚情绪，或批评与指责孩子，制造紧张焦虑的学习氛围，影响孩子的复习与考试。

（2）把眼光放长远，避免灾难化思维。

灾难化思维是面临中高考压力情境时，家长常有的不合理信念。灾难化思维是指，认为如果一件不好的事发生了，将是非常可怕、糟糕的，甚至是一场灾难。很多家长在考前，受灾难化思维的影响，焦虑、恐惧、失望、担忧，深陷其中，无法自拔。建议家长把眼光放长远，将一次考试或一段学习时光放在孩子生命长河里来看，多关注考试和学习过程所带来的收获与成长，这样会适当缓解家长焦虑的情绪。

（3）重新命名，给压力一个积极的命名。

人们总是习惯于将压力与消极情绪、消极结果联系起来。考试属于压力事件，因此，一谈到考试，大家就会感到焦虑、紧张，就习惯性地认为由考试带来的压力是不好的，越是这样，焦虑和紧张情绪会越多，我们需要避免、需要拒绝、需要消除。家长们应尝试着给压力一个积极的命名——我的发动机要启动了，我专注的时刻到了，这样就会给自己一些积极心理暗示，专注于当下复习，积极迎接考试。

两个秀才的故事：

> 有两个秀才结伴进京赶考，路上遇到一支出殡的队伍。看到黑乎乎的棺材，两个秀才心中都"咯噔"了一下。一名秀才心凉了半截，心想：赶考的日子居然碰到棺材，不吉利的兆头，他心情一落千丈，硬着头皮走进考场，黑乎乎的棺材如影随形，挥之不去。结果文思枯

　　　　　　　　　　　　　　　　　　　名人谈家教

竭，名落孙山。

而另一名秀才一开始心里也"咯噔"了一下，但转念一想，棺材，不就是有"官"又有"财"吗？好兆头，看来今年我鸿运当头，一定高中。他心里十分高兴，情绪高涨地走进考场。结果文思泉涌，一举高中。

这个故事说明，对同一个事件的不同的想法和信念，会导致完全不同的结果。因此，我们要学会给压力一个积极的命名，只要态度改变，就会收到不同的效果。

（4）想象最坏的结果，做好充足心理准备。

考前家长紧张焦虑，一个主要原因是，没有做好其他打算与安排，要求孩子只许成功不许失败，没有后路。家长们可以预估不同的结果，做好充分的心理准备和不同的打算。如果没有考上自己理想的大学，怎么办？还有其他的路径可以实现自己的目标吗？后期付出更多的努力、时间和精力，值得吗？不断向自己提问并回答，打开思维，增加思维的灵活性，尝试通过不同的路径实现预定目标，做到心中有数，才能陪伴孩子从容应对。

（5）焦虑正常化，接纳焦虑陪伴孩子考试。

要想缓解焦虑，必须要先意识到自己产生了过度的焦虑情绪，可以通过蛛丝马迹，来判断自己是否处于过度焦虑状态。例如，莫名烦躁，看到孩子玩手机休息一下，就会大发脾气，进而导致一连串的担忧和焦虑，寝食难安，头脑中会冒出各种各样考试失利的场景，冒出各种各样考试失败的画面等。

要接纳焦虑，安静下来想一想，在焦虑的时候，我们可以做哪些事情来缓解焦虑。避免消除焦虑的急切心理，把精力过多消耗在抗拒焦虑上，适度焦虑具有积极作用，有助于保持一定的兴奋性，助力家长与孩子做好共同迎接考试的准备。

（6）回归当下，做出一小步的改变。

长期以来，我们每个人形成了一种自动化的行为模式和反应模式，而其实自己根本没有意识到这种行为模式和反应模式的发生和改变。因此，要想改变自己的行为模式，是有一定困难的。建议大家先做出一小步的改变，日积月累，慢慢发生大的改变。在改变的过程中要有选择，接受那些我们无法改变的事情，改变那些我们可以改变的事情，并学会分辨这两者。例如，考前孩子焦虑得寝食难安，此时家长就可以坐下来想一想，现在能做点什么呢？给孩子递杯水，拍拍他，给他做一顿他喜欢吃的饭菜，陪他锻炼一下，听听音乐，创造一个安静的环境等。家长要沉下心来，去做一些当下能抓得住的、小的事情，来进行改变，家长的积极改变也会引起孩子的积极改变。

（7）打开自己，积极寻求外援支持。

面对重大压力时，我们要打开自己，积极寻求外界的支持和帮助，不能封闭自己。在微信群里寻求同班或同年级的家长，相互倾诉，会降低焦虑。如果孩子和家长无法自我缓解焦虑，表现出了明显的症状，而且严重影响了生活、学习和身体，一定要积极寻求心理援助，例如北京市 24 小时心理援助热线等，平时也要保存相关的求助电话、网站、地址等，以备应急之用。

三、家长如何陪伴与支持孩子？

1. 调整作息时间与状态，积极备考

临考前要尽量调整好作息时间和兴奋状态，劳逸结合，才能确保考试正常发挥，切忌熬夜、突击、打疲劳战，避免考试时出现身体和生理的不适。若没有调整好，也没有关系，人们处在压力情境下，会调配自己身体的所有资源来应对重要、紧急的事件。

如果有的孩子临考前失眠，怎么办？家长的态度很重要。家长要持理性态度，不评价、不指责，安抚孩子，让孩子感到踏实、放心。家长切忌焦躁，这种状态下，家长会把自己的过度焦虑传递给孩子，让孩子更加焦虑、更加内疚、自责，反而起到不好的作用。

2.备好一日三餐，全力做好后勤保障工作

考前孩子比较消耗脑力，家长要注意为孩子提供充足的营养，确保每天优质蛋白、新鲜水果的摄入，粗细搭配，饮食清淡，多饮水。要正常饮食，切勿暴饮暴食，切忌生活饮食突然有过大改变，引起身体不适。有时间、有条件的话父母可以陪伴孩子共同用餐，抓住这个宝贵的时间和机会，与孩子沟通交流。

3.融洽家庭关系，创设安静、轻松的家庭氛围

人在轻松愉悦的氛围下，认知才能更灵活，思维才能更活跃，可塑性才更高，才能更专注。因此，在孩子考试复习阶段，家长要避免争吵冷战，应创设轻松和谐的氛围，融洽夫妻关系、亲子关系；避免嘈杂、混乱，保持家庭学习环境安静；避免脏乱，保持家庭环境干净整洁；避免学习房间、书桌堆放干扰物品，保持干净、整洁、有序，为孩子创设良好的学习环境和心理氛围。

4.给予尊重与关注，不干扰孩子

在中考前，家长要尊重孩子的复习安排与计划，避免过多干涉，孩子有自己的步调，不可打乱，除非孩子求助家长；家长避免过多唠叨，唠叨很容易引发孩子的焦虑和愤怒情绪，干扰孩子复习；家长避免过度关注孩子生活，过于勤快也会引发孩子的不适和焦虑情绪；寄宿学生家长避免频繁联系，干扰孩子复习。

5.相信孩子，相信学校，相信老师

要相信孩子有能力安排好自己的复习和考试；相信学校会尽最大努力为学生提供学习环境和条件，家长要做到不过多干涉学校既有的复习计划；相信老师，老师希望每个孩子都能学好、考好，无论是线上还是线下，紧跟老

师，跟紧老师；家长要鼓励孩子，有问题、有困惑要主动求助老师，老师会给出满意的答复。

6.父母保持淡定，稳住孩子考前疲怠期

高考是一场马拉松，是一场持久战，学生很容易出现考前疲怠期。此时家长要叮嘱孩子，不复习超纲难题；复习整体错题、基本知识。使孩子心里清楚，持续学习，出现心理疲怠期，是很正常的现象，大脑也需要休息与整理。此时，可以陪孩子适当运动、听音乐放松等，让大脑和身体有一个恢复和缓冲的机会。

家长收获

我是一名七年级孩子的家长，孩子面临学业的压力和青春期带来的巨大心理蜕变，身心发展处在一个极度不平稳的状态，这让我们和孩子的每一次沟通和交流都伴随着困惑和焦虑。赵宏玉老师的《陪伴孩子平稳度过"焦虑考试季"》讲座，令我深受启发，获益匪浅，让我明白了孩子产生压力和焦虑的多种原因。

我们每天和孩子生活在一起，彼此心态和情绪相互影响，感受和吸收的都是相同的情绪，我们应该用积极的心态、充分的信任和鼓励来影响和帮助孩子，使孩子感受到尊重和理解，让孩子学会接纳、化解焦虑和压力，从而产生心理的安全感。感谢家庭教育大讲堂，为我们指明了方向，期待更多精彩的讲座。

——北京航空航天大学实验学校　果夕尊家长

赵博士在讲座中传授了家长如何避免把焦虑传递给孩子，以及接纳和管

名人谈家教

理情绪的重要性，改变惯有的方式，尊重和理解孩子的想法。通过今天的讲座，我意识到孩子长大了，最近孩子敏感，容易激动，我要改变之前没有冷静下来就着急改变孩子的做法，不仅容易吵架还容易适得其反。我要学会适当地放手，更多地接纳和尊重孩子的想法和情绪，学会了解她的情绪表达了哪些焦虑，等孩子发泄完冷静下来再顺势引导。

感谢赵博士今天的讲座，使我认识到每个人都有焦虑的事情，要学会正确看待以及调节焦虑的情绪，我今后要再学一些心理学知识，不仅对工作有所帮助，对我们的家庭教育和家庭生活也有益，要与时俱进，跟上孩子成长的脚步。

——北京市清河中学　宿辰阳家长

听了赵宏玉老师的《陪伴孩子平稳度过"焦虑考试季"》讲座，颇有感触，也学到了很多实用的具体的方法指导。初二的青春期的孩子，学业难度陡然增加，小中考在即，又因疫情居家，无法与同学正常社交，长时间盯着电脑，情绪经常莫名其妙失控，这也让我们家长心起波澜，情绪焦虑。

讲座让我学会解读孩子情绪背后的意义，对孩子设立合理的期待，尊重理解孩子，并相信孩子、学校、老师。做好自己的焦虑管理，自我调适，接受无法改变的，关注能够改变的。改变自己的唠叨，给孩子做情绪管理的积极示范，做好孩子的陪伴与支持，以更稳定有力的状态，与孩子共同成长。

以纪伯伦的话把握好与孩子的合理界限，"你可以庇护的是他们（孩子们）的身体，却不是他们的灵魂，因为他们的灵魂属于明天，属于你做梦也无法到达的明天"。感谢海淀教科院举办的海淀家长学校·家庭教育大讲堂，值得多次回放与再学习。

——人大附中北大附小联合实验学校　段佳𬀪家长

今天听了赵老师的分析与讲解，我感到受益匪浅，豁然开朗。作为家长，在孩子考试前难免会有些担心和焦虑，孩子也会紧张和不安。赵老师分析得很有道理，焦虑是可以传染的。家长的焦虑会传递给孩子，孩子的紧张也会影响家长。如果家长的焦虑状态高于孩子，家长要学会调整自己的状态，控制自己的情绪，耐心陪伴和正确引导。如果孩子的焦虑状态高于家长，家长要善于观察孩子的语言、行为、状态等，跟孩子进行有效沟通，从孩子的角度出发，制定长远明确的发展目标，充分尊重孩子。做一个成长型父母，与孩子一起成长。

——首师大附中　郑好家长

正值小升初的关键节点，孩子面临着自学与升学的双重变化与压力，处理不好亲子关系可能会加剧矛盾，影响孩子正常的学习与生活。在这个节点，学校为家长安排了家庭教育课程，真的很及时，很给力！

聆听了赵宏玉老师主讲的《陪伴孩子平稳度过"焦虑考试季"》讲座，促使我去正视和反思自己的内心和状态，也学习到了将压力转换为能量的方法，内心获得了一些力量和平静。作为妈妈，我要努力调节好自己的状态，既不能过度焦虑，也不能毫无压力地随波逐流，应该保持理智和乐观，努力创造愉悦的家庭氛围，在理解和信任孩子的同时，学习运用智慧的方法，更好地引导和陪伴孩子。

——苏家坨中心小学　梁潇潇家长

名人谈家教

主讲人：章梅芳

北京科技大学教授、博士生导师

中国科学技术史学会常务理事

科普中国智库专家委员会专家

北京科技教育促进会副理事长

引言

　　孩子有着与生俱来的好奇心与探究欲望，应抓住孩子们成长的黄金时段，引导他们亲近大自然，激发他们的好奇心和想象力，增强他们的科学兴趣、探究欲望、实践能力和创新意识。

章梅芳：提升孩子的科学素养

　　中小学阶段是孩子科学精神、创新素质"种草"的关键期。科学教育的普及，仅仅靠学校课堂是不够的。对于家长们来说，应该怎么做？家长对孩子科学探究的影响是巨大而深远的，家庭的支持与否是科学教育能否成功的一个重要因素。

　　首先，一起来了解国际经济合作与发展组织（OECD）对科学素养的定义：科学素养是运用科学知识，确定问题和做出具有证据的结论，以便对自然世界和通过人类活动对自然世界的改变进行理解和作出决定的能力。

《义务教育科学课程标准（2022 年版）》（以下简称《新课标》）提出，科学课程要培养学生的核心素养，主要是指学生在学习科学课程的过程中，逐步形成的适应个人终身发展和社会发展所需要的正确价值观、必备品格和关键能力，是科学课程育人价值的集中体现，包括科学观念、科学思维、探究实践、态度责任等方面。

一、国家高度重视提升孩子的科学素养

2022 年 3 月，《新课标》发布，明确了科学课程的目标是培养学生核心素养，主要包括科学观念、科学思维、探究实践和态度责任等方面。

2023 年 2 月 21 日，习近平总书记在中共中央政治局第三次集体学习时指出，"要在教育'双减'中做好科学教育加法，激发青少年好奇心、想象力、探求欲，培育具备科学家潜质、愿意献身科学研究事业的青少年群体"。

2023 年 5 月，教育部等十八部门联合印发了《关于加强新时代中小学科学教育工作的意见》，明确提出"通过 3 至 5 年努力，在教育'双减'中做好科学教育加法的各项措施全面落地"。

基础教育阶段是孩子科学精神、创新素质"种草"的关键期。科学教育的普及，仅仅依靠学校课堂是不够的，还需要家长的合力支持。

二、孩子应该具备的科学素养

科学课程旨在培养学生的核心素养，为学生的终身发展奠定基础，培育的总目标为掌握基本的科学知识，形成初步的科学观念；掌握基本的思维方法，具有初步的科学思维能力；掌握基本的科学方法，具有初步的探究实践能力；树立基本的科学态度，具有正确的价值观和社会责任感。

三、科学素养培育的重要性

当今世界科技进步日新月异，人们生活、学习、工作方式不断改变，科学素质成为必备的基本素养之一，如果缺乏科技知识、科学思维、科学方法和科学态度，将来或许会寸步难行。

科学素养决定了孩子的创造力和发展的可持续性，能为孩子的终生成长提供原动力，是培养和塑造人才的重要基础，也是国际教育界最为关注和重视的核心素养。

孩子有着与生俱来的好奇心与探究欲望，应抓住孩子们成长的黄金时段，引导他们亲近大自然，激发他们的好奇心和想象力，增强他们的科学兴趣、探究欲望、实践能力和创新意识。

孩子是祖国的未来，提升孩子的科学素养，是建设科技强国的决定性因素。

四、培养孩子科学素养的策略

1. 激发孩子的科学兴趣

家长要多陪伴和引导孩子，让孩子体验研究问题和寻找答案的过程与乐趣，做支持孩子探索科学的有心人。兴趣和好奇心是孩子学习科学的原动力，让孩子学习行为集中在能让他产生直接兴趣的、可感知的事情上，他就会自觉地去探究。

培养孩子的科学素养，首先要提供激发孩子好奇心和求知欲的环境，其次要陪伴孩子一起成长，鼓励孩子发现有趣的现象，主动思考问题，问十万个为什么，认真倾听孩子提的问题，让孩子体验研究问题和寻找答案的过程和乐趣，使孩子学会思考，逐步培养良好的科学素养。

2016 年诺贝尔生理学或医学奖获得者大隅良典回忆起他的童年，全是在捉萤火虫、捞鱼、挖野菜的美好画面，这些画面看上去跟他成为诺贝尔奖获得者没有关系，其实用处很大，主要在于家庭引导。大隅良典在玩耍的过程中对自然产生兴趣，就读于东京大学的哥哥发现他喜欢大自然，便用自己的钱买了自然科普书籍，当教授的父亲刻意引导他把书上的内容与现实世界联系在一起，大隅良典在哥哥和父亲的帮助下养成爱独立思考、爱钻研的习惯，这也是他日后做研究时能提出跟别人不同的看法，获得诺奖的原因之一。

我们的家长想一想，在教育焦虑的背景下，我们愿意陪孩子或者让孩子把大量的时间用在捉萤火虫、捞鱼和挖野菜上吗？

再举一个例子。发现 DNA 双螺旋结构的功臣之一，罗莎琳德·富兰克林从小喜爱运动，在伦敦的女子学校念书时，她从事的运动项目包括板球、曲棍球、网球和自行车等。

我们的家长想一想，我们是否可以做到支持自己正在上初高中的孩子参加各类体育活动？是否鼓励孩子坚持幼儿园和小学时期的那些素质培训活动？是否鼓励他们继续寻找并坚持他们的兴趣爱好？

2.学会科学方法

亲身经历以探究为主的学习活动是孩子学习科学的主要途径。家长应鼓励孩子积极参与各类科技实践活动，鼓励孩子深入社会，多做思考，培养孩子的探究意识以及发现问题、分析问题和解决问题的能力。

培养孩子的科学探究意识与能力之八个需要：需要做观察；需要提出问题；需要查阅书刊及其他信息源以便弄清楚什么情况是为人所知的；需要设计调研方案；需要运用各种手段来收集、分析和解读数据；需要设计实验方案，根据实验来检验已经为人所知的东西或个人的新想法；需要提出答案，并给出合理解释、论证和预测；需要把研究结果告之于人。

培养科学探究意识与能力的具体途径：鼓励孩子参与科技实践活动，开展科学实验和探究活动，通过动手实践来加深对科学知识的理解和掌握。许多孩子向往科学实验和探究，而其他孩子则更喜欢试错和讨论游戏。鼓励孩子参加科技竞赛和社团活动，如全国青少年科技创新大赛、机器人竞赛等，以提高学生的实践能力和创新意识。

我们要鼓励孩子大胆探索。美国普林斯顿大学分子生物系的霍普菲尔德在回忆自己的成长过程时说："我生长在一个不但宽容，而且鼓励孩子大胆探索的家庭。在我心目中，父亲能修好一切东西，屋顶、水管、电线、收音机、自行车……孩提时代，只要父亲做这些事情，我就会守在旁边看。稍长，母亲开始鼓励我在厨房里做化学实验。我得到了几个试管、软木塞，以及《儿童化学实验指南》。书中教孩子们如何让醋和发酵粉在试管中反应而射出木塞，还描述了用火柴点燃氢气发出'嘭'的声音。我制成的晶体总不如书上看到的那么漂亮，但晶体的对称结构还是清楚的。通过动手制作，我还明白了它们的成因。大多数学生初次见到酸性试剂是在化学实验室，而我则是在家里看父亲用红色洋白菜作试剂，并展示了它如何随着溶液酸度的不同而变红或变蓝。"

我们要鼓励孩子关注民生，深入社会，多做思考，培养发现问题、分析问题和解决问题的能力。鼓励孩子深入工业园区，了解废水处理问题；深入食品加工厂，了解食品的加工过程及其原料来源等问题；进行大气监测，了解大气质量及其污染原因；深入汽车工厂，了解汽车生产流水线过程和尾气排放。

鼓励孩子利用所学知识，解决现实情境问题，帮助他们在这些真实问题的解决过程中构建自己的知识体系、价值体系，增强处理实际问题、参与公共事务的能力，从而提升科学素养。

3. 掌握科学知识

关于科学知识，大多数家长都会觉得这很难，小朋友根本听不懂，大概需要到小学才能懂吧？其实并不是的。美国的幼儿园从3岁就已经开始让小朋友接触大量的科学知识了。他们非常重视儿童在科学知识、探索研究问题方面的早期教育，开展生物科学（植物的各个部分，动物和他们的生活环境等）、生理知识（人体的各个器官）、物理、环境科学（包括天气，四季等）等与科学有关的学习。到了 4 岁，他们就已经开始接触诸如太阳系、行星之类的知识了。

家长可以选择优质的科学绘本、百科全书和科普读物等，让孩子在阅读科学家传记、科学元典等文本的过程中感受科学、理解科学、热爱科学。

《DK 儿童发明百科全书》是英国 DK 儿童百科全书系列中的一部。书里收集了大约 700 种发明，从纸笔、钞票、马桶和灯泡，到钟表、汽车、医药和智能手机。这些发明改变了人类的生活，创造了我们身边的万物，是人类智慧的结晶，是一个时代的缩影，也是前人对未来的启迪。

《科学元典》丛书收录了入选教育部基础教育课程教材发展中心《中小学生阅读指导目录（2020 年版）》中的 15 种科学经典图书。每种图书都是精选原著精华，延请名家指导阅读，增加扩展阅读、思考题、阅读笔记，为中学生量身定制，并特别赠送北京人民广播电台专业制作的数字课程。有助于中学生更好地阅读科学经典、理解科学经典、感受经典魅力。

《天工开物》是明朝科学家宋应星创作的综合性科技专著，被称为"中国 17 世纪的工艺百科全书"。为了让少年儿童读者深入了解《天工开物》，作者从原书中选取了与人们生活息息相关、对现代科技影响较大的内容，结合多年的研究成果和丰富的实践经验，重现中国 17 世纪古代工艺旖旎多姿的繁荣之况。书中配以 24 幅生动活泼的手绘插图、64 幅《天工开物》古图，73 幅照片资料，帮助读者追本溯源，了解中国传统技艺的博大精深，体味人类与自然的和谐，人力与自然力的配合。

《大国重器》一书着眼于 2011—2021 年中国杰出的科技成果和突破，邀请 30 余位一线科技工作者深度剖析 50 项国之重器。作者使用问答形式深入浅出地介绍每项重器的研制目的、过程以及应用，加以大量手绘信息彩图，方便读者全方位认知我国前沿科技的发展。

4.培养科学精神

通过优质的科学史阅读，让孩子了解科技发展史中具有深远影响的重大事件、中国古代和近现代科技成就，以及有代表性的科学家及其事迹，启迪心智，开阔胸怀，理解科学的本质，树立正确的科学价值观。

阅读《科学史100个大场面》系列丛书。以喜剧故事开场，以漫画为主要元素，以教导和学习为重点，努力传达正确、丰富的科学信息。将科学史上的发现、发明一目了然地分为100个精彩场景，易于阅读，更增添趣味性。为系统地把握科学史的整体脉络，该书以某个年代的事件以及这一时期科学界研究的主题为线索，通过穿越的形式，带领孩子们与著名的科学家们亲密接触。书中的科学故事均按照年代发生顺序编排，囊括了包括数学、物理、化学、生物、地理、历史等在内的多学科知识，内容多元、生动有趣。每隔几个故事后设置有"改变世界的科学家们"板块，能够帮助读者全面系统地总结相关科学家的事迹及科学事件发生的脉络。

科学精神的力量在于，它能开阔人们的视野，开阔人们的胸怀，启迪人们的心智，它能使人们正确认识到自己在自然界的位置和作用，有助于确定正确的目标和行动。

在家庭教育中培养科学精神与科学家精神。让孩子敢于想象、敢于探究、敢于怀疑、敢于挑战；让孩子善于思考、勤于动手、学会合作、尊重科学。面对头顶上的浩瀚星空，托勒密和哥白尼想到了宇宙体系；对教堂里吊钟摆动的关注，使伽利略发现了单摆；对苹果落地的好奇，让牛顿研究出了万有引力；因对孵小鸡都感到新奇，爱迪生给人类带来了电灯、留声机等数以千计的发明……

《植物情怀》丛书精选法、美、加等国热销的科普新作，内容涉及天文、生物、生态、脑科学、人类起源、科学史等多方面，作者均深耕专业领域多年并有丰富的科普图书写作经验。丛书兼具科学性和可读性，可以帮助读者从科学的角度认识世界、认识自己，并探索科学之美。

《名画中的科学》系列丛书汇集了 600 幅世界名画、72 位中西艺术大师、500 个科学趣味知识点，东西方艺术平分秋色（各 3 册），既有中国晋唐两宋元明清不同时期的艺术特色，也有自文艺复兴以来西方美术的不同流派演变。丛书以名画为主题，每篇文章从导览名画开始，进入画家和他的时代，通过妙趣横生的观画问答，由画而及人与科学，通过插图、小学堂、一问一答、视频等，进行生动有趣而又全面详细的解答，层层深入解开名画的秘密。

精选科技史研究领域权威杂志《自然辩证法通讯》40 年来《人物评传》专栏刊载的文章，介绍了世界著名科学家的生平事迹，分析总结了他们在各自研究领域的重要成就和影响，具有思想性和可读性。书中科学家在追求科学新知的道路上，不惧重重困难，锲而不舍，充分发挥创造才能，取得了卓越的研究成果。同时，他们言传身教，培养了一大批新人。这些科学家的优秀品格对青少年学习科学知识、培养科学素养、树立远大志向，有着重要的引领、激励作用。

《为大自然写日记》丛书（三辑）讲述了我国 24 位著名科学家（竺可桢、钱学森、何泽慧、吴征镒、刘东生、梁思礼、袁隆平、屠呦呦、林巧稚、钱三强、王大珩、施雅风、徐光宪、彭士禄、顾方舟、顾诵芬、张钰哲、王守武、吴文俊、吴良镛、孙家栋、卢永根、张炳炎、钟南山）的故事，从他们的生平讲起，讲述其成长趣事、奋斗历程、突出贡献等，展现了中国科学家的精神风貌。

《寂静的春天》作者卡逊以生动而严肃的笔触，描写因过度使用化学药品和肥料而导致环境污染、生态破坏，最终给人类带来不堪重负的灾难，阐述了农药对环境的污染，用生态学的原理分析了这些化学杀虫剂对人类赖以生存的生态系统造成的危害，指出人类用自己制造的毒药来提高农业产量，无异于饮鸩止渴，人类应该走"另外的路"。

　　　　　　　　　　　　　　　　　　　　　名人谈家教

五、结语

　　家长对孩子科学探究的影响是巨大而深远的，让家庭这一资源成为科学教育的一股力量，是科学教育成功与否的一个很重要因素。

　　孩子们学习新的科学知识不需要高科技手段，除了自己动手直观地操作教具之外，主要通过做主题手工，做一本相关内容的小书，写篇图文并茂的小文章等方式来学习消化新的科学知识。

　　没有机械的背诵和抄写，在剪剪贴贴、涂涂画画的过程中就完成了手工，循序渐进地从认一朵花开始，然后是各种动物，进而逐渐复杂起来。学前班从配合主题学习写一句话，再配上插图开始，到写几句话，再到越写越长，等到进了小学，就开始做项目研究写小论文了。

　　家长对孩子应做到善于观察、善于鼓励；学会倾听、学会沟通；尊重孩子、尊重事实。当孩子有兴趣时，他们学得最好；当孩子的身心处于最佳的状态时，他们学得最好；当孩子发现知识的个人意义时，他们学得最好；当孩子能自由参与探索与创新时，他们学得最好；当孩子被鼓舞和信任做重要事情时，他们学得最好；当孩子有更高的自我期许时，他们学得最好；当孩子能够学以致用时，他们学得最好；当孩子对家人和老师充满信任和爱时，他们学得最好……

　　新课程改革背景下诞生的科学教育，因为更加重视对学生科学兴趣的激发、探究能力的培养，以及科学素养的提升，在教材的编排上设置了大量的科学探究活动，几乎每一个教学内容都有前伸后延性的拓展活动。

　　所以，只有家长足够重视科学教育，才有可能逐渐形成教育合力，让科学教育真正走出课堂，走出学校，走向自然，走向生活，走向社会。

家长收获

章教授指出，孩子的好奇心和自主发现问题的能力非常重要。好奇心是探索科学的基础，孩子天生就有探索世界的欲望，他们总爱问"十万个为什么"。家长的应对十分关键，耐心解答或者一起查资料，适当引导孩子主动思考，将培养孩子的科学探索与钻研精神。

此外，培养孩子良好的学习习惯和自主学习能力也非常重要。在不少家庭，孩子每天学什么、做什么都被家长安排得一清二楚，总是被家长催促着前行。久而久之，孩子就丧失了主动性，也不知道为什么要学习，这对孩子后续的成长非常不利。学习还得靠自己，家长应该学会"放手"，多鼓励孩子自主尝试，即使多次失败也没关系，这样可以培养他们独立思考和自主学习、自主探索的能力，这些好习惯将让孩子终身受益。

——海淀实验二小　张培阳家长

深入浅出的讲解，让我深深地体会到了科学素养对于一个孩子未来发展的重要性。科学素养不仅需要培养孩子的知识和技能，更要坚定孩子的态度和责任，即对科学的热爱，对科学精神的领悟和对科技强国的信念。激发孩子对科学的兴趣，培养孩子的科学思维，鼓励孩子实践科学知识，才能真正提高孩子的科学素养，让孩子厚植科技报国的信念，这应是我们共同的责任！

——清华附小清河分校　许子熙家长

通过学习，我对科学素养有了更深入、系统的了解，特别是章教授讲到的"亲近大自然可以有效激发孩子的好奇心和探究欲望"，这一点我感触特别深，科学素养的核心是激发好奇心与探究欲望，从而生发亲近科学、体验科学、热爱科学的情感。

——建华实验学校　马木晰家长

"妈妈，我长大后想做一名科学家。"这是孩子在3岁那一年的梦想。热爱科学是孩子的天性，他很小的时候就喜欢观察飞机模型、汽车玩具，长大了一些开始好奇AR、VR的原理。很感恩，我的孩子生长在科技如此发达的时代，他得以更早地接触科学、爱上科学。很感慨，听了海淀家长学校科学主题讲座，我更全面地了解了科学的时代背景与内容体系、儿童素质教育中科学的必要性以及一整套完整的方法论，也重新审视了自己。作为父母，在孩子的成长中，应该积极帮助他收获科学的光芒。

——北外附校　刘思默家长

主讲人：尹传红

科普时报社社长

中国科普作家协会副理事长

国家林业和草原局林草科普首席专家

科普中国智库专家委员会委员

引言

　　家长如果想要正确地教育孩子，就需要思考三个关键问题：首先，对孩子学习的认识不应局限于追求好成绩；其次，建立与孩子的良好关系是所有教育的基础；最后，保护孩子的天性，让他们在体验中成长，才是最佳的教育方式。

尹传红：趣味科学故事带来的家教启示

一、为什么要用科学来助力家庭教育

科学的价值引领作用

2014 年卡尔·萨根的名著《暗淡蓝点：探寻人类的太空家园》在国内出

版，其书名"暗淡蓝点"源于美国在 20 世纪 70 年代初发射的"旅行者号"探测器所拍摄的一张照片。在"旅行者号"发射 20 多年之后，也就是在 1990年，它即将报废并飞离太阳系。卡尔·萨根对美国航空航天局提出了一个建议：修改控制"旅行者号"探测器的计算机程序，令它回过头来给我们的地球家园拍张照片。在他的极力说服之下，美国航空航天局的官员最终采纳了这个建议。于是就有了这样一张在 64 亿公里外，从如此遥远的距离拍下的我们的地球家园的照片。被拍到的地球看上去就是一个暗淡蓝点，这本书也由此而得名。卡尔·萨根想说明这样一个问题：当站在人类个体的角度看地球时，会觉得地球如此庞大，人与人之间通过国家隔离开，为了争夺土地和资源进行着你死我活的争斗。可是当换了一个视角再看我们共同生存的家园地球，不就是浩瀚宇宙中的渺小一点吗？人类值得为了这一个小小的点而互相伤害吗？

近两年科普作品和科学教育被大力提倡的原因，正是希望借此让孩子更加了解周围的世界，了解人类的历史，了解我们身边存在的事物。科普有一种价值引领的作用，它会对孩子的世界观、人生观产生影响。卡尔·萨根的作品就是这样一个例子。

1610 年伽利略首次将望远镜对准浩瀚宇宙，发现月球上居然有阴影，居然存在环形山！木星居然有卫星！这一标志着人类现代科学起源的壮举仅仅发生在 400 多年以前。然而，正是在这短暂的几百年里，现代科学经历了从工业革命到 20 世纪的飞速发展，直至如今我们身处的这个高科技时代。在这段放在整个人类历史长河中并不算长的时间里，科学知识和观念的变化堪称翻天覆地。

因此，阅读科普读物时，重要的并不在于死记硬背具体的知识，而在于对这些内容整体上有所了解和感悟。例如，孩子们在学习某一学科时，常常会问为什么要学这个，或者为什么要背诵那么多的定理和公式。这正是因为课本中的知识是高度浓缩的，难以详尽地展现其前因后果。

因此，家长和教师应当引导孩子去阅读一些课外的科普读物，这些读物可以辅助孩子们加深对课本知识的理解。特别是那些介绍学科发展史的读物，以及描述科学技术发展大背景的书籍，不仅能够激发孩子们对学科的兴趣，还能够加深他们对学科内涵和意义的理解。这样，孩子们在学习科学的过程中，不仅能够掌握知识，更能够培养其对科学的热爱和敬畏之心。

二、如何用科学来助力家庭教育

1. 发掘科学的观察视角

在浙江农林大学有一位被誉为"金元宝"的教授。这位教授因助力当地农民通过科学种植竹子发家致富而声名远扬。该教授曾提出了一个引人深思的问题："'雨后春笋'这个成语我们都耳熟能详，用来形容新生事物迅速涌现。那么，春笋在雨后迅速生长，仅仅是因为雨水充沛吗？"大部分人或许会不假思索地回答："因为春天雨水多，所以笋生长迅速。"然而，对于这样的答案，教授反问："如果我现在用洒水车给竹林大量洒水，春笋会不会也快速生长呢？"这个问题恐怕就罕有人深入思考了。

实际上，教授在研究笋的生长机制时，进行了大量实验。结果表明，"雨后春笋"现象并非仅因雨水充足，还因为连续降雨造成了剧烈温差，正是在这种局部温差明显的气候条件下，笋才迅速生长。利用这个科学原理，就可以在秋冬季节通过撒木糠——一种由木头加工后剩余的木屑和稻壳组成的混合物——来模拟春天的气候条件，从而实现反季节生产春笋。这种科学原理的应用，为当地带来了可观的经济效益。

如今许多学校都积极组织学生进行研学活动，如参观科普基地和农业科技展示基地。这是一种极佳的学习交流方式，因为这些农产品与人们的日常生活息息相关。家长们应该多带孩子参与这类活动，让他们亲身体验、观察和学习。

我曾带领一群高中生参观一个百香果生产基地，学生们负责除草工作。在那里，他们亲眼见到了这种之前仅在植物画册中见过的植物，并仔细观察了其特征，比如它的各个器官是轮状的、丝状的还是鳞片状的。品尝百香果时，每个人的味觉感受都不尽相同，有人说像菠萝，有人说像香蕉，也有人说像石榴，每个人都有自己的看法。大家对此展开了热烈的讨论。有学生借此提出疑问："为什么百香果的味道能够兼具多种水果的特点？这与它的授粉方式有关吗？"

虽然对于这些问题，学生们并不一定能立即得到解答，但这种实地学习的经历让孩子有机会把课本上所学的知识和实际生活进行结合和拓展，无疑提高了学生们的科学素养，并丰富了他们的知识和经验。

2. 参加课外科学活动

前两年在同老馆长和一众专家一起参观南京古生物博物馆的过程中，我注意到馆中陈列的恐龙蛋的排列方式十分独特。对此，专家解释称目前学术界对这个问题仍存在争议，一种解释是产下这些蛋的恐龙或许具备双产道。

参观结束后，我向专家提出了一个困扰已久的问题：为何远古时代会突然出现恐龙这种庞然大物，随后又神秘消失？虽然关于恐龙灭绝的原因已有多种假说，但关于恐龙的起源至今仍是一个有待探讨的问题，如为何在距离现在六七千万年的远古时代，地球上出现了如此巨大的生物？对此，专家解释说需考虑到当时的环境条件，特别是当时地球上充足的氧气。恐龙这类动物虽然起初也是由简单生物进化而来，但其强大的耗氧能力和新陈代谢能力使其迅速成长。在特定的历史背景下，恐龙的各项器官和演化程度都达到了极高的水平。

不久前举行了一年一度的"青少年自然知识挑战赛总决赛"。这一比赛要求参赛的中小学生围绕年度主题进行课题研究。今年的主题是"聚焦"，即见微知著，鼓励孩子们从细微之处把握大自然的整体特征。在众多参赛选手中，两位来自上海的初一女生的选题尤为引人注目。她们观察到，在早春时节，城市中便已出现蚊子。她们不仅考虑了全球变暖的影响，还提出了大都市废气排放造成的热岛效应可能是原因之一。于是她们沿着这些线索对这个课题进行了深入的探究。

此外，还有学生关注到国外报道中提到的樱花提早开放的现象，并联想到国内武汉大学的樱花园是否也存在类似情况。通过收集和整理资料，他们发现武汉大学的樱花近 70 年来也呈现出逐渐提早开放的趋势，这一发现与国际上的现象形成了联系。这些学生们以此课题参加比赛并获得了奖项。

这些例子充分展示了科学的魅力并不仅仅在于高深的实验室研究或复杂的实验，而是可以通过日常生活中的体验、阅读和思考，以及走进大自然、参与博物馆或科技馆活动等方式来探寻答案。不要觉得科学遥不可及，其实它就在我们身边，等待着我们去发现和理解。

3. 进行科学素养的启蒙

应让孩子们在少年时期阅读大量的科学类和人文类杂志，尤其是科普类的书籍，培养孩子的阅读习惯，积累丰富的科学知识。当在高考或其他考试中遇到这种题目时，孩子们便能察觉到出题者与自己有着相似的阅读背景，由此更加坚信阅读的价值。

在 1986 年的高考中，出现了一道颇具挑战性的题目。题目描述了在环境恶劣时期，某城市进行的一项调查，结果显示黑蛾子的数量远超白蛾子。然而，当环境因环保运动得到改善后，再次调查却发现白蛾子的数量反超黑蛾子。面对这个问题，我感到十分兴奋。因为在高考前，我恰巧阅读了一本相关的课外书，书中恰好解释了这一现象的科学原理：在环境昏暗时，白蛾子更容易被天敌发现，因此数量减少；而当环境明亮时，黑蛾子则更易被察觉，从而数量下降。

前不久还有一则类似的报道，描述了生物学家在太平洋和印度洋地区观察到的一个奇特现象：原本黑白相间、有着类似斑马纹的海蛇，其外观逐渐变得漆黑一团，白色部分几乎消失。这引发了生物学家的联想，他们将其与工业黑化现象联系起来。工业黑化是指在工业污染地区，动物的体表颜色逐渐加深的现象。同时，这种海蛇的蜕皮频率也显著增加。科学家研究后发现，这是因为环境中的污染物容易在动物皮肤表面积聚，而蛇为了摆脱这些有害物质，提高了蜕皮的频率。

上述飞蛾与海蛇的例子中，二者出现的现象之间存在明显的相似性。而在科学探究中，敏锐地察觉并把握这种相似性十分有助于我们总结出其内在的规律。

在与孩子交流时，用一些生动的例子来解释复杂的科学概念往往会起到更好的效果。例如，枯叶蝶的外形与环境之间的关系，斑衣蜡蝉通过进化出恐怖外貌来吓退天敌的策略。这些例子使得演化等概念变得更为直观易懂。相比于抽象地讲述"物竞天择，适者生存"等原理，利用这些典型例子更能激发孩子们的兴趣和理解。在孩子阅读各种课外读物时，如果可以在老师和家长的引导下养成一边阅读一边思考的习惯，那么他就不仅能从阅读当中获得知识，更能培养他科学的、理性的思维方式。

4. 培养科学的思维方式

在一档中央电视台的节目中，一个小孩向身边的院士提出了一个有趣的问题：为什么飞机上的舷窗都是圆角形的，而不是方形的呢？院士虽然事先没有准备，但随后也给出了一个大致的原理：如果飞机在飞行中发生碰撞，舷窗如果是直角的，玻璃的破碎程度将会更高。相反，如果是圆角形的舷窗，从材料力学的角度来看，它在受到冲击时可能会得到一定的缓冲。

这个例子证明，孩子们其实天生就是好奇的探索者，他们对这个世界充满了好奇心，而成年人可能早已对这些现象习以为常，反而不能提出很好的问题并加以探究。

当孩子们提出这些有趣的问题时，家长和老师应该积极地回应，鼓励他们继续提问。其实，发现问题的途径多种多样，不仅可以通过阅读书籍、观察日常事物，还可以通过与他人沟通交流来实现。这些活动都可以为孩子提供可以提问的着力点。

前些年，《中国少年报》向全国的孩子发放了一份问卷，鼓励他们提出各种奇怪的问题，并收集起来由专家一一解答。这些好问题正是孩子们探索思考的原动力。例如，高年级的小学生们提出了诸如"毒蛇能毒死它自己吗？""螃蟹为什么横着走？""鸭子和鸡长得差不多，为什么它们走路的样子完全不一样？""为什么西瓜中间是甜的？""人为什么不能在水里呼吸？"等问题。

这些问题背后都蕴含着丰富的科学道理，值得我们去深入探究。

除了进行问卷调查外，还可以开展一系列生动有趣的活动，比如儿童摄影展。在摄影展活动中，不仅要让孩子们拍摄下他们所发现的新奇事物，记录下拍摄时的具体环境以及相机的使用情况，还需要孩子们回答两个关键问题：他们为何选择拍摄这个特定的物品并送来参展？这个作品背后蕴含着哪些科学道理？最后，主办方邀请相关领域的专家，为孩子们解答他们在摄影过程中遇到的各种问题。

这样的活动不仅为孩子们提供了一个实践学习的平台，同时也锻炼了他们的观察力和思考能力。

有些人或许认为科学对孩子来说过于深奥难懂，其实不然，我们不必过早地向孩子灌输具体的科学知识，而应该着重培养他们的科学观念和态度。只有当孩子在面对问题时能够符合逻辑地、理性地思考，才算真正掌握了科学的精髓。为此，家长和教师需要以身作则，为孩子营造出一个充满科学氛围的成长环境。最简单且有效的方法，就是从孩子身边的事物入手，引导他们通过观察和思考，逐渐发现科学的奥秘。

著名科学家理查德·费曼的传记中详细地描述了他的童年经历。据费曼回忆道，他的父亲虽然学历不高，但每天都会带回一些样式各异的瓷砖，让他自由摆弄。尽管费曼的母亲对此颇有微词，认为这样会弄乱房间，但父亲坚持认为这样做可以帮助孩子认识"模式"，培养他的空间感和创造力。这种独特的教育方式让费曼从小就对科学产生了浓厚的兴趣。此外，费曼的父亲还擅长用具象化的语言来解释抽象的科学概念，比如用二楼的窗户来比喻恐龙的巨大体型，使孩子能够更直观地理解。

这种形象化的教学方式值得广大教育工作者借鉴和学习。

5.因人而异鼓励孩子发展个人潜能

加拿大学者加德纳对孩子们的兴趣与前途进行了深入研究并发表了许多相关成果。他通过分析杰出人物的传记，总结出了一系列杰出人物所具备的能力类型，包括人际智力、数理逻辑、空间智力、音乐、肢体运动、语言、自省以及自然观察。在这些类型中，语言型的代表人物是诗人，音乐型的代表人物是音乐家，肢体运动型的代表人物是运动员，空间智力型的代表人物是创立了立体画法的西班牙画家毕加索，而自然观察型的代表人物则是善于识别自然环境中各种模式和规律的达尔文。

这个研究表明，在引导孩子参与学习或科学活动时，家长和老师可以参考这些能力类型，有针对性地鼓励他们发展相应的潜能。

生活中还有一些其他的例子，如某个学校为了维持秩序制定了一些规则，如年龄较大的孩子和年龄较小的孩子需要走不同的路线。然而，有一个孩子却屡次违反这些规定。老师对此感到十分困惑。后来他经过深入了解发现，原来这个孩子的母亲即将生下第二个孩子，引发了孩子的抵触情绪，因此通过违反规则来表达自己的不满。

这个例子说明，如果不仔细研究孩子所处的环境背景，我们可能很难理解他们行为背后的真正原因。

在孩子的成长过程中，不仅孩子本身存在问题，家长也同样面临着挑战。家长如果想要正确地教育孩子，就需要思考三个关键问题：首先，对孩子学习的认识不应局限于追求好成绩；其次，建立与孩子的良好关系是所有教育的基础；最后，保护孩子的天性，让他们在体验中成长，才是最佳的教育方式。

最近出版了一本励志类书籍，名为《幸福力的教育》。这种书籍对于家长和教师都有很大的帮助，如书中提到，我们如何投资幸福力？只要加上积极两个字，类似积极性格、积极心态、积极力量、积极语言和积极沟通等。在孩子的教育中，我们应该注重他们身体和精神层面的全方位成长，这样才能培养出健康、快乐、有能力的下一代。

名人谈家教

通过聆听，我逐渐明晰了未来引导孩子的努力方向。主要感受有以下三点：第一，多带孩子走进自然、亲近自然。要尊重孩子对自然界一草一木的好奇心，鼓励并带动孩子认真观察他们认为有趣的动物行为、自然现象，引导孩子通过观察提出问题、思考并找出答案。第二，科学阅读并正确引导，培养孩子的兴趣。选取孩子感兴趣的科普读物，让孩子带着强烈的探索欲，通过广泛阅读，打开五彩纷呈的科学世界大门，在潜移默化中增强理解世界的能力。第三，提升家长的科学素养。我们家长也应该不断增加科学知识储备，对孩子在阅读过程中提出的问题，以科学的态度，理性的思考，带孩子去探索科学真相及自然规律，感悟人生的美好。

——首师大附属育新学校　张浩洋家长

科学都是来源于生活中的观察。认真去查找和求证，发现并掌握科学理论知识，这才是当代中学生应该有的学习习惯和科学素养。科普科幻作品不仅可以帮助孩子了解科技前沿进展，提升人文修养，也能培养孩子独立思考、敢于质疑的学习习惯。

——十一学校龙樾实验中学　杨孟馨家长

深入解读科普知识和家庭教育之间的关系，让我意识到：在家庭教育和培养孩子的过程中，应从孩子的一个兴趣点着手引导，培养他做成一件事的能力，当他们有做好一件事的经验和经历，便可以模仿复制到另一种事，模仿是孩子们最擅长的事儿，换成学习知识或者其他是一样的道理。随着孩子们不断地成长，接触的知识越来越多，思考越来越深入，他们自然会理解文化、科技、历史、艺术之间有着千丝万缕的联系和因果关系。在家庭教育中找到孩子兴趣所在，通过在实践的过程中，让孩子通过遇到问题、发现问题、解决问题，不断提高能力，完善自我，发展自我。

——石油二小　侯祎恒家长

科技创新是国家高质量发展的动力，探索欲和求知欲是孩子学习的原动力。课外的科学阅读可以通过科学故事激发孩子的好奇心、想象力、探索欲和求知欲，培养孩子的科学兴趣，提高孩子的科学素养，让孩子走得更远。我们平时可以多引导孩子阅读科学故事，还可以多带孩子走进大自然，引导孩子参与探索实践，让孩子积极提出问题、思考问题，保持对未知世界的探索欲和求知欲，成为国家需要的创新型人才。

——五一小学　梁浩宇家长

通过讲座，我更深刻地理解了从"有趣"到"有理"的构建路径。在今后陪伴孩子的过程中，我将更加有意识地引导孩子首先观察生活中各种有趣的自然现象、社会现象以及事物的美丽，并与孩子在观察之后一起查阅资料、思考分析，让孩子体会学习过程的乐趣，而不仅仅是获得结果的乐趣。同样，不仅仅是科学，对于人文方面也有类似的路径，比如让孩子学习诗词时，可以让孩子了解作者的人生经历和写作背景，这样就能让孩子理解一个人，而不仅仅是对文字冷冰冰的记忆。

——富力桃园幼儿园　周一诺家长

名人谈家教

主讲人：唐长钟

中国科学探险协会特殊地区探险专业委员会
主任
原中国地学旅游联盟副主席
中国矿业联合会常务理事
国际独立地质师

引言

我们经常说选择比努力更重要，选择的方向往往决定今后要做的事情。而家长在引导孩子选择方向的过程中，要在尊重孩子自身爱好基础上进行沟通，根据孩子自身特性，引导孩子选择一个适合的方向，沟通不当就会适得其反。在过程中需要注意方向的把控和方法上的指导与沟通，同时需要家长以平等与尊重的态度进行立场和方向的引导。

唐长钟：培养孩子的科学探索能力

科学探索活动是科学探索和科学探秘等人类对自然世界认知实践活动的总称，包括科学探索研究、实地科学考察、科学探险实践和科普实践探秘活动。科学探索活动内容主要涉及自然科学、人文科学和其他科学学科领域。

各项活动按照安全程度、难易程度、危险程度、认知程度、专业程度、参与程度等不同级别及维度进行分类划分。

一、明确对科学探索活动的认知

1.科学探索活动的定义

科学探索考察活动简称"科考活动"，包括创新型的科学课题论文考察、科研项目应用考察、科研探索考察和社会科学探索考察。科考活动不仅针对自然景观、自然现象，也关注人文地理、历史建筑、工业生产等。

科学探险实践活动简称"科学探险活动"，也可称为"科学实践活动"，包括自然科学未知领域专业探险和自然科学已知领域专业探险。

长江故事：中国长江科考漂流队征服长江。1986年6月16日，中国长江科学考察漂流探险队在长江源头沱沱河正式开始长江漂流和科学考察。11月25日，中国长江科学考察漂流探险队漂至长江入海口附近的横沙岛，从而完成了历时5个多月的长江科学考察漂流任务。中国科学考察漂流探险队在海拔4500米的长江河源区，采集各类水文、地质标志1000多件。在金沙江水域，重点考察了滑坡、泥石流。在本次考察漂流中，战胜各种难以想象的困难，通过自然环境十分恶劣的250多个险滩，基本完成了长江河源区干流沿岸综合科学考察研究和长江上游生态环境及其保护利用的16个项目的考察研究任务。

北极故事：1989年，中国科学探险协会成立。1991年，中国科学探险协会高登义应邀参加国际科学考察活动，意外发现一个在1925年，法国用特殊手段胁迫北洋政府签署的"不平等条约"——《斯瓦尔巴条约》，从此拉开了中国进军北极探索的序幕。共有英国、美国、丹麦、挪威、瑞典、法国等18个国家共同签署了斯瓦尔巴条约。条约首先规定该地区永远不用于任何战争，如果在岛上发现有关军事的建筑，挪威有权对其进行摧毁，这也使得斯瓦尔巴群岛成为北极第一个也是唯一的非军事区。但同时条约也规定，"挪威有义务给予签约国公司和公民同等待遇"，也就是说签约国公司和公民不用办理签证，就可以在斯瓦尔巴群岛上自由进出，也可以在遵守挪威法律的前提下，开展一切生产和商业活动，还有各国的经商权是平等的，不用缴纳任何税收，最后就是有关矿产开采权，规定归签约国平等享有。而对于加入此条约的签约国来说，除了可以参与分配斯瓦尔巴群岛的所有资源之外，还在于欧洲各国毗邻大西洋和北冰洋，而该群岛正处于两大洋之间，有此地区为基础，十分有利于各国进行海上资源开采和贸易往来。2002 年 7 月 30 日，中国第一个北极科学探险考察站——伊力特·沐林北极科学探险考察站正式在斯瓦尔巴群岛上的朗伊尔城建立。紧接着在两年后，北极科学考察站黄河站也在该群岛的新奥尔松镇建成。科考队开展了有关北极斯瓦尔巴地区与青藏高原生态环境的对比研究，进行了系列北极科学探险考察。

2.青少年科学探索活动

青少年科学探索活动包括科普教育活动和科普实践活动。

其中科普教育活动的形式包括在校教育、社会教育、生活教育。入校教育的开展可配合教材开设专题讲座，拓展认知；出校教育则可通过参观科普馆、博物馆、文化场所、科研机构、专业科学实验场所、特别自然科学场所等进行。

科普实践行动包括读行、研学、游学、实验、实践等。其中，研学科考通过在科学探索考察过程中，感悟科学知识与学科教育的本质联系，培养兴趣爱好，提升学习动力和主动性；科普探秘则是在特定的活动中，探究和发现未知秘密，领悟自然、社会及人文科学与所学知识的关系，认识当前学习的重要性；科学成长营包括学习身心健康、科学常识、教材知识、伦理道德知识的亲子活动；此外，还有组织 8—16 岁青少年参与的特别活动，即少年科考。

3. 需明确科学探险不是冒险行动

在认识和实践科学探险活动的过程中，需明确科学探险不是简单的户外探险活动，更不是盲目的冒险行动。科学探险是根据人类目前对已知学科的认知，采用科学的方法对未知领域或事物进行科学分析和探索的过程。科学探险需具备冒险精神和牺牲精神，但其目的是探索未知、进行科学研究，必须在保证安全的前提下进行。

三、科学探索能力的激发与培养

1. 了解科学探索活动的意义

组织科学探索活动，探索认知大自然的奥秘及其发展规律，有利于促进科技的创新与发展，普及科学知识，提高全民素质，促进环境保护和自然资源的合理利用与可持续发展，促进科技、教育、体育、旅游事业的结合与发展。培养青少年热爱祖国、不畏艰险、勇于探索、崇尚科学、拼搏进取的科学探险精神以及科技创新能力。

科学探索活动的意义绝不仅仅停留在科学层面，也会对国家利益产生重要价值和意义。

国家间海上边界的确认经常会出现争议，因此科学考察和科学探险就是一个最好的解决手段。我国最南端为曾母暗沙，中国地图是以时段线标记。大海茫茫，如何去认定边界，是一个很大的难题。自新中国成立以后，在国家建设初期，由于条件所限，南海的边界勘界工作没有跟上。

改革开放以后，1984 年 7 月，我国组织进行了中国南海科学考察，对曾母暗沙有了详细的了解。中国科学院南海海洋研究所的"实验 3"号科考船，开展了对曾母暗沙的专题考察，这项工作意义重大，使我们了解到，曾母暗沙最浅处水深也有 17.5 米，形如纺锤，礁丘脊部呈北西走向，面积有 2.12 平方公里。

当时的形势，如果通过国家行为去划定边界是比较敏感的，而通过科学考察的方式，就能够将边界勘界的工作很好地嵌入进来。在本次科考推进过程中，随着科考船不断往南边开，科考队一路发现了很多过去的沉船和遗迹，并最终确认了我国在南海的边界。这件事情也让大家从国家层面意识到科学考察和探险的意义。

2.激发孩子的好奇心

好奇是人类的天性，喜爱是自然的流露，行动是实现愿望的过程。家长们需要保持孩子的好奇心，进行良好的沟通，知道孩子喜欢什么，再加以正确地引导，最后帮助孩子找到适合的方法。

在实际引导之前，首先应清楚科学探索与技术实践的区别与联系。日常生活中，大家能见到、感知到的都是技术，科学好像很难被大家感知到。那么真正的科学在哪里？科学是一个很虚幻的东西，很多时候需要通过技术来

体现它、展示它。科学探索并不是技术探索，技术是实践，是科学的一个具体体现；科学探索更多的是一种思维上的认识，然后是通过一些工具、设备去推进思维、想法层面的内容在现实中展开尝试，过程中加上技术的实践，才能够达到探索的目标。而这个过程就是科学探索。

有些家长可能会有疑问，进行科学探索是否需要配备先进的装备？实际上在整个科学探索的过程中，所需的技术设备并不是关键。技术设备会不断随着技术发展迭代，先进的设备有可能几年后就会落后，而科学探索更多的是面向未来，激发孩子的好奇心和培养孩子科学探索的意识，着重培养孩子的科学思维意识与能力。要从日常小事上进行启发，让孩子始终保持好奇。例如一个非常常见的问题，小鸡是怎么出来的？估计现在很多孩子都不知道是通过鸡蛋孵化出来的，只知道来自养鸡场。这些是社会的发展造成的一些认知上的变化，而家长要做的是从这些看似平常的小事着眼，激发和保持孩子好奇的天性。

在保持好奇的基础上，还要培养科学探索的实践能力。很多时候我们允许孩子有好奇心，可以提问为什么，但是再往前一步，到了执行和实践的层面，可能就会有家长开始限制孩子，更谈不上喜爱。有些家长或者说教育导向不允许我们的孩子把太多的精力放在这类事情上。科学探索能力的培养需要发自内心，需要激发孩子的内在动机。如果总是逼迫孩子去做，就会引发孩子的反感。比如一个东西好不好吃、电影好不好看、活动愿不愿意参加，最重要的都是喜欢，喜欢了，孩子自然就会投入、参与。

因此培养孩子的科学探索能力，要思考怎么样去引导孩子的科学探索实践行为，也就是指实现愿望或达成目标的过程。在这个过程中，家长需要有正确的引导，首先发现孩子对什么事物好奇，然后判断这个方向是否是家长所希望或社会所希望的，从而进行正确的引导，鼓励并创造条件支持孩子的探索。

3. 关注爱好，激发探索欲

激发孩子的探索欲，最重要的是陪伴孩子一起去做，引导孩子们通过行动来实现愿望。第一步，要善于发现内因，能够发现孩子的好奇点、喜爱的事物，然后激发他去亲身经历、亲身探索；第二步，陪伴孩子去做，在做的过程中，当孩子遇到问题和困难，不知道如何去解决时，家长应当发挥作用，帮助和引导孩子找到办法，并最终实现目标。

每个人的兴趣爱好不同，个性不同，教育之所以要分科，也是因为每个人的爱好和擅长的领域不同，成长的速度和方向也不尽相同。每一个孩子最初都是一颗种子，有的早开花、有的晚开花，硬要大家在同一时间开花是不现实的，家长需要做的是去发现孩子的个性、自身爱好和擅长的领域，而不是按照自己的想法去逼迫孩子照做。很多家长要求孩子学弹钢琴，有的孩子不愿意弹钢琴，如果逼迫孩子学，他最终怎么会喜欢钢琴呢？

而当一个孩子真的喜欢一个东西，他走到哪里都会想着，如会去记忆琴谱，哪个琴键怎么样、音色如何，会主动跟你聊这件事。我们讲要到大自然探索自然规律，其实青少年的发展也有其自然规律，是不能违背的。人类的好奇心决定了人类的发展，所以要让孩子按照他的想法和喜好主动地去探索，在顺应孩子爱好的基础上适当加以引导。

家长可以在思维和方法上对孩子进行适当引导。好奇是孩子的天性，很多小孩凡事都喜欢问为什么，为什么会这样？为什么会那样？互联网还不发达的时候，大家是读着《十万个为什么》长大的。而如今互联网技术日新月异，很多时候大家有了问题会直接去百度搜索答案，依赖性过强，缺乏对答案的探索，这对培养科学探索能力是不利的。针对这类现象，家长应该更主动作为，鼓励和培养孩子自主寻找解决问题的办法，而不是不加思考，直接找现成的答案。

4. 与锻炼意志品质相结合

很多野外的科学探索活动会召集志愿者参加，家长也可以关注。例如中国科协曾组织到塔克拉玛干考察，期间会拿出一部分名额，招募志愿者参与到科考工作中来，进行跟进和体验。同时，志愿者的招募一般也会设置一些招募条件，比如不怕苦。什么叫能吃苦或不怕苦？我们发现，当一个人发自内心喜欢一项活动或一件事情时，去做的时候就不觉得苦。孩子们玩游戏投入的时候，可以不吃饭、不睡觉，甚至脚都麻了，也不觉得累。所以觉得苦或者不苦，很多时候个人的动机或喜好是很重要的影响因素。

秦大河院士是我国著名的冰川学家和气候学家，中国科学院院士、第三世界科学院院士，冰冻圈科学国家重点实验室名誉主任。作为全球冰雪领域非常专业的院士，也是北京冬奥会的"冰雪顾问"，他带领组建北京冬奥会赛事用雪保障关键技术研究团队。

秦院士也是中国第一个徒步横穿南极大陆的人，曾多次到南极考察。1989年7月，参加国际徒步横穿南极大陆开展科学考察，行程5986公里，途经南极点和"不可接近地区"，1990年3月3日抵达这次考察终点——苏联和平站。南极考察环境异常艰苦，最高海拔在5400多米。空气稀薄、天气寒冷，容易引发缺氧、心肌炎等问题，造成生命危险。秦院士牙齿容易发炎，对照身体条件本无法参与科考任务，但为了完成南极科考探险，他在出发前毅然拔掉了自己的10颗牙，换了一口假牙，从而完成了这次跨越，成为中国第一个徒步横穿南极大陆的人，采集了800多个雪样，特别是采集到南极洲"不可接近地区"内一套完整的珍贵冰雪样品，填补了冰川学研究的空白，成为世界上唯一拥有南极地表1米以下冰雪标本的科学家。

5.恰当发挥家长立场观点的作用

家长应当有意识选择支持孩子探索的方向。我们经常说选择比努力更重要，选择的方向往往决定今后要做的事情。而家长在引导孩子选择方向的过程中，要在尊重孩子自身爱好的基础上进行沟通，根据孩子自身特性，引导孩子选择一个适合的方向。在过程中需要注意方向的把控和方法上的指导与沟通，同时需要家长以平等与尊重的态度进行立场和方向的引导，沟通不当就会适得其反。

"活得有意义是为了生活得更美好，生活得美好就更应该活得有意义！"

新中国成立初期，对"活得有意义"的定义就是为了生活得更美好。现在的生活水平比以前好多了，而当年为了新中国成立而牺牲的这些人，他们的生活是过得很有意义的，他们觉得自己很有价值，即使当时的条件很艰苦。例如"两弹一星"的研制成功，这会让老一辈觉得活得非常有价值，很幸福。因为他们的目的是后人，也就是我们这些人能够生活得更美好。

我们的教育往往是要学生考高分，未来要找好工作，但是失去了意义感，因此在当下生活水平提高的前提下，应该引导孩子去做一些有意义的事情。

现在的学生之间存在盲目攀比的情况，在这种风气下，我们的孩子会日益失去对周围世界的好奇心，从而丧失探索精神。科学探索活动重在体验，家长也可以通过与孩子分享科考活动的案例，激发孩子探索的好奇心和行动力，通过实际体验，不断提升孩子科学探索活动的兴趣和能力。通过科学家的现身说法，孩子能学习探索精神、献身精神，获得相应的科学知识。活动中所融入的科学知识是经过精心设计的，与青少年教材紧密相关，此外，通过活动让青少年在过程中实际体验，而不是简单说教来生硬地传授知识。

中国科学探险协会特殊地区科学考察项目《穿越"世界自然遗产"——三江并流科学探险游》，探险区域为金沙江、澜沧江、怒江等区域，项目主题包括动植物王国科普活动、丹霞峡谷地貌地质科普活动、多民族民俗文化科普活动、野外摄影写生活动、民族情歌会活动，走遍三江、穿越两山。具体探险内容涵盖徒步野营野炊、山地汽车越野、高山马帮穿越、原始山野攀登、民族家庭走访、民族歌舞连环、溜索过江体验、天然大江漂流、户外强化训练和科普讲座指导。在这些科学探索活动中，青少年收获的不仅是生物知识、地理知识等，还有对道德与法治内容的体悟。集体活动能够让青少年认识到通过共同成长、与人交往、建立友谊，能更好地发现自己，完成对生命的思考；同时在集体活动中成就自己，体会法律就在身边并且伴随大家共同成长。此外，通过走进社会生活、遵守社会规则、承担社会责任，学会维护国家利益。这些都是《道德与法治》课程的培养要点。

很多家长忙于工作，不一定有很多时间陪伴孩子。因此在有限的时间内，更要提供高质量的陪伴。通过一些体验活动，增加孩子的感触，带给孩子一些思想、观念层面的新认识。当孩子经常去户外活动，就会对大自然的事物不再陌生，会很自然地在其他孩子面前显得更熟悉一些，胆子可能更大一些，也就会更主动地去做一些事情。这样的孩子与其他孩子相比，在遇到问题或困难的时候，往往会更积极主动地去思考解决问题的办法。

总结下来，家长在引导孩子进行科学探索活动的过程中，首先要把探索的权利、活动的权利交给孩子，告诉孩子一个方向，然后进行有效的指导。在这个过程中，非常重要的一点是不要怕孩子犯错误、不要担心孩子会吃亏，基于孩子充分的机会去进行试错，这样才能让孩子真正收获探索的精神。如果家长一味大包大揽，什么东西都准备好，不需要孩子亲自动手，孩子就无法真正达到探索的目的。家长需要做的是在大方向上做好引导、保证孩子探索过程的健康安全，剩余的就要把主动权交还给孩子，让孩子拥有更多探索的空间。

家长收获

唐老师的讲座令我们大开眼界，好奇心顿开。科学探索的世界，上天入海，涵盖每个角落，从南极到北极，从动物到植物，每一张照片，都堪称大片，绝美的风光令人震撼。尤其是一张戈壁的照片，深邃幽蓝的暮霭，似乎延展到天边，一辆越野车打着灯光，驰骋在一望无际的戈壁滩。灯光指引，正奔向自己的目标。这张照片令人心潮澎湃，久久难忘。科学探索的道路正是这样，一路充满艰辛和困难，然而只要有热爱和勇气，定能指引我们奔向前方。

——中国地质大学附属中学　高致远家长

我们跟随着唐老师及各位探险协会老师的脚步，领略了北极的极地风光，体验了珠穆朗玛的凛冽寒风……这些见识超越了日常中的目光所及。我们每一寸脚步的丈量，都需要科学技术和科学探索精神的支撑。我会把讲座内容讲给孩子们听，在她们心里种下一颗勇于探索的种子，也期望这颗种子将来能带领她们走向更辽阔的远方。

——北京科技大学附属小学　马馨然家长

此前，我一直困惑于如何让只喜欢文学故事的孩子多读读自然科学类书籍，如何让孩子对科学探究产生更多的兴趣。这次海淀家长学校家庭教育大讲堂用一场生动具体的讲座，帮我解决了这个难题。唐老师先从上天入地的科学探险小故事讲起，从南极北极再到外太空的各种科学探索，让我对科学探险有了深入、系统的了解，也产生了浓厚的兴趣。

我认识到，家长自己应当先建立对自然、对科学、对万事万物的兴趣，再引领孩子多走、多看、多参与，有效地激发孩子的好奇心和探究欲望。从亲近科学到体验和热爱科学，没有什么比到大自然中去更能培养孩子的科学探索能力。如果有一天，我的孩子在野外奔跑时停下来观察脚下的植物和草间的昆虫，愿意与我一起讨论为什么这里的石头长成这样，一起计划去高黎贡山探索高山植物，那应当是这个讲座带来的最大收获吧。

——北京林业大学附属小学　饶依芰家长

通过本次讲座，我才意识到科学探险不是简单的户外探险活动，更不是盲目的冒险行动，而是根据人类目前对已知学科的认知，采用科学的方法对未知领域或事物进行科学分析和探索的过程。这也提醒了我，在今后带领孩子们"行万里路"时，要以安全为前提制定更理性、更科学的探索策略。非常感谢唐长钟老师带来的专业科学讲座，希望未来可以倾听到唐老师更多的专业分享。

——中国农业大学附属实验小学　周明雯家长

主讲人：周枫

网易有道 CEO

计算机专业博士

中国计算机学会（CCF）理事

清华大学校友总会理事

主持研发教育大模型"子曰"

引言

在 AI 时代，培养孩子成为具备创新思维和终身学习能力的人才是至关重要的。这一时代背景下，技术与创新思维的结合、持续学习与努力的重要性、技术能力与创业精神的结合，以及年轻人在科技行业中的重要角色，共同构成了培养孩子的多维框架。

周枫：AI 时代要做一名具有前瞻性思维的家长

在人工智能迅猛发展的今天，我们正站在新时代的门槛上。如同百年前汽车、电话和电力的革命性突破，人工智能、多组学测序、能源存储、公共区块链和机器人这五大技术平台正共同塑造着我们的未来。其中，人工智能作为核心驱动力，其影响力不容小觑，它有可能像互联网一样，成为未来数十年社会发展的关键力量。面对这样的未来，我们的孩子们需要具备怎样的能力？这是一个值得深思的问题。在人工智能（AI）时代，单纯的知识积累已不再足够，孩子们需要培养的是适应变化的能力、创新思维、跨学科学习能力以及与人机协作的能力。这些能力的培养，将帮助他们在未来的社会中立足，把握机遇，迎接挑战。因此，作为家长和教育者，我们有责任引导孩子们走向一个充满可能性的未来，为他们装备必要的技能和心态，以适应这个由人工智能主导的新世界。

一、AI 时代：一个充满机遇与挑战的新时代

在探讨 AI 时代与以往时代的不同之处时，我们首先需要认识到 AI 不仅仅是一项技术进步，更是一种全新的计算范式，它正在引发信息产业的根本变革。回顾历史，我们可以看到技术的发展往往伴随着社会结构的深刻变化。例如，20 世纪 20 年代的汽车、电话和电力技术的普及，极大地推动了社会的现代化进程。这些技术革命不仅改变了人们的生活方式，也重塑了经济和社

周枫：AI时代要做一名具有前瞻性思维的家长

会的结构。

进入 21 世纪，人工智能作为一项基础技术，其影响力可与互联网相媲美，甚至超越互联网。互联网自 1995 年在中国发展以来，经历了从低谷到高速增长的转变，深刻改变了社会和经济的各个方面。而人工智能的发展轨迹可能更加迅猛，其潜在影响更为深远。从 2012 年 AI 学会识别猫，到 2017 年 Transformer 技术的出现，再到 2022 年 GPT 模型的推出，人工智能的发展速度和普及程度都在不断加快。

人工智能的重要性不仅体现在技术层面，更在于其对教育和工作模式的潜在影响。随着 AI 技术的普及，未来的教育将更加注重培养学生的创新能力和批判性思维，而不仅仅是知识的传授。工作模式也将发生根本性的变化，自动化和智能化将取代许多传统的工作岗位，同时也会创造出新的就业机会。

在 AI 时代，软件的跨平台通用性提升了其市场潜力。这一点在 Windows 95 的发布和 AI 模型的统一架构中得到了体现。Windows 95 的大规模普及标志着个人电脑的广泛应用，而 AI 模型的统一架构则预示着 AI 技术的广泛普及和应用。这种跨平台的通用性使得 AI 技术能够更快速地渗透到各个行业和领域，从而推动社会经济的发展。

AI 时代与以往的不同之处在于其技术发展的速度和普及程度，以及其对教育和工作模式的深远影响。AI 不仅是一项技术进步，更是一种全新的计算范式，它正在引发信息产业的根本变革。随着 AI 技术的不断进步和应用，未来的社会和经济将呈现出全新的面貌。因此，我们应积极拥抱 AI 时代，培养适应未来社会的人才。

海淀区作为中国 AI 领域的领先地区，拥有众多 AI 公司，并积极推广 AI 教育。这种前瞻性的布局不仅有助于培养未来的 AI 人才，也为 AI 技术的进一步发展提供了坚实的基础。家长和教育者应鼓励孩子参与科学和编程活动，体验人工智能技术，以适应 AI 在未来生活中的重要角色。

二、AI 时代：家长在培养孩子过程中的关键考量

在 AI 时代，培养孩子的素养是一个多维度、多层次的任务。在培养孩子时，需要注意以下几点。

1. 遵循发展规律，不要操之过急

在 AI 迅猛发展的今天，我们面临着如何培养下一代以适应这一新时代的挑战的问题。皮亚杰的认知发展阶段理论为我们提供了一个重要的指导原则：儿童的认知发展是有阶段性的，我们应该遵循这一规律，不要操之过急。皮亚杰的理论将儿童的认知发展分为四个阶段：感知运动期、前运算期、具体运算期和形式运算期。每个阶段都有其特定的认知特征和发展任务。例如，在感知运动期，儿童主要通过感官和动作来探索世界；而在前运算期，他们开始使用符号和语言来代表事物。这些阶段的发展是连续的，每个阶段都为下一阶段的发展打下基础。将这一理论应用到 AI 时代的教育中，我们可以看到，在中小学阶段，孩子们的认知能力正处于具体运算期和形式运算期的过渡阶段。在这个时期，他们的逻辑思维和抽象思维能力正在逐步发展，但仍然有限。因此，让他们过早接触复杂的人工智能技术可能会超出他们的认知能力范围，导致理解困难，甚至产生挫败感。相反，我们应该注重培养孩子的基础认知能力，如数学思维、逻辑推理和问题解决能力。这些基础能力是学习复杂技术的前提，也是他们在未来 AI 时代中能够有效学习和创新的基础。通过逐步引导和实践，孩子们可以在适当的认知发展阶段，自然而然地接触和掌握更高级的技术和概念。此外，我们还应该鼓励孩子们发展批判性思维和创造性思维。在 AI 时代，技术更新迅速，孩子们只有具备独立思考和创新的能力，才能在未来的职业和生活中保持竞争力。通过参与项目式学习、探索性实验和跨学科活动，孩子们可以在实践中学习如何运用知识，如何解决问题，以及如何创造新的价值。

前几天，一位程序员朋友与我交谈，他提到他的孩子已经二年级了，询问是否可以让孩子学习 PyTorch，这是人工智能领域的主流框架。我认为这种情况在海淀区相当普遍，家长们的心情非常急切。因此，我首先要给大家泼点冷水，二年级的孩子实在太小了，没有必要过早接触人工智能技术。我的第一个建议是，在中小学阶段，对于大多数孩子来说，没有必要直接学习人工智能技术。二年级到初中阶段，都不必急于接触人工智能。PyTorch 是一个复杂的框架，尤其是对于程序员父亲来说，需要稍微克制一下。这背后有许多教育学的基础，例如皮亚杰的认知发展阶段理论，他是一位瑞士著名教育家。他指出，理工科的学习阶段可以分为 0 到 2 岁的感知运动阶段，2 到 7 岁的前运算阶段，7 到 12 岁的具体运算阶段，以及 12 到 15 岁的形式运算阶段。过早接触复杂的运算对孩子并无益处。

2. 打好理工科基础，逐步提高科学素养

在 AI 时代，培养孩子应打好理工科基础，逐步提高科学素养，这对孩子们的未来发展至关重要。首先，理工科基础的重要性不容忽视。在中小学阶段，数学、物理是与人工智能最相关的学科。数学作为所有学科的基石，为后续深入学习人工智能提供了必要的逻辑和分析工具。物理学则培养了孩子对自然规律的理解和探索能力，这对于理解人工智能背后的科学原理至关重要。因此，打好这些基础学科的基础，是孩子们未来深入学习人工智能的前提。其次，计算机科学核心课程的逐步深入是必要的。计算机科学的学习是一个逐步深入的过程。从小学的数学基础到大学的人工智能专业课程，每一步都建立在前一步的基础之上。在中小学阶段，重点应放在基础学科的学习上，如数学、物理和英语。到了大学初期，学生可以开始学习高等数学等基础学科，为后续的专业学习打下坚实的基础。这种逐步深入的学习方式，确保了孩子们在每个阶段都能够扎实掌握必要的知识和技能，为未来的深入学习打下坚实的基础。再次，编程作为入门工具，对于有兴趣的孩子来说是一个很好的起点。编程不仅能够培养孩子的逻辑思维能力，还能激发他们对技

术的兴趣。然而，编程只是工具，真正的目标是培养孩子解决问题的能力。因此，在引导孩子学习编程时，应确保校内学习不受影响，同时注重培养孩子的创新思维和问题解决能力。最后，提高科学素养是 AI 时代培养孩子的重要目标。科学素养不仅包括对科学知识的掌握，还包括对科学思维、科学方法和科学精神的培养。在 AI 时代，孩子们需要具备批判性思维、创新能力和终身学习的能力，这些都是科学素养的重要组成部分。通过逐步提高科学素养，孩子们能够更好地适应 AI 时代的发展需求，为未来的学习和工作打下坚实的基础。

在中小学阶段，与人工智能联系密切的学科，我个人认为是数学、物理和英语，其中，数学尤为重要。众所周知，数学是科学之母，学好数学是学习后续所有学科的基础。实际上，如果孩子在大学选择学习计算机科学和人工智能，那么在大学的低年级，我们通常不会直接学习人工智能课程。对于计算机科学专业的学生来说，与工作最相关的学科可能是高等数学、离散数学、概率论和统计学等。此时不必过于急躁。到了大学高年级，如大三、大四以及研究生阶段，应重点关注数据结构、算法、计算机组成原理、操作系统和网络以及人工智能等专业课程。这些学科之间存在着继承关系。在教学理念先进的海淀区，有些高中已经开始尝试相关方向的教学。总体而言，这次演讲主要阐述了人工智能学科的集成关系，我认为数学是最关键的。正如丘成桐老师所说，人工智能虽然重要，但其基本原理仍需数学的支持。因此，数学是人工智能的基础学科。

3.既要具备创新思维，又要终身学习、不懈努力

在 AI 时代，培养孩子成为具备创新思维和终身学习能力的人才是至关重要的。这一时代背景下，技术与创新思维的结合、持续学习与努力的重要性、技术能力与创业精神的结合，以及年轻人在科技行业中的重要角色，共同构成了培养孩子的多维框架。首先，技术与创新思维的结合是 AI 时代孩子成长的基础。掌握技术不仅是为了应对日常生活中的挑战，更是激发创新思维的催化剂。孩子通过实践运用技术解决实际问题，可以培养独特的视角和解决问题的能力。以 Facebook 的创始人扎克伯格为例，他将传统花名册电子化，这一创新思维的实践最终催生了全球性的社交平台。这种技术的精通和创新思维的结合，为孩子们提供了发现并解决问题的工具和视角，也为他们未来的创业和职业发展奠定了坚实的基础。其次，持续学习与努力的重要性在 AI 时代尤为突出。在这个快速变化的时代，知识和技能的更新换代速度极快，持续学习成为一种生存技能。个人的成长和成功离不开对知识的不断追求和对兴趣的持续投入。通过参与课外科技活动，如编程俱乐部或科学小组，孩子们可以在实践中学习新技能，同时培养解决问题的能力。这种不懈的努力和对知识的渴望，是孩子们在 AI 时代立足和发展的关键。再次，技术能力与创业精神的结合是 AI 时代孩子成长的重要方向。在学校的科技项目中，孩子们可以通过参与小规模的创业活动，如校园内的科技创新比赛，来体验创业的过程。这些活动不仅能够锻炼孩子们的技术能力，还能激发他们的创业精神。通过这样的实践，孩子们可以学习如何将创意转化为实际的产品或服务，为将来的职业生涯打下坚实的基础。最后，年轻人在科技行业中的重要角色不容忽视。年轻一代的创新和领导力对技术的发展有着深远的影响。通

过参与学校的科技社团或项目，孩子们可以提前接触到科技行业的最新动态，培养自己的创新思维和领导能力。这些经历将为他们未来在科技行业中的发展奠定坚实的基础。总的来说，AI 时代既要培养孩子的创新思维，又要使其树立终身学习、不懈努力的观念。这样，孩子们才能够更好地适应 AI 时代的需求，发挥自己的潜力，更好地实现个人的价值。

我有一个程序员叔叔，他曾自嘲已是中年程序员。然而，他依然能够重返职场，对此我深感敬佩。自小学起，他便开始学习 Python 和 C++，而他除了计算机编程外，还特别钟情于科幻文学。他反复阅读与《三体》相关的小说，观看相关电影，同时也热衷于观看各类科技视频，涉猎广泛。通过这种方式，他锻炼了自己的逻辑思维和抽象思维能力，学会了如何将复杂的问题简化，并提高了做事的专注度。

4. 鼓励孩子适当学习编程，培养孩子的兴趣

家长可以鼓励孩子从编程入门，这是理解人工智能的基础。利用网易云课堂或 B 站等在线教育平台，孩子可以在家中轻松接触到编程教育资源。这些平台提供了丰富的课程，从基础的编程语言学习到高级的算法和数据结构，能满足不同层次的学习需求。家长可以陪伴孩子一起学习，提供必要的指导和鼓励，帮助孩子建立起对编程的兴趣和信心。此外，参与开源项目是提升孩子编程能力和丰富其实践经验的重要途径。家长可以引导孩子选择合适的项目，鼓励他们贡献代码，与全球的开发者交流和学习。这不仅能提高孩子的编程技能，还能培养他们的团队合作能力和解决问题的能力。

我从小学四年级开始学习编程。非常幸运的是，我所在的江苏省的一个县城中学，尽管教学资源相对落后，但有一位香港商人慷慨地向学校捐赠了 20 台苹果二代电脑。这些电脑成了我学习编程的起点。在中学期间，我参加了编程和物理竞赛，我在物理竞赛中表现出色，获得了江苏省第七名的好成绩。进入清华大学后，我发现自己在编程方面有一定的基础，这得益于我从四年级开始持续不断地学习编程，直到我步入大学校园。那已经是近十年的

编程经验了。是的，我在大二时发现可以通过编程赚取外快。因此，我在大二时接了中科院某位研究员的项目，通过这种方式赚了一笔钱。那么，通过编写代码、程序，我赚了多少钱呢？1997年我赚了10万元。从此，我实现了财务独立。从大三开始，我参与了互联网创业。我们这一届实际上非常幸运，1998年，中国的互联网正式起步。我当时参与了一家公司叫作中国人网站，现在已经不存在了。除了三位创始人之外，我是公司的第一个工程师。那段时间我做得相当不错。之后，我赚了不少外快。2002年，我前往美国攻读博士学位，后来从事了一段时间的与操作系统相关的学术工作。2006年，我回国创立了有道，一直运营至今。有道从最初的五六个人发展到现在的四五千人。我们开发了邮箱、搜索、自动翻译、智能硬件、大模型等各方面的互联网产品。我乐此不疲，我认为这是一个循环，即当你有能力时，你会找到一个动机，去创造一些能够帮助世界变得更好的产品，然后不断地去探索。

家长收获

　　智能化时代的步伐在不断加快，人工智能在悄然改变着我们的生产生活方式，大模型的问世激起了人们对于新需求新岗位的深入思考：未来需要培养学生哪些方面的能力？如何适应未来人工智能时代的人才需求？如何给孩子提早进行科学的规划？这一系列的问题值得新时代的每一位家长去学习、体悟。今天的讲座让我们对人工智能时代对孩子们的能力需求和长远规划有了清晰的理解，针对这些问题有了自己的答案，受益匪浅。

——人大附中　刘芷仪家长

　　在科技高速变革的时代，人工智能改变的，绝不仅是学习方法和教学方式，它将在不久的将来深刻改变人类认知。我们能做什么？孩子们准备好了吗？我想，未来孩子要培养更综合全面的能力和更广域的判断力，要懂得在

名人谈家教

复杂变化的情况中梳理出解决问题的主要条件，借助人工智能工具快速解决问题。特别有趣的是，有一天无意中看见女儿一边在用腾讯会议和同学探讨课题，一边拿着 Pad 通过 ChatGPT 快速生成效果图，我突然发现 AI 时代其实已经到来。

——八一学校　郑尧曦家长

我对科技时代的迅猛发展有了更深刻的了解。如何培养孩子科技方面的能力，是一直以来让家长困惑的问题。讲座中，周博士介绍了自身的成长和人工智能的专业素养，让我们对人工智能方面相关职业有了更加明晰的了解，知道了正确使用科技产品助力孩子成长的方法。

——十九中　张书豪家长

基础学科是算力的基础，但在人工智能不断精进的今天，对于孩子更为重要的是开拓性的思维、丰富的想象力、创新能力、与人相交合作的能力、面对变革高度的适应性、良好的沟通能力、跨学科的融合以及打开眼界看世界的高度。身为家长，要调整好心态，和孩子一起迎接时代的发展，共同学会使用 AI 软件，学会如何提问并通过 AI 来发现问题和解决问题。任何技术变革都是不进则退，了解、应用、推动甚至创新，是孩子的课题也是每一个家长的必修课。感谢海淀家长学校，期待更多紧贴时代的讲座。

——中关村三小　武琳文佳家长

人工智能的快速发展，在应用领域呈现出了"百模大战"的态势，成了社会的重要组成部分。在这种氛围下，适当对孩子进行人工智能启蒙、了解科技发展，有利于培养孩子思想能力和综合素养。同时，我们应该认识到基础教育才是孩子发展的基石，学好数学、英语等基础学科，才能让孩子从底层逻辑了解人工智能、理解人工智能，进而在未来发展人工智能。

——西颐小学　马嘉柠家长

我认识到了科技创造的价值——激发孩子的学习内驱力，更好地培养孩子们的创新意识，以问题为导向，创新理论和方法，破解各种难题。我们要保护孩子的好奇心，激发他们想象力。有一个好心情，大脑才能爆发想法，尝试不可能的事情。多角度思考，正向思考和逆向思考得失利弊。作为即将小学毕业的孩子的母亲，我想今后教育的道路上，AI 能使人沟通顺畅，但是绝不能代替真实的感受，父母还是要多多和孩子用心交流。

——万泉小学　李帝庚家长

首先，在 AI 快速发展的今天，我们不仅要关注孩子的学业成绩，更要关注他们的全面发展，特别是在批判性思维、跨学科学习能力、技术适应与创新能力、团队合作与沟通能力以及情感智慧与心理健康等方面的培养。这些能力的培养对于孩子未来的成长和发展至关重要。其次，讲座上强调了引导孩子关注真实世界、培养兴趣与特长、营造良好的家庭氛围以及关注孩子心理健康等方面的重要性。这些方面的培养有助于孩子形成健全的人格和良好的心理素质，从而更好地应对 AI 时代的挑战。最后，我还意识到了家庭教育的重要性。家庭教育是孩子成长的摇篮，对于孩子的性格、习惯和价值观的形成具有决定性的影响。作为家长，我们需要不断学习、更新观念，为孩子提供一个良好的成长环境。同时，我们也要关注孩子的心理健康，帮助他们建立自信、积极面对生活的挑战。

——中关村二小万泉河分校　于礼扬家长

我了解了人工智能的发展史，我国的人工智能现状及对我们认知、工作、生活的影响，以及提升孩子科技素养的方法。我的孩子喜欢书写、看书和画画，可以通过人工智能产品结合其搭载的大模型功能身临其境地学习喜欢的诗词、散文；利用文生图功能找到喜欢的图片素材并且制作成视频。科技的进步让我们的生活学习变得丰富多彩，也为特殊儿童打开了一扇独特的体验之窗。

——健翔学校　李逸尘家长

名人谈家教

后　记

本书的编著过程，伴随着家庭教育指导工作从兴起到步入正轨的过程。在海淀家长学校运行的近三年中，我们不断思考家庭教育指导工作如何开展才能更具有实效性。在这个过程中，我们有过激动，有过欣喜，也有过无奈，有过彷徨。面对海淀千千万万不同的家庭，如何设计家庭教育大讲堂才能让大家尽可能受益，这不仅是我们面临的困境，也是当前家庭教育指导工作普遍面临的困境。

在工作的推进过程中，我们的心路历程经历了初创时期的满怀期待的激情，到面对以讲座为主的家庭教育指导形式成效限制的无奈，最后到经过理性思考后对这项工作的笃定与坚持。人的成长是一个漫长的过程，这就决定了家庭教育指导工作也不可能一蹴而就。家庭教育指导是面向成年人的工作，工作目标极具挑战性，要改变成年人在家庭生活中的一些根深蒂固的行为习惯，需要指导者反复施加影响。即便是一对一的个体指导，这个过程往往也是漫长而反复的。所以，通过家庭教育大讲堂面向公众进行家庭教育科普，要有功成不必在我的精神和功成必定有我的担当。在课程内容的设置上，我们力求做到专业与通俗相结合，通过一个个贴近生活的故事，给家长以启迪，以适应家长的学习方式。

自《中华人民共和国家庭教育促进法》实施以来，家庭教育作为社会热点话题引发了公众广泛的讨论，客观上提升了公众对于家庭教育重要意义的关注与重视，但是网络上良莠不齐的信息也存在传递新的教育焦虑、传播错误家庭教育理念的现象。全社会对家庭教育指导工作的关注，背后一个强有力的动机就是希望通过学校、家庭的协作，为孩子成长建构起一个同向、稳定、积极的环境。应时代所需，海淀家长学校作为区域家庭教育指导机构，在内容选择上严格把关，向社会公众传递科学的家庭教育理念。

经过80余讲的科普宣传，广大家长朋友对家庭教育的基本责任、基本理念、主要内容有了更全面的理解，对于家庭教育应该秉持的基本态度、基本方法上也有了转变，为家长后续因需进行更加深入、细致的学习奠定了良好的基础。当今社会，网络课程资源建设已经相对丰富，大批优质课程散落在公共网络空间的各个角落，家长们真正缺乏的是选择适合自身需求的教育资源的能力。"海淀家长学校·家庭教育大讲堂"积累下的家庭教育知识是宝贵的，其宣传的家庭教育理念在信息过载的今天更为宝贵，我们希望同各位家长一道，笃定科学的育儿理念，坚持正确的育儿策略。家庭教育的过程是由一件件看似细小却重要的生活事件组成的，成功的家庭教育往往没有惊天动机的教育壮举，更多的是把生活中一件件重要的小事做好。

海淀家庭教育大讲堂组织实施过程中，得到了学区和学校的大力支持。正是由于海淀区三级家长学校体系的紧密配合，才得以将讲堂设在离家长最近的地方，最大限度地发挥大讲堂的家庭教育指导功能。同时，我们也要再次向参与海淀家庭教育大讲堂的诸位主讲嘉宾表示感谢，他们专业且生动的家庭教育故事讲述，为广大家长朋友们在育儿方面提供了更广阔的视角和更丰富的策略。

本书是北京市海淀区教育科学研究院团队的工作成果。在海淀教科院吴颖惠院长的策划下，海淀教科院德育心理中心对"海淀家长学校·家庭教育大讲堂"80余讲的课程内容进行分析、精选后，对讲座内容进行了再整理。内容涵盖了当前家庭教育的重点领域和热点话题。希望通过本书的出版，优秀的家庭教育思想能够惠及更多家长和孩子。

随着时代的发展，家庭教育的内涵也必将持续发展，本书在编著过程中难免出现一些疏漏，恳请广大读者批评指正。